PERFORMANCE ANCHOR PRINCIPLE

绩效锚原理

三步改进绩效

张友源 著

广州新华出版发行集团
广州出版社

绩效锚——三步改进绩效

图书在版编目（CIP）数据

绩效锚原理：三步改进绩效 / 张友源著. —广州：广州出版社，2020.12

ISBN 978-7-5462-3146-4

Ⅰ. ①绩… Ⅱ. ①张… Ⅲ. ①企业绩效—企业管理—研究 Ⅳ. ①F272.5

中国版本图书馆CIP数据核字（2020）第236771号

书　　名　绩效锚原理——三步改进绩效
　　　　　Jixiao Mao Yuanli——San Bu Gaijin Jixiao
出版发行　广州出版社
　　　　　（地址：广州市天河区天润路87号9、10楼　邮政编码：510635
　　　　　网址：www.gzcbs.com.cn）
责任编辑　田宇星
责任校对　蒋美秀
装帧设计　奔流文化
印刷单位　佛山市浩文彩色印刷有限公司
　　　　　（地址：佛山市南海区狮山科技工业园A区兴旺路6号
　　　　　邮政编码：528225　电话：0757-88368558）
规　　格　787 毫米 × 1092 毫米　1/16
印　　张　16.5
字　　数　355千
版　　次　2020年12月第1版
印　　次　2020年12月第1次
书　　号　ISBN 978-7-5462-3146-4
定　　价　68.00元

推荐序

张友源先生的“绩效锚”理念产生于很多年以前。最开始并不叫这个名字，而是称为“绩效定位”。然而，“绩效定位”这个耳熟能详的词汇太容易淹没于通常的管理学语境之下了。我们都不愿看到因为这个词组的平庸而致使其包含的如此重要的理念不能引发从业者应有的注意，进而导致人们难以在宏观上把握绩效改进与绩效管理的全貌。因此，当几年前张先生和我聊起“绩效锚”这个新词时，我当时的第一反应就是：“终于找到了！”

张友源先生是业内资深的绩效管理改进专家，在管理学——尤其是绩效改进和绩效管理方面有着极深的造诣。多年来，我们之间持续地进行着绩效管理方面的交流和讨论，各种绩效改进和绩效管理思想如火花般绽放。我常常感叹张先生对此方面学养之深、思考之透、创见之多、实践经验之富，并且亲眼见证了“绩效锚”这一创新理论随着岁月的积累而逐渐成熟。早在2017年，我就经常催促张先生将这些思考成果编著成书，以便为中国企业的绩效改进和绩效管理贡献全新的视角。今天，这部大作终于要问世了。

“绩效锚”是一种创新的理念，但它强调的却是最朴素的道理：若要进行绩效改进和绩效管理，企业需要根据自身的能力和发展阶段确定自身的绩效定位，并以此作为绩效改进和绩效管理的大前提。

从事绩效管理这一行的很多人都熟悉这样的一句话：“不做绩效是等死，做绩效是找死。”因此很多人对绩效管理又爱又恨。为什么会出现这样的困局呢？除了对绩效改进和绩效管理的知识体系及技能缺乏透彻了解和掌握之外，对企业绩效没有进行很好的定位或许才是问题的关键。企业绩效改进的大图景大概是这样的：近200年来不计其数的管理学家们已经贡献给人类一大堆绩效改进的体系、方案和措施，我们最熟悉的“绩效管理”只是其中的一项，其他的还有“关键绩效指标（KPI）”“平衡计分卡（BSC）”“精益管理”“持续改善”等。大大小小的方案和措施不下一二百种，从业者们面对着浩如烟海的理论体系。面对着这样的大图景，人们迫切想知道哪项或哪些措施是适合自己企业的，哪些是不适合的，哪些是适合当下的，哪些是适合未来的，如何使理论上的通用绩效改进措施适合自己的企业现状，又怎样把它嵌入企业现有的运营和管理流程中……这样的问题还有很多，但所有这些问题都指向一个最根本的问题，那就是：进行以上各种抉择的总体框架原则是什么呢？这个问题，正是本书要解决的首要问题。张友源先生的绩效锚理论，是对此问题的最佳解答之一，他在本书中对这一创新理论进行了深入系统的阐述。

本书的一大特点，是极其强调企业所处发展阶段与绩效改进和绩效管理的关系。全书自始至终都遵循着企业发展阶段的脉络，这样的思路对无论处于哪个发展阶段的企业显然都是非常务实的。其实，包括张先生和我在内的许多业内同仁一直感到奇怪，为什么市面上那么多与绩效相关的书籍——其中许多还是名著——都没有明确地论述绩效与企业发展阶段水平的关系这一最基本的问题呢？我们看到的情况是，大部分中外绩效相关书籍，都假设其读者身处在一个业已发展成熟的企业之中，企业的运营和管理体系已经基本完善，读者剩下的工作只是要搞明白如何在这样的环境基础上进行绩效管理了。殊不知，许多企业之所以“做绩效管理找死”，主要原因正是在于其所选择的绩效改进措施和绩效管理方案与企业的发展阶段，以及由该阶段决定的能力不匹配造成的。许多有实践经验的业内人士都发现，使绩效改进措施与企业的发展现状相匹配，是一门系统化的学问和技能，而这方面的知识在市面上的书海中却很难找到。幸运的是，本书正是精研这一问题的专著。读者在书中可以看到，张先生把企业的发展分为三大时期和六个阶段，三大时期中每一时期都有与之匹配的绩效改进和绩效管理宏观方法体系，这三种体系化的方法，是对传统理论和方法创新性的综合，分别叫作“找回组织”“组织赋能”和“巩固组织”。就我所知，以如此简明的架构概括整个绩效改进和绩效管理的蓝图，在业内还是首创。并且，本书也是我读过的书中对类似问题给予最明确论述的杰作。

总之，本书的每一章都是创新。在欣喜地精读了本书后，我深感耳目一新，有如醍醐灌顶。书中提供了大量的新知识和新架构，这些知识和架构对已有的绩效相关理论进行了精妙的创新和整合。它不但厘清了大部分人脑中对绩效管理的一知半解，还提供了诸多创新的且相当具体的方法流程。书中为读者展示了绩效理论方面宏大的视野，覆盖了从初创企业的最基本绩效管理到大型成熟企业的绩效改进的全部主题，其行文叙述流畅，分析抽丝剥茧，摆脱了许多国内同类书籍的教科书式风格。对于当下中国的绩效改进和绩效管理从业者们来说，这是大家都应该拿起来一读为快的书籍。无论是初涉绩效管理的入门者，或是企业管理的过来人，都能从本书中获得更加透彻和宏观的理解。

广东省企业风险管理研究会常务副会长

深圳市职业经理人发展研究会常务副会长兼秘书长

深圳市鼎睿企业管理咨询有限公司总经理

郑志宏

前言

一

水手抛锚入水，是为了使船停泊在特定的水域，以便于作业人员开展相关的活动。

在管理实践中，我们也常常会像水手抛锚一样对绩效进行定位，目的则是为了明确具体的绩效标准，更好地确认组织的绩效管理和改进需求。这样一来，我们就有了“绩效锚”的概念。绩效锚的作用，是把组织的绩效“锚定”在符合组织实际情况的正确的位置上，从而有利于科学地展开绩效管理活动，并有效实施相应的绩效改进措施。

由此，我们可以试着给“绩效锚”下一个定义。

通俗地说，“绩效锚”就是“绩效定位与改进”的意思。绩效锚的使用，能够使管理者将绩效导向管理的执行方向，瞄准并固定在组织特定的目标集上，以使绩效管理体系为组织作出最大的贡献，并为组织选定最佳的绩效改进路径。绩效的定位正确了，组织的管理实践就能够获得不断的优化，从而沿着最佳的发展方向推进。

从上面对绩效锚的定义和描述出发，鉴于世界上存在着千千万万种战略层面或其他层面的目标，因而，不同的组织就可能根据各种目标，派生出数量巨大、种类繁多的“绩效锚”来。所以，如果仅仅停留在一般意义的目标层面上考虑组织的“绩效锚”，那就势必会陷入一种令人无比困扰的处境，进而也几乎不可能找到规律性的东西来指导我们的绩效管理与改进实践了。

然而，如果我们换一个视角来看待组织的“绩效锚”，情况就不一样了——组织发展的视角就是一个很好的出发点。

经过长期的研究，我发现，在所有组织发展的进程中，其实只存在着三种最基本的“绩效锚”：财务绩效锚、竞争绩效锚和卓越绩效锚。读者根据本书描述的绩效锚原理会发现，处在不同状况的各类组织的绩效定位，必定是这三种绩效锚里面的一种。

二

为什么要把依据目标展开的无限多种多样的绩效规划，锚定在前述的三种绩效锚里面的唯一一种上面呢?

答案是，为了追求两个目标，一要为了最大限度地减轻在绩效追求过程中势必会遇到的组织成长痛苦，尽量避免面对“不做绩效管理是等死，乱做绩效管理是找死”的两难局面，使绩效管理的行动切合实际，真正得以落地、落细、落实；二要根据恰当的绩效定位，展开绩效管理活动和选定改进绩效的最有效路径，追求更大的经营成功。

任何一个组织，无论它是处于雄心勃勃、管理粗放的创始发展阶段，还是处于健康成长、管理不断进化的运营和管理规范阶段，或是在走向成熟之后，发展到相对“体力不支”的衰落阶段，管理者主观上都期望圆满踏上卓越绩效追求之路。

然而，纵观以往各种组织发展的生命周期就会明白，任何组织最基本的绩效需求，首先是财务绩效需求，其次是相对高一层级的竞争绩效需求，最后才是最高层级的卓越绩效需求。如此一来，一个组织追求绩效需求满足最合理的行动策略应当是，首先满足较低层次的绩效需求，之后再去满足较高层次的绩效需求。

这也正像马斯洛的需求层次理论揭示的那样，对于一个具体的人来说，他最合理的发展策略，是先去满足较低层次的需求，然后才依次满足较高层次的需求，否则就会在追求需求满足的道路上，要么感觉力不从心，要么在追求较高需求的过程中，持续地经历低层需求未经满足的痛苦。

三

什么是财务绩效的需求？就是一个组织在财务上先要生存下来的需求。

任何组织都永远存在着必须满足的财务绩效需求，这是一个基础的需求，其他的绩效需求，都必须建立在首先满足财务绩效需求的基础之上。

以创始之初的组织为例，它最首要的关键任务，是识别和界定自己的市场，建立市场利基，开发和销售自己的产品或服务，以便获得最基本的生存。

处于创始发展阶段的组织，往往还没有建立或形成可以运行起正式的非财务绩效管理系统的基础管理架构，其资源管理和运营系统也往往还不健全，管理过程中可能会有计划行为，但却没有完善的计划系统，更没有健全的组织和分工结构，管理培训完全出于自发，规范的非财务绩效管理系统基本上不存在。对于这样的组织，如果企图超越财务绩效管理的模式，提前构建竞争绩效和卓越绩效的管理体系，展开相关的绩效管理和改进活动，并盼望可以产生预期的效果，就往往会造成一种脱离实际的组织管理状态。

从世界范围内诸多组织的发展历程中可以看出，各种组织在其发展的整个生命周期中，一般都将经历 “创始发展、运营规范、管理规范、文化规范、多元发展和高级发展”等六个发展阶段。持续健康发展的组织，有可能经历上述每一个发展阶段；其他的组织，要么在中间的某个阶段就提前耗尽了自己的生命力，要么就长时间徘徊在某些阶段而无力继续向前发展。

因此，为了组织的持续健康发展，一个组织应当在确认了它的绩效定位之后，在采取相应的绩效管理措施的同时，着手采取自成一体的绩效改进方法，以使组织向更高的生命周期发展。

当一个组织处在创始发展阶段时，首先面临的最大问题，就是满足影响其生存的财务绩效需求。成熟后再向多元化转型的组织，其实是遇到了应对更激烈的竞争或市场饱和的问题，这个时候的它必须为现有市场开发新的产品或服务，或为现有产品或服务开发新的市场，甚至两者兼而有之，此时它又要再次面临谋求新的生存的财务绩效问题了。走向高级发展阶段的组织，也很可能会面临新一轮谋求生存的财务绩效问题，因为此时它面临的挑战很可能是组织的复兴和重塑。

四

在组织发展到一定阶段并满足了财务绩效的需求之后，对竞争绩效和卓越绩效的追求才有可能真正地提到议事日程上来。

与对财务绩效的需求类似，进入运营和管理规范化发展阶段的组织，客观上会在满足财务绩效需求的基础上，开始产生竞争绩效的需求，此时它往往也具备了配合追求竞争绩效的基础架构和管理能力。而发展到文化规范阶段或更高阶段的成熟组织，则会在保持满足财务绩效和竞争绩效需求的基础上，开始产生追求卓越绩效的强烈需求；与之相对应，此时的组织，也具备了追求这种最高绩效需求的管理基础和应对能力。

五

如何在实践中具体运用绩效锚的理论来提升组织的绩效呢？

这正是本书要详细讨论的话题。

从绩效锚的理论出发，在以绩效为导向的管理运作层面上，与财务绩效、竞争绩效和卓越绩效三种基本的“绩效锚”相对应，存在着三种绩效模式，分别是财务绩效模式、竞争绩效模式和卓越绩效模式。组织应根据其自身的发展情况，考虑采用三种绩效模式中的一种。

在每一种绩效模式下，组织具体改进绩效的措施虽然各有不同，但全部都是用于应对组织发展的措施。本书中围绕企业提升能力改进绩效的主题，详细而具体地讲述了“找回组织—组织赋能—巩固组织”三大绩效改进措施的策略和方法，并阐述了一个简单的道理：一个组织应该根据自身情况，采用三种绩效锚中的一种展开绩效管理和改进活动，从正确的绩效定位当中获得最大收益的同时，提升组织追求更高绩效的内在能力（如下图所示）。

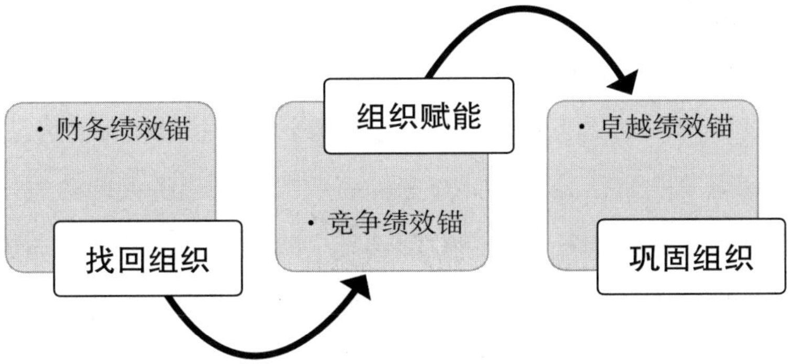

绩效锚与三步绩效改进措施图

六

本书的读者对象是组织中的高层管理者，这些管理者往往对组织的整体绩效负有不可推卸的责任，他们在掌握了本书中所描述的方法后，可以直接应用于自己的组织管理实践，以改进组织的绩效。

除高层管理者之外，作为一种知识和技能的准备，其他层级的管理者，也可以把本书作为学习用的参考书。因此，对于渴望成为高层管理者或正准备走向组织高层管理岗位的人士来说，阅读本书是帮助他们快速进入高层管理状态的最佳选择。

出于以上的读者定位，本书的叙述，将主要聚焦在相对宏观和中观的层面上，对于涉及微观具体操作层面的叙述则采取较为灵活的处理方式，一般会视具体的行文和讨论需要进行取舍，而不追求面面俱到地详尽罗列微观的策略和方法。如此处理的原因在于，对于高层管理者来说，微观层面的知识和技能，通常仅是他们进行决策的信息基础，他们不会事无巨细地去了解和掌握微观的操作。本书虽然不会对绩效管理与改进的微观知识展开详尽讲述，但提供了诸多关于绩效管理和绩效改进问题的解决方案。

七

本书共分为四章。

第一章概述了绩效锚的整体原理框架，作为全书的知识基础，并给出全书的阅读地图，以便于读者在宏观上把握全书的框架和阅读路径。

第二章至第四章，分别是针对三种绩效锚相对应的绩效改进行动进行详细而具体的讨论。当一个组织发展到某个阶段时，就会产生与该阶段匹配的绩效管理和改进需求，管理者相应地就会采用适当的绩效模式，同时也就需要采取相应的绩效行动去管理和改进绩效。绩效锚、绩效模式、绩效管理和改进行动，三者之间存在着神秘而又带有规律性的匹配关系。在管理实践中，我们应当如何去匹配三者间的关系，具体的方法和工具又是什么，都将在这三章里详加论述。

目录

01

第一章

绩效定位与改进总述

第一节

为匹配管理能力而生的绩效锚

一

高水平的绩效管理，需要企业有相应的管理能力。把这个简单的原理反过来应用的话，那就是：企业有什么样的能力，就进行什么水平的绩效管理。

所谓绩效定位，它最质朴的原意，就是根据企业实际的管理能力水平来定制绩效管理的目标集；能力强就追求比较丰富的目标，能力弱则追求比较精简的目标。这种预先就有着自知之明的绩效定位，就是绩效锚原理的基础。

所谓的“绩效锚”，就是对绩效的管理和改进进行目标定位的意思。无论是自觉还是不自觉、有意识或无意识的，一个企业在它从创始到辉煌（或衰落）的整个生命周期中都在使用着某种“绩效锚”，这样做的目的，通常是为了把企业绩效管理和改进的大方向，锚定在与企业所追求的近期和中长期的目标相一致的方向上。然而，许多企业却因为选择了与自身的系统能力不匹配的绩效锚，最终造成绩效管理的失败。

二

“绩效锚”是一个比较新的术语。在讨论绩效管理的问题时，用这个术语可以比较方便地概括企业整体的绩效管理定位。

创建绩效锚理论最主要的出发点，就是为了克服盲目进行绩效定位的弊端，以破除企业“不做绩效是等死，做绩效是找死”的困局。

三

企业之所以追求绩效，本质上就是为了追求业绩，完成经营目标。追求业绩是一个难以逃避的选择，因为业绩不佳的企业，潜在地面临着最终被市场淘汰的风险。这就是“不做绩效管理是等死”的根本原因。

而“做绩效是找死”，则是缘于企业绩效管理的模式、方式和方法的错误。

绩效管理过程中诸多错误的首要原因，就是对绩效定位选择的错误。这种错误的产生，主要缘于企业自身绩效定位的思维模糊不清，结果往往造成其定位不适合自己的能力，从而导致“乱做绩效找死”的结局——造成绩效管理失败。如果用本书的语言来翻译“乱做绩效找死”这句话，那就是乱用绩效锚就是找死。

四

在前言中我已经说过，本书所定义的绩效锚只有三种，即财务绩效锚、竞争绩效锚和卓越绩效锚。三种绩效锚分别对应着不同层级的绩效管理水平，所要求的绩效管理能力也不一样，财务绩效锚要求的能力最低，竞争绩效锚次之，卓越绩效锚要求的能力最强，如下图所示。

图1.1中，中间的方框代表了财务绩效锚，紧紧围绕它的是竞争绩效锚，最外层围绕以上两者的是卓越绩效锚。三者的围绕关系代表了管理能力的包含关系，竞争绩效锚包含了财务绩效锚的能力，卓越绩效锚则包含了所有能力。

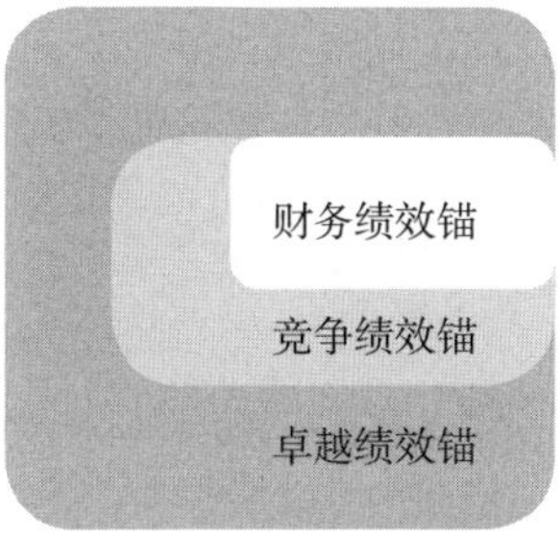

图1.1　三种能力的绩效锚

五

财务绩效锚、竞争绩效锚和卓越绩效锚，三种绩效锚分别针对一个企业不同的使命目标集。

任何组织都有自己的使命或“根本目标”。例如：有些企业认为自己的使命是“让顾客满意”；有些企业认为自己的使命是“让股东赚到最多的钱”；等等。使命是企业组织应尽的责任，同时也就是绩效管理的总目标。综合来看，任何一个企业，其所追求的使命目标往往不止一个，大概有以下八种使命目标，分别是战略目标、形象目标、经营目标、股东满意、顾客满意、员工满意、经营伙伴满意和社会满意。

一个企业往往希望对以上所有目标加以追求，以求得长远的发展，如图1.2所示。

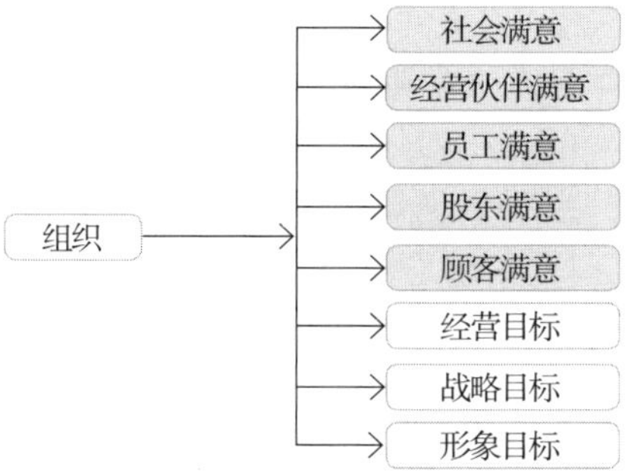

图1.2 组织追求的使命目标集

然而，企业的能力各有不同，有大有小。例如：成熟企业有能力同时追求所有目标；正走向运营和管理规范化的企业，就只能追求有限的目标；创始发展阶段的企业能力最差，它往往只能追求最基本的生存目标。为此，我们才有了三种绩效锚，以便为各种能力的企业匹配绩效管理的使命目标集。

不同绩效锚与企业目标集的对应关系如图1.3所示。

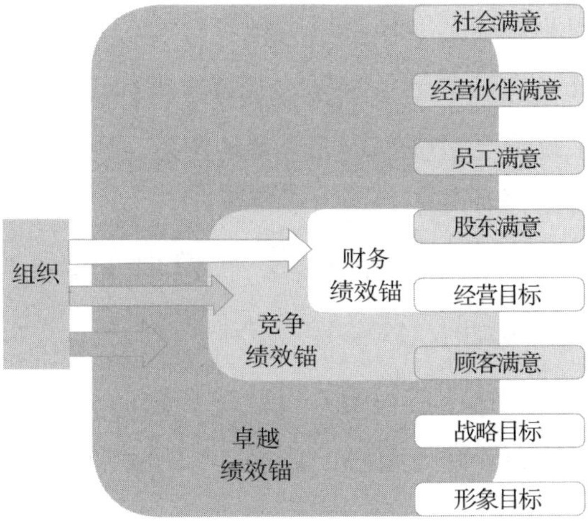

图1.3　绩效锚与组织的使命目标

六

从图1.3可以看出，财务绩效锚适用于能力最小的创始发展阶段的企业。这样的企业首要的目标是在市场上生存下来，财务绩效锚所追求的使命目标是股东的满意，其经营目标与此密切相关。

股东们出资创办一家企业，最原始的希望就是其投资有所回报。财务绩效锚是最传统的绩效锚，它注重利润和股利，强调短期的经营和财务结果，管理上以追求股东价值最大化为使命。

财务绩效锚是任何企业最基础的绩效锚，无论企业拥有什么样的能力，以及处于什么样的发展阶段，都可以采用财务绩效锚。实际上，最传统的公司使命观，确实就是从风险投资中获得回报，即以追求股东价值最大化为目标。

然而，财务绩效锚有其固有的缺陷，因为专注于股东价值最大化的观点不利于创造价值，只会使企业注重利润和股利，过于强调短期的经营和财务结果，从而不利于顾客和员工满意以及企业成长需求等要素。随着时间的推移，这将不可避免地削弱企业的赢利能力。

在中国，莆田系的医院为什么口碑这么差呢？那并不是因为莆田系的医院里面的医生不好，而是莆田系医院的绩效考核系统只注重财务指标。任何有效的绩效考核系统都会对员工形成有效地塑造，因此，只重视财务绩效的莆田系医院的绩效考核系统所塑造出来的医生和员工，很容易成为只看重金钱的人。莆田系的医院里“一切向钱看”的绩效考核系统其实是非常强有力的，然而它却造成了医院的口碑很差，不利于它的长远发展。

因此，有能力的企业如果仍然采用财务绩效锚这样保守的绩效锚，往往会面临更多的竞争压力和其他阻碍，其所追求的战略目标反而不容易实现。

七

竞争绩效锚，是更适合现代社会的绩效锚。它自然涵盖了财务绩效锚的内涵，所追求的目标不但是股东的满意，还包括客户的满意，因此是旨在加强公司的价值和长期连续赢利能力的绩效锚。

企业之所以要采用竞争绩效锚，是由于它已经逐渐意识到除了资本回报外，还有其他类型的使命。人们已经认识到，过去常常被忽略的一些因素，对企业的长期经营和财务结果具有日益重要的影响，最主要的是企业赢利的能力越来越依赖于顾客满意度和顾客忠诚度。竞争绩效锚从关注股利转变到加强企业的价值和长期连续的赢利能力，目的就是为了应对日益激烈的市场竞争环境。

竞争绩效锚在满足财务绩效的同时，以追求客户价值最大化为管理宗旨。客户（顾客）是市场上的最终消费者，企业也是其供应商的客户。在市场竞争越加激烈的今天，满足竞争绩效锚的要求，已经成了企业的基本使命。例如国防、航空航天、核能开发等高度依赖于供应商的大型企业，它们往往强制要求供应商的运营和管理系统满足竞争绩效锚的要求，它们将自己的质量保证和管理程序拓展到供应商，要求供应商的质量体系遵从自己公司的标准，这意味着供应商至少要采用竞争绩效锚。此时，顾客企业往往要对供应商进行检查和审核（即所谓的“第二方审核”），以确信供应商具有满足自己企业质量目标的能力。如果供应商不符合顾客的审核，则说明其运营和管理系统的能力还处于只能采用财务绩效锚的水平，必须进行本书后面讨论的“找回组织”的措施来提升其绩效水平。

八

卓越绩效锚是最高级别的绩效锚，它涵盖了财务绩效锚和竞争绩效锚的所有内容，还包含了其他各种使命和目标，是旨在追求企业长期健康发展的绩效锚。

为了追求长期的发展，卓越绩效锚不但追求顾客满意和经营目标的完成，同时还要合理平衡各利益相关方的利益关系，以便在经营过程中获得各利益相关方的支持和贡献，使企业获得长期健康的发展。这个时候的企业，其实已经就把“企业价值最大化”作为自己的经营理念了。

这里的关键词是“利益相关方”，它是指任何与企业之间具有付出和获取关系的人或群体，例如股东、员工、合作伙伴和社会。利益相关方帮助企业实现其目标，同时也期望从企业中受益。

如今，在重要的质量奖（如美国的马尔科姆·鲍德里奇国家质量奖、欧洲质量奖等）中，满足顾客、股东和其他利益相关方的能力已经构成了评价最基本的要求。华为公司的任正非也非常重视利益相关方，他在一篇题为“深淘滩，低作堰”的内部讲话中指出：“低作堰，就是节制自己的贪欲，自己留存的利润低一些，多一些让利给客户，以及善待上游供应商。将来的竞争就是一条产业链与一条产业链的竞争。从上游到下游的产业链的整体强健，就是华为生存之本。物竞天择，适者生存。——正如一场漫长的战争胜败，往往取决于后勤补给线。”亨利·福特曾写道：“我想在这里说，我不认为我们应该在汽车上赚取如此惊人的利润。合理的利润就行，不用太多。因此，我的政策就是在生产允许的情况下，尽可能地降低汽车的价格，把利益让给用户和劳动者——同时也为我们自己带来巨大的好处。”在2005年就已经是世界最大的计算机公司之一的中国台湾宏碁集团，也采用了卓越绩效锚，为满足多个利益群体的需要而管理内部经营。其公司创始人施振荣说：“客户是第一位的，员工是第二位的，股东是第三位的。在这一点上，我和我的同事始终是一致的。我甚至认为公司的银行、供应商及生意伙伴都是我们的利益相关者。甚至社会也是利益相关者。我尽最大的努力按这种方式管理公司。”林肯电气公司也因其重视利益相关方的经营哲学而闻名，即员工满意度胜于股东价值。詹姆斯·林肯写道：“最后要考虑的群体才是持股的股东，因为他们认为这种方式比任何其他投资方式回报都高。缺席股东对于客户或工人而言根本不重要，因为除了股利增加和股价上涨之外，他对公司一无所知，也根本不感兴趣。”全世界众多知名企业的诸多事例表明，成熟企业是十分重视卓越绩效锚的。

九

一个企业可能会有千千万万种绩效定位，但这些定位，我认为其实都应该归类到以上三种绩效锚所描述的定位之下，否则，企业其实就不知道根据自己当前的能力所理应匹配的绩效管理目标集，这就是乱定位，本质上等同于没有定位，这将直接损害企业实施的绩效规划和管理活动，并影响企业从管理能力的角度对现有绩效加以改进的诸多后续操作，最终影响企业的生存和发展。

第二节

企业发展阶段与绩效锚

一

从上节我们知道，任何一个绩效锚，都规定了组织追求的使命目标集。财务绩效锚追求的目标最少，只有两个，即追求完成经营目标和股东价值最大化。竞争绩效锚追求的目标集里多了一个“顾客满意”的目标，而卓越绩效锚中含有8个目标（见图1.3），它涵盖了企业所有的使命目标（无论各企业用什么样的言辞对这些目标加以表述）。

因此，选择了绩效锚，就是选择了企业经营活动的总体使命目标系统。

我相信，任何企业的管理者都想追求卓越绩效，使用卓越绩效锚。然而，许多企业却没有相应的能力去进行卓越绩效锚所要求的、需满足复杂目标集的绩效管理。企业的绩效管理系统是注重实务的系统，它要把每一个使命目标分解并纳入具体的绩效执行。绩效管理系统面对的目标越多，对企业自身系统能力的要求就越高。企业能力很低时（如初创企业），则适合使用财务绩效锚；待到企业成长之后能力得到了提升时，则应该使用竞争绩效锚；当企业的运营和管理系统已经就位、企业文化也投入建设之后，表明企业已经进入了相当规范的成熟阶段，此时则适于采用卓越绩效锚。总体来说，随着企业能力的提升，所用的绩效锚可以更上一层楼，采用更高一级的绩效锚，如图1.4所示。

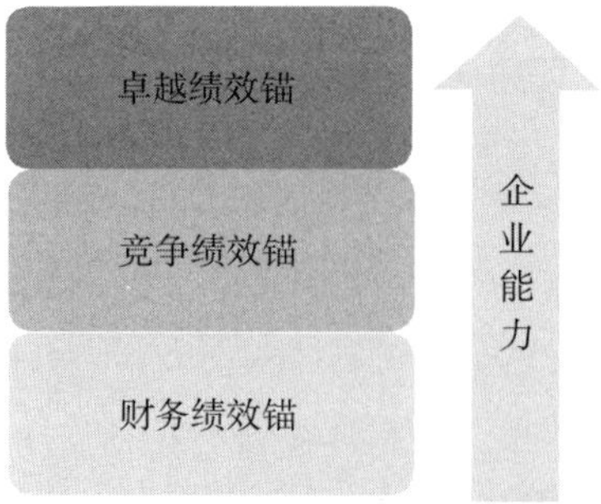

图1.4 绩效锚对企业能力的要求

二

依据通常的认识，企业从创建到持续发展的整个生命周期中，一般要经历六个发展阶段，分别是：创始发展阶段、运营规范阶段、管理规范阶段、文化规范阶段、多元发展阶段和高级发展阶段。持续向前发展的组织，有可能经历上述每一个发展阶段，其能力也随之越来越强，如图1.5所示。

图1.5 企业能力随发展而增强

当然，许多企业可能会达到某一阶段后发生衰落，企业能力也随之下降，在复兴后才得以再度辉煌，其企业能力可能还超过此前的水平（如IBM公司等）。

那么，依据上面的企业发展规律，如何为各发展阶段的企业配置相应的绩效锚呢?

我建议的配置方式是：创始发展阶段要配置财务绩效锚；运营规范阶段和管理规范阶段要配置竞争绩效锚；文化规范阶段，以及之后更高级的发展阶段，都可以配置卓越绩效锚，如图1.6所示。

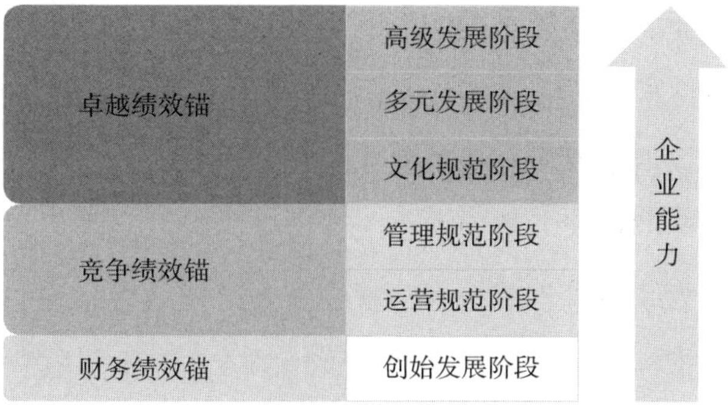

图1.6　企业发展阶段与绩效锚的匹配

之所以按照上述方式为企业的各发展阶段配置绩效锚，是因为企业在发展到“文化规范阶段”之后，就已经进入了绩效管理系统业已成熟的规范阶段，因此已经有能力配置最高的卓越绩效锚，并实施相应的绩效管理和绩效改进操作了。在运营规范阶段和管理规范阶段，企业还处于成长时期，企业的战略规划和执行系统正在逐步完善，因此适合采用能力低些的竞争绩效锚。处于创始发展阶段的企业，其战略规划和执行系统还没有建立健全，而此时它最迫切的目标，是在茫茫的市场海洋中求得生存，而初创的它，各方面的能力还太低，所以只适合配置财务绩效锚，以进行最基础的绩效管理。总体来说，三种绩效锚分别配置企业的成活期、成长期和成熟期，如图1.7所示。

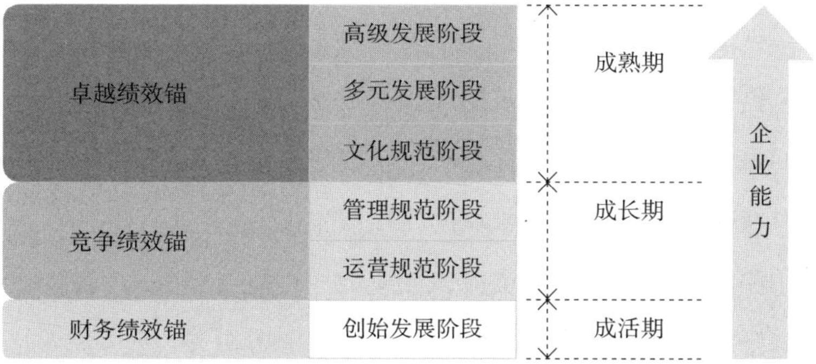

图1.7　成活期、成长期和成熟期的绩效锚

“乱做绩效是找死”，大多说的是企业绩效管理的定位过高。比如企业在成活期时配置了竞争绩效锚，或在成长期时配置了卓越绩效锚等，这样的

配置都超过了企业能力所能承受的限度。当然，企业也可能把绩效锚的配置降低，例如在成熟期和成长期时还都停留在财务绩效锚的配置水平上。在过去，人们常常认为追求股东利益最大化就是企业的唯一目标，因此一直配置财务绩效锚是合理的选择。然而在今天，这样的观点已经不利于企业创造更大的价值了，因为绩效管理系统本身就会因为这样的目标定位而弱化甚至忽略许多关键绩效指标的运用，并使绩效管理的方法流于粗放和短视，这将会削弱企业的赢利能力。总之，无论对绩效锚的配置是高了还是低了，都会对企业的绩效产生损害，影响企业的发展。

三

企业从“出生”到“长大”的过程中，要经历不同的发展阶段，成活期是它的创始发展阶段，成长期是它的运营规范阶段和管理规范阶段，成熟期是它的文化规范阶段、多元发展阶段和高级发展阶段。一个企业从创始发展阶段到文化规范阶段，显示了从初创到成熟期的特征，它起始于创业型企业的建立，然后企业开始成长成为管理规范的公司。在创始发展阶段到文化规范阶段的这段时期，企业将先后应用全部三个绩效锚。此后，从多元发展阶段到高级发展阶段，则是企业生命周期中成熟期之后的阶段，这两个阶段都应该采用卓越绩效锚。

企业从创始到走向管理规范的成长和成熟过程，经历了三个绩效锚的应用。其间的每一个阶段，企业都会有一个或多个应该受到特殊关注的关键发展领域，以及配合各关键发展领域的、组织发展方面的关键任务。当在各发展阶段采用相应的绩效锚时，也应该相应地应用配合该绩效锚的绩效改进措施，这些措施与企业在该发展时期的关键任务密切相关。

组织发展关键任务，是一个组织持续成功发展所必须执行的任务，这些任务主要包括识别并界定市场、开发产品和服务、获取资源、开发运营系统、开发管理系统，以及管理企业文化。之所以称以上六项任务为关键任务，是因为任何企业在走向成熟的发展进程中都必须重视并执行这些任务。

然而，企业在发展的各阶段中对各关键任务的执行是有所侧重的，例如初创企业就没有那样的能力和资源来打造完善的运营和管理系统，因此，对于关键任务的侧重也就决定于各阶段的关键发展领域。

在创始发展阶段，企业的关键发展领域是市场和产品；在运营规范阶段，企业的关键发展领域是资源和运营系统；在管理规范阶段，企业的关键发展领域是管理系统；到了文化规范阶段，企业的关键发展领域则是企业文化。文化规范阶段之后，在对所有关键任务同时并重的基础上，企业必须对相关的关键任务进行整合或复兴，形成后续各阶段新的关键发展领域。

企业绩效管理的难度，是随着其规模（可以用销售收入衡量）的不断扩张而增加的，而企业规模的扩大也间接决定了企业应该处在什么发展阶段，以及该阶段的关键发展领域。强调关键发展领域的原因，是因为企业发展到相应规模和阶段后，往往就不得不面对相应发展领域中的问题了，其中就包括绩效管理问题。

四

创始发展阶段的企业处在它的“成活期”——企业在这个阶段首要的追求是“活下来”，即谋求生存。这个阶段是企业的初创阶段，一开始它的销售收入几乎为零，此后经历了为生存而拼搏，销售收入逐渐增加到创始发展阶段的临界数额（以制造企业为例，通常是年收入700万元人民币）。当它的销售收入超过了创始发展阶段的临界数额时，可以认为企业已经闯过了成活期，进入成长期中的运营规范阶段。

当处于创始发展阶段的成活期时，企业虽然必须执行前面提及的组织成功所必需的所有六项关键任务，然而这个时期的企业，重中之重的任务却是确定市场和开发产品，因为这是对企业谋求生存至关重要的任务。如果没有提供给消费者的产品和服务，没有消费者，企业根本就活不成，发展就更无从谈起了。

绩效管理属于企业管理系统活动中的重要组成部分。在创始发展阶段，企业的管理基础还没健全，运营和管理系统还很不成熟（因为没有太多时间或相应的能力去关注），绩效管理几乎完全出于自发，没有系统。企业的所有系统中只有财会系统是相对结构化的，管理层对于业绩的关注往往只能通过财会系统来获得（如投资回报率等指标），绩效管理的目标主要集中在股东利益最大化上。在这样的条件背景之下，企业采用财务绩效锚也就变得很自然了。

五

当企业成功地完成了创始发展阶段的关键发展任务，即确定市场和开发产品之后，销售收入往往会获得快速增长，此时企业将告别创始发展阶段，并正式进入运营规范阶段。

在运营规范阶段，企业所面临的首要问题已经不再是如何生存，而是如何成长了。然而在这时，企业的绩效管理压力会迅速增加，因为规模的快速扩张会使企业资源频频告急，运营系统的压力也开始空前高涨。

在资源方面，原有的企业资源往往已经扩展到了极限，应对快速发展所需的资金开始紧张，厂房、设备等物质资源也开始短缺，财务资源面临缺口，人力资源将出现严重不足（在管理层尤其明显）。

在运营系统方面，原有的日常运营系统开始显得越来越力不从心，难以应对企业规模的快速扩张；会计、订单管理、回收款项、营销、人员招聘和培训、销售、研发、生产（或服务）的提供、信息系统、运输及其他相关系统等都超出了企业所能承受压力的极限，频繁出现错误，亟须进行深入的系统化开发。

企业处在运营规范阶段时的绩效管理，应该开始引入竞争绩效锚，因为如果仍然停留在财务绩效锚上，则会因为对短期财务目标的偏重，而使得绩效管理规划和实施脱离对企业系统化成长的把控，进而使绩效管理陷入手忙脚乱、漏洞百出的局面。

六

在运营规范阶段之后，企业必须进入发展的管理规范阶段。

此前，在迅猛增长的运营规范阶段，企业虽然获取了新的资源，开发了更强大的运营系统，并采用了与之匹配的竞争绩效锚，但是，企业仍会在这个发展阶段中不断感到绩效管理压力的持续增加。这是因为，正规的绩效管理体系属于企业的管理系统，企业在运营规范阶段的关键任务放在了资源扩充和运营系统的开发，而这两项关键任务的成功，会推动企业快速扩张而达到临界规模（以制造企业为例，一般指年销售额达到7000万~7亿元的规模）。企业的管理系统开始感到巨大的压力，计划、组织、管理培训和控制（即绩效管理）等系统都开始感到吃力，此前惯例化的管理造成了绩效管理不能系统化进行，因此企业必须开始对运营和管理活动进行不断的规范化。

在这样的时期，高层管理人员应该认识到，为了打造更加完善的绩效管理系统，企业需要来一次质的飞跃，必须在管理方面全面转型，即需要转型到规范化管理的企业，以使竞争绩效锚发挥它全部的潜力。从这个时候起，企业进入规范化管理的阶段，开始着力打造可行的计划、组织、管理培训和绩效管理系统，以完成向管理规范阶段的转型。

七

成功渡过管理规范阶段的企业，已经完美打造了它的管理系统，其中的绩效管理子系统已经完善，企业进入文化规范阶段，在管理能力上已经可以匹配卓越绩效锚了。在这个阶段，以及此后的多元发展阶段和高级发展阶段，都应该使用卓越绩效锚，以发挥出企业绩效的最大潜力。

第三节

三种绩效锚的内涵

一

绩效锚即绩效定位和改进，其定位有“财务”和“非财务”两个方面的内涵。

微观地看，绩效定位服务于组织的绩效管理系统；宏观地看，绩效定位服务于组织的使命目标。因此，本书所定义的绩效锚就是从这两个方面获得各自的内涵的。

财务绩效锚主要确定财务方面的内涵，竞争绩效锚和卓越绩效锚，则在涵盖了财务方面的内涵之后，还包含了不同级别的非财务内涵。财务绩效锚更重视财务结果，而竞争绩效锚和卓越绩效锚则结果和过程（行为）并重。

绩效锚的概念，是取自于水手将船只定位在“锚点”的意象。因此，三个绩效锚都有自己特定的绩效锚点组合，这也就是各绩效锚的详细内涵。

在接下来的深入讨论之前，我们先把总的结论——三大绩效锚的锚点列表如下：

表1.1　三大绩效锚的内涵

绩效锚	绩效锚点
财务绩效锚	四张财务报表（资产负债表、损益表、现金流量表、股东权益变动表）

（续表）

绩效锚	绩效锚点
竞争绩效锚	四个绩效模块（团队绩效、运营绩效、LEP绩效[①]、ERM绩效[②]）
卓越绩效锚	主导性绩效指标驱动下的效能结果（包括满足顾客偏好，达成经营目标，使股东、员工、伙伴、社会满意）

注：主导性绩效指标是有效引导或驱动目标实现的关键性绩效评价指标。

二

一个绩效锚的作用有三层。第一，它通过设定锚点的形式确定了绩效管理的总体方针；第二，它帮助企业建立和提升绩效管理系统；第三，它还确定了绩效改进的起点、步骤和具体内容。

关于第二点和第三点，我们将在下一节中加以讨论。本节先讨论第一点的内容。

在微观上，绩效管理系统既包含财务业绩指标，也包含非财务业绩指标。每个组织都在财务方面关注货币“底线”，如净收益、股东权益收益率等；在非财务方面则关注客户满意度、产品质量、市场份额、准时送货及员工士气等。在现实中，企业及其所有子单元除了要达成自己的财务目标外，还需要达成各自的非财务目标。财务绩效锚仅仅关注财务业绩，竞争绩效锚和卓越绩效锚则对财务业绩和非财务业绩同样重视（如图1.8）。

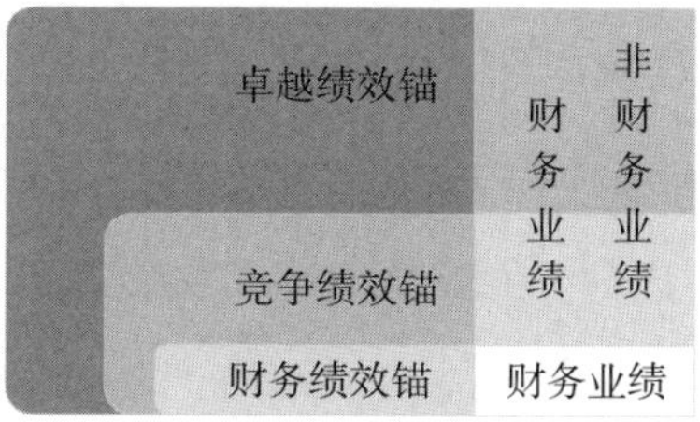

图1.8 不同绩效锚的业绩关注

① LEP绩效见第一章第三节第22~23页。
② ERM绩效见第一章第三节第22~23页。

在宏观上，一个组织的使命目标是由其CEO（首席执行官）参考其他高层管理者的意见决定的（这样的目标通常还要经过董事会的批准）。这些目标包括盈利能力、股东价值最大化、风险控制，以及各利益相关方的利益平衡等目标。以上各目标也许是冲突的，例如股东价值最大化目标与风险控制目标，以及与各利益相关方的利益平衡目标往往存在冲突。

各组织的管理层会根据自身的具体情况来决定组织的目标。目标一旦确定，就会有相应的绩效锚为之服务。

在企业，盈利能力通常是最重要的目标，这一目标往往以投资报酬率来衡量（通常以利润边际与投资周转率的乘积计算）。财务绩效锚服务于这样的目标，同时也限定了相应的绩效衡量指标都是从财务报表上可以获得的财务指标（如投资报酬率、利润边际、投资周转率等）。

企业的“股东价值最大化”目标，往往意味着单纯使用财务绩效锚。然而，股东价值最大化这个目标其实是一个颇受质疑的目标，因为第一，管理层很难在无穷的抉择之中单一地找出使股东价值最大化的方案；第二，管理层也很难把所有的时间都花在思考如何直接地增加盈利能力的无穷无尽的备选方案中去；第三，股东价值最大化目标也许与组织的其他目标冲突，例如高回报的目标往往意味着高风险，这就与企业的风险控制目标冲突。风险控制目标旨在把所有风险控制在企业能够接受的范围之内，这就需要竞争绩效锚或卓越绩效锚来对组织的绩效定位加以把控。

当组织发展到一定规模之后，对各利益相关方利益合理平衡的目标越来越重要，这是因为此时的组织已经更加深入地参与到资本市场、产品市场和要素市场等三个市场之中了。企业从资本市场募集资金，因此公众股东变成了重要的利益相关者。企业在产品市场销售产品和服务，客户就构成了主要的利益相关者。企业还从要素市场竞争资源（如人力资源和原材料等），因此公司员工、供应商及其他资源提供者和公司所在地的各种社会关系也成了重要的利益相关者。当产品市场对企业变得空前重要时，企业就必须采用竞争绩效锚。而当三种市场都很重要时，企业就必须采用卓越绩效锚，以满足长期持续发展的需要。

三

财务绩效锚是最基础的绩效锚，它首先规定了绩效管理能力的完整性。例如财务绩效锚并不仅仅是最简单的绩效锚，它要求其他两种绩效锚都必须包含财务绩效，即必须包含盈利能力，否则就不能成为一个合格的绩效锚。

财务绩效锚规定了企业最基本的责任是财务责任，其本质在于通过正式（或非正式）的绩效管理向企业的子单元分解和分派财务责任。

虽然如今对财务绩效的单纯追求饱受诟病，然而财务绩效锚却有许多明显的好处，例如它使创业期的企业免于受到非财务绩效管理系统指标的诱惑和困扰（在许多创业型企业中，财会部门往往是唯一可以出具结构化数据并对经营绩效进行测量和评价的系统单元），减少对非利润中心的无限制投入（如研发中心），并为财务和非财务绩效指标划出了边界和责任范围。

对于初创企业来说，除非采用财务绩效锚，否则它很可能无法承担正规绩效管理系统所要求的复杂任务（初创企业往往也没有正规的绩效管理系统）。企业在实施正式的绩效管理之前需要做很多准备工作，软件方面的要求主要是CEO和管理层的重视和参与，硬件准备主要包括企业搭建合理的组织结构、进行规范的职位分析和职位设计、完善运营系统并明确划分责任、制定清晰的战略和员工共同认可的愿景等。如果存在硬件方面的问题，绩效不佳的责任就很难分清楚，每个人都会感到自己对绩效结果不具有可控性。在这种情况下，绩效考核再精细、再科学，指标再全面，最终也很难在现实中成功实施。

财务绩效锚还有额外的好处，例如一个企业往往有各种各样的责任中心——也就是分别由一位管理者独自领导并负责各项活动的组织单元。任何类型或级别的责任中心都是管理控制过程的绩效单元，管理控制是绩效管理的一个子集（属于本书中LEP绩效管理模块的内容），在其管理控制过程中要求必须经过预算编制步骤，由此将财务绩效锚强行纳入了绩效管理过程。作为收入中心的责任中心是有产出的，然而作为费用中心的责任中心，绩效管理系统则不评价其产出，只评价投入。企业的行政管理和辅助中心，其产出很难评价；而企业的研发中心，要将其投入与结果直接联系起来则非常困难。财务绩效锚能够按照企业的经营结果来评价绩效，这就对企业的基础责任进行了硬性规定。此外，若一个企业中责任中心的财务业绩按照利润来评价，则这个责任中心就变成了适合采用财务绩效锚的“利润中心”了。财务绩效锚的好处，就在于能够以财务绩效评价手段去衡量利润中心的绩效，并据此作出决策。因此，财务绩效锚是最基础的绩效锚，它要求高于自己的绩效锚都应该包含追求盈利能力的指标，这使得利润中心非常盛行。虽然财务绩效锚主要应用于初创企业，然而企业新组织的利润中心往往拥有许多初创企业的特征，就像一个刚创业的小公司，因此很适合应用财务绩效锚。例如：美国汉华银行虽然早已经过了创始发展阶段，但它在自己的绩效定位中仍然包含了财务绩效锚的成分，在管理上采用了利润中心概念，在绩效管理系统中建立了盈利能力评价指标，促使银行放弃一些不盈利的项目，如被证明赔钱的“学生优惠”账户（一项通过对学生使用的特定产品和服务提供低息来吸引学生账户的计划）。Novell公司也用利润中心的方法确认并剔除了几项不盈利的业务，如Appleware和Processor Independent Netware等。曾经的世界头号手机制造商诺基亚公司，2001年手机销售收入严重下滑，公司进入了成熟期后的衰落阶段。作为经营战略转型自救的一部分，2002年5月1日，诺基亚公司把市值210亿美元的手机经营单元拆分为9个利润中心，分别负责一个专门的市场领域。ABB公司（一家从事发电、输变电行业的欧洲跨国公司）组建了4500个小型的利润中心——每个利润中心均承担盈利和损失的责任，并拥有实质性的自治权。许多日本公司都采用财务绩效锚主导的利润中心制，例如著名的京瓷公司，就把公司分立为800个小公司（俗称“阿米巴”），希望他们既从事内部交易，又从事外部交易。东丸公司（一家酱油生产商），把生产工艺中的每一个阶段都转化为一个独立的利润中心，并要求这些独立的经营单元彼此买卖。松下电气公司不仅按利润中心经营各分部，而且把管理者的注意力集中于“利润边际”和“净收益”两个数字上。

把财务绩效锚作为一个基础的绩效锚，并且作为其他两个绩效锚都应该包含的绩效锚，正是因为它对企业盈利能力的硬性要求。竞争绩效锚和卓越绩效锚，如果不强行要求包含财务绩效锚的所有内涵的话，那就不是完备的绩效锚了。

四

显然，财务绩效锚有其明显的缺点，这些缺点集中表现在它无法顾及其他非财务的使命目标上（如风险控制目标、利益相关方的利益平衡目标等）。

前面已经述及，在现实中，企业及其所有子单元除了要达成自己的财务目标外，还需要达成各自的非财务目标，这些非财务目标往往十分重要，如客户满意度、产品质量、市场份额、准时送货及员工士气等，如果忽略这些非财务目标的话，往往会直接损害企业的财务目标，航空公司就是最好的例子。在激烈竞争的航空客运市场上，客户满意度是最重要的指标，这一指标又可以分解为更加细化的关键绩效指标。20世纪80年代，一家英国航空公司的经营陷入困境，调查顾问的结论是，公司必须把工作重点放在飞机准时到达和起飞这一“关键成功因素”上，并将绩效评价重点放在晚点飞机的关键绩效指标（即飞机准点）上。公司高管和员工围绕该指标经过一段时间的努力后，其经营终于走出了困境。其实，飞机准点这一关键绩效指标适用于绝大多数航空公司。以低票价闻名的爱尔兰瑞安航空公司为例，其业务的关注重点就是飞机准点。由于瑞安航空卸货快捷，对迟到值机的乘客绝不妥协，也绝不允许迟到旅客干扰他们的时间表，因此他们每天通常能多开一次欧洲航班。

财务绩效锚仅仅关注财务业绩，这可能使管理者和员工过于强调短期盈利能力，而牺牲了长期盈利能力。例如为了报告高额当期利润，管理者可能会紧缩研发支出、培训计划或维修费等。若企业或其利润中心的管理者的流动率相对较高时，则这种趋势会更加明显。

单纯采用财务绩效锚时，还容易影响非营利组织的责任担当。以医院为例，如果一家医院的绩效管理仅仅采用财务绩效锚时，则会忽视解除患者病痛的社会和道德责任。再以学校为例，单纯采用财务绩效锚的学校，必将忽略其培养人才的社会责任，影响国家的发展。英国政府十分重视教育，为此实施了一套可能是世界上最大的绩效管理体系，在相关法规的要求下，采用非财务绩效锚，使英国实现了教师和“教师领导者”（例如学校校长）的系统化绩效评价。这个特殊的绩效管理体系，由于其目标体系的卓越化（非财务化），得到了来自全国大约2.31万所非高等学校（以小学和中学为主）、2.3万名教师领导者、40万名教师以及不计其数的学校行政人员的鼎力支持。因此我们可以认为，非营利组织的绩效管理体系，应该是不考虑单纯采用财务绩效锚的，因为竞争绩效锚和卓越绩效锚已经包含了财务绩效锚的成分。学校、政府部门等组织，往往一开始就从竞争绩效锚入手，即以关心顾客价值最大化为自己的基本责任。

五

如本节前面的图1.8所示，竞争绩效锚和卓越绩效锚是更全面的绩效锚，它们对财务业绩和非财务业绩同样重视。我们之所以花了大量篇幅讨论财务绩效锚，是缘于它是所有绩效锚的基础。

关于竞争绩效锚，它的锚点是定位在满足顾客偏好以应对市场竞争的四个绩效模块上，分别是团队绩效、运营绩效、LEP绩效和ERM绩效。

这里的LEP，指的是战略领导力（L）、执行力（E，或称为“运营领导力”）和生产力（P）。一个企业的战略领导（L）有三项关键任务：建立战略愿景、组织发展和管理组织文化。企业的执行力（E）是由运营级管理者做的事情，主要有五项关键任务：设定并专注于目标，促进团队和员工的协作和互动，促进具体工作的完成，提供绩效反馈支持，帮助员工获得未来发展。LEP绩效模块，完美涵盖了绩效管理的计划、执行和获得结果（即生产力）的全过程，是企业从财务绩效模式深入走向竞争绩效模式的必然选择。

竞争绩效中的ERM绩效模块就是绩效导向的企业风险管理模块，其核心是风险管理和绩效管理的一个综合体，这个综合体通过量化所有类型的风险，将风险和收益综合起来考虑。它把风险管理转变为一种战略管理方法，改善了战略规划和其他业务决策的制定过程，从而帮助实现利润增长和提升企业绩效的目标。

在卓越绩效锚里，主要的绩效锚点是主导性绩效指标和在其驱动下的效能结果，该结果包含了企业所有的使命目标。

六

本节中，我们粗略简述了财务绩效锚、竞争绩效锚和卓越绩效锚的内涵。这些内涵的具体细节和实践应用将在后续相关章节中详述。

在本节之初我们说过，绩效锚首要的作用是通过设定锚点的形式确定绩效管理的总体方针，第二个作用是帮助企业建立和提升绩效管理系统，第三个作用则是依据选定的绩效锚确定绩效改进的起点、步骤和具体内容。

下一节，我们将讨论绩效锚的第二和第三个作用。

| 第四节 |

绩效锚促进绩效的改进和提升

一

在前面三节里，我们重点讨论了绩效锚对企业绩效管理的定位作用。在本节中，我们将讨论绩效锚的如下两个作用：

· 帮助企业建立和提升绩效管理系统。

· 确定绩效改进的起点和方法。

二

企业为什么要建立正式的绩效管理系统呢？

因为绩效管理系统可以系统化地激发企业绩效的最大潜力，并通过这种方式使企业的战略和经营目标在可控风险范围内落地。

企业有五种主要资源：人力资源、物质资源、财务资源、技术资源和信息资源。企业中的人通过有效使用自身资源、物质资源和财务等资源达成企业的绩效。

人是产生各种绩效的核心资源。因此，我们可以先回归到个人的层面来理解绩效管理系统。

一个人要实现他的目标（尤其是长期目标），就需要在一定时期内系统化地把他能够利用的资源约束在与目标一致的活动上。除物质等资源外，个人的主要资源是他的身心资源和时间资源，身心资源包括身体和心理上的资源，如体能、动机、知识、技能等。

在现实生活中我们可以看到，一个人可以通过三种约束方式实现某个中长期目标：① 在一段时期内系统化地自律（如计划和执行）；② 在一段时间内被非系统化地激发（如兴趣、强烈的动机等）；③ 在一段时间内被第三方系统化地约束（可称为“他律”，如被企业、学校或教练约束等）。

系统化的自律或“他律”（上述的第一种和第三种情况）就是正式的绩效管理活动。当一个人处在这样的绩效管理之下时，他其实就有了一个正式的绩效管理系统，这个系统在一定时期内把他的资源（主要是他的人力资源）约束在有利于目标实现的方向上——他的时间、体力和智力都要用在实现目标的活动上。因此，正式的绩效管理系统是实现个人目标的最佳赋能工具。

企业或其他组织中的任何团队都是一个追求目标的实体。因此，针对团队的正式的绩效管理系统也是实现团队目标的最佳赋能工具。

企业由各种“绩效单元”构成，绩效单元中创造绩效的组织或运营单位，可以是个人、团队、部门、流程（从运营的视角看）或责任中心（从分配财务责任的视角看），最大的绩效单元当然就是企业本身。在企业中，每个绩效单元都可以配置一套绩效管理系统以实现其目标。当企业中所有绩效单元的个性化绩效管理系统的目标都与企业的总体目标一致时（例如各绩效单元的目标原本就是从企业的总体目标分解而来的），企业就拥有了一个正规的绩效管理系统——它是企业中所有绩效单元绩效管理系统的总合。因此，企业中理想的绩效管理系统是这样的系统：它将企业的目标分解成各绩效单元的目标，并根据这些目标为各绩效单元分别打造了个性化的绩效管理系统，这些个性化定制的绩效管理系统汇总成了企业总体的绩效管理系统。

对于企业来说，自然的企业环境形成的非正式绩效管理过程是不完备的，因为非正式的绩效管理环境不强求所有绩效单元的绩效必须汇聚在实现企业的目标上，也不强求企业资源（以人力资源为主要表现形式）集中投放在实现目标的活动上。因此，没有正式绩效管理系统的企业环境对绩效的激励是不明确和低效的，这就是一个企业要建立正式绩效管理系统的原因。

绩效管理系统本质上是管理控制系统。企业若想以最有效率的方式达成其战略和经营目标，就必须拥有一个管理控制体系，以便能够持续、系统而明确地识别、衡量及开发企业中个人、团队和整个组织的绩效，并使这些绩效与组织的战略和经营目标保持一致。简言之，企业需要一个有效的控制系统，通过它的控制，使企业的行为过程最大限度地符合其目标结果的期望（如图1.9所示）。

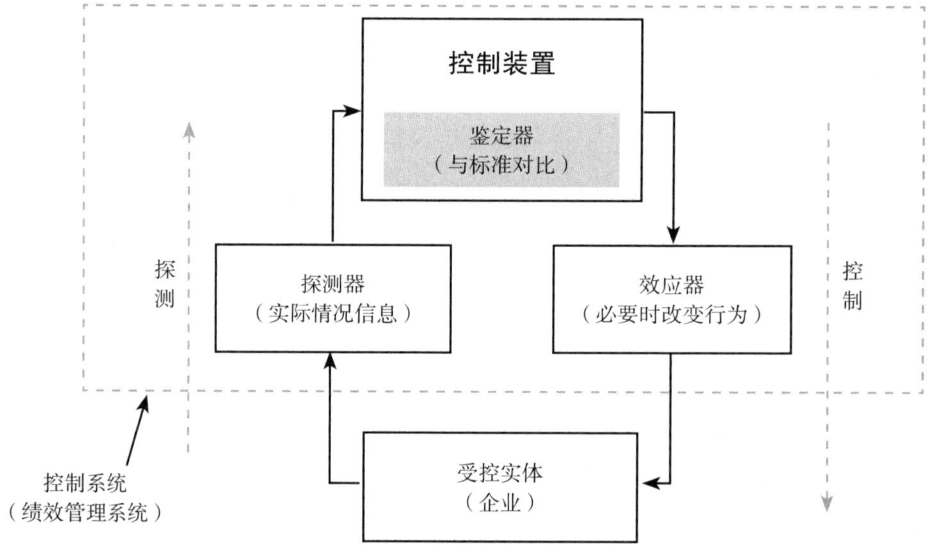

图1.9　控制系统（绩效管理系统）

图1.9是控制系统原型图，图中的虚线方框中就是控制系统（也可称之为“控制体系”）。

企业的绩效管理系统就是一个典型的控制系统，它的受控实体（接受控制的对象）就是企业本身，分解下去就是企业中的每个团队和每位员工。

控制系统实现其控制的方式主要依靠三种行为：

1. 探测（图1.9中向上的虚线箭头）。

2. 鉴定（图1.9中的鉴定器）。

3. 控制（图1.9中向下的虚线箭头）。

因此当我们说“绩效管理是指识别、衡量以及开发个人、团队和整个组织的绩效，并且使这些绩效与组织的战略目标保持一致的一个持续性过程”这句话时，实际上是在对“绩效管理”过程下一个描述性的定义——我们是在描述一个控制系统。在这样的定义之中，“识别”就是“探测”，“衡量”就是“鉴定”，“开发”和“使这些绩效与组织的战略目标保持一致”，两者都是“控制”，“组织的战略目标”是“鉴定器”所使用的标准的来源——目标可以分解到职责和角色，并被表达为指标，不同指标的分值形成一系列与企业目标相联系的绩效标准。

可以用一种非常直观的方式来理解绩效考核系统中的指标、目标和绩效标准。在一所典型的中学里，语文、数学、物理、英语、生物等考试分数就是指标，60分就是“绩效标准”，它是可接受的最低的绩效水平；80分可能是水平一般学生的绩效目标；95分以上则可能是优秀学生的绩效目标；等等。各国的学校都有各自的绩效标准，例如大学已经开始采用等级分数，分为用A、B、C、D4个等级。各科原始分满分为100分，100~90分为A级，89~75分为B级，74~60分为C级，59分及其以下为D级，达到C级就是达到了绩效标准，但每个学生的目标是不一样的，有的人目标就是C，有的人是B或A。因此我们可以看出，绩效考核系统中的“绩效标准”就是可接受的最低绩效水平，而目标则是预期想要达到的绩效水平。

正式绩效管理系统的优势之一在于强调目标。对于一个企业来说，通过绩效管理系统来强调战略目标的实现，就如同一所中学通过考试系统来强调升学目标的实现一样。中小学的升学目标最终落实到了各科分数的指标，企业同样也要把战略目标落实到各式各样的绩效指标上，并促使这些绩效指标达到企业期望的目标，至少要达到绩效标准。在绩效管理系统中，目标必须是可以用指标衡量的，不能用指标衡量的目标无法纳入绩效的考核过程。目标还是职责、职位和角色的本源，这在团队中表现得最为突出：团队的职责就是实现为其规定的目标。因此，正式的绩效管理系统是强调目标的，因为如果没有目标，绩效管理系统就无法对管理对象的行为过程及其产生的结果转化为绩效标准和指标值并进行鉴定，因此也就无法对企业绩效实施影响和控制。

任何组织中的绩效管理系统，其设计思维都是从控制系统的原型而来的。以“探测”为例，绩效管理系统所探测的信息必须是可测量或可观察的，难以测量和观察的信息就必须想办法进行测量和观察，否则就无法制定指标和绩效标准，因此也就无法加以鉴定。

绩效管理系统——作为一个控制系统——存在的意义就在于，绩效管理活动可以在系统规则的推动下成为一个持续的管理过程，它包括从设定目标和任务（因此也就设定了鉴定器的绩效标准体系），到测量或观察绩效（即探测并获取指标数值），再到提供、接受指导和反馈（即控制）这样一个永不停止的过程。

正式的绩效管理系统强求为考核对象提供明确的绩效反馈和激励，而明确的反馈的激励能够最有效地激发正确的动机和行为。在非正式的绩效管理环境下（例如在通常的社会环境中），一个人往往很难从周围的人际关系中得到正确而明确的、关于其行为绩效的反馈信息，人们会因为知识、人际关系等方面的原因无法或不愿为他人提供正确的反馈（例如：父母不知道你的数学作业对不对；同学因为不愿意得罪你而不愿意说真话；等等），这也正是在非正式的绩效管理环境中一个人成长缓慢的原因。

因此，正式的绩效管理系统存在的另一个重要意义在于，它持续地根据目标提供反馈，它的鉴定装置使得控制活动持续地以目标为标准，也就是使企业的行为过程和结果与战略目标保持一致，进而确保员工的工作活动和产出与组织的目标相一致，并借此帮助组织赢得竞争优势。因此，绩效管理在员工的绩效和组织目标之间搭起了一座桥梁，使员工对组织作出的贡献变得清晰。

三

绩效管理系统的本质，在于它是能够将人的才能和动力转化为一种企业战略优势的各种关键工具的组合（这些关键工具无非就是探测器、鉴定器和效应器三类）。

企业为什么要通过绩效管理系统来充分发挥“人”的优势呢？因为在今天这个全球化的世界里，获得竞争对手的技术和产品已经不是什么太难的事情了，而要比竞争对手获得更大的成功就相对艰难了，往往必须花更大的力气强调企业中的“人”这一核心竞争优势。

绩效锚的最大特征，是它强调绩效管理系统的目标集。

一个控制系统的目标集是该系统的核心输入，系统的鉴定标准由目标集而来，目标集从根本上决定了系统的能力：目标越多越复杂，就要求控制系统的能力越强，目标较少较简单时，控制系统就不必拥有那样大的能力。

绩效锚设定了目标集，也就规划了绩效管理系统的能力。

反之，当企业的绩效管理能力较弱时（例如创始企业），则应选择适合自己较低能力的绩效锚，从而得到适合自己的绩效定位。

绩效锚之所以能够帮助企业建立和提升其绩效管理系统，是因为它将企业的使命目标与企业的能力联系在了一起，使企业在各个发展阶段都能够完成适合其能力的绩效管理任务。

四

绩效管理系统、战略规划系统和任务控制系统，三者构成了企业中不可缺少的三大系统，这三大系统分别进行三种不同的管理活动：战略规划系统负责战略的制定，绩效管理系统负责管理控制，而任务控制系统则负责任务控制。三个系统的活动是一个从宏观规划到微观执行的分解细化过程，其特征和关系如表1.2所示。

表1.2　企业三大系统活动

系统	管理活动	活动结果	计划/控制偏重
战略规划系统	战略制定	目标、战略和政策	偏重计划
绩效管理系统	管理控制	战略的实施	两者并重
任务控制系统	任务控制	最有效率和效益地执行各项任务	偏重控制

从表1.2中我们可以看出，绩效管理系统，是企业从战略制定到具体任务细节的实施过程中不可缺少的中间系统，它把战略规划系统和任务控制系统连接在了一起，使企业的所有活动成为一个从计划到执行的有机整体。绩效管理活动是企业活动从非系统性向系统性的过渡，与之相比，战略制定这一块是组织活动中最不具有系统性的，而任务控制是最具有系统性的，作为管理控制的绩效管理则介于二者之间。三者的其他区别还在于，战略制定侧重长期，任务控制侧重短期活动，而绩效管理则介于二者之间；战略制定利用未来的粗略估计，任务控制利用现在的准确数据，而绩效管理同样介于二者之间。在计划和控制的侧重方面也一样：在战略制定活动中计划过程更重要，在任务控制中控制过程更重要，而在绩效管理活动中，计划和控制则同等重要。

五

在现实的组织活动中，能够真正以一种建设性的方式来运用已有的绩效管理体系的企业非常少。许多管理者对战略规划和任务控制情有独钟，对绩效管理重要性的认识却存在很大的不足。他们只知道绩效管理是人力资源管理的一项职能，但却缺乏对组织整体绩效管理的认识。绩效管理经常被误认为是“来自人力资源部门的要求”。例如在许多组织中，绩效管理就意味着管理者及其他员工不得不遵从人力资源管理部门的要求，填写一些烦琐的却常常无用的评价表格；他们之所以会填这些表格，只因为这是“人力资源部门那帮‘警察’”的要求。

在现实中，许多企业的绩效管理体系确实流于形式，我们唯一可以看到的其绩效管理过程所产生的后果之一就是：管理者不得不将很多时间“浪费”在他们“真正的”工作职责之外。在这样的企业之中，绩效管理系统几乎没有发挥出它承上启下、分解和实施战略的真正作用，这在很大程度上是由于管理者不注意绩效管理系统的建设造成的。许多管理者不注重绩效管理的系统性规范，其绩效管理行为的随意性很大，依赖经验进行管理的情况很多，没有注意到缺乏系统性的管理行为是不具有可复制性的，行为的过程和效果容易出现波动和起伏，对管理对象的要求也很难做到前后统一，有章可循。建立绩效管理系统的目的就是要把这种“人治”变成“法治”，将绩效管理从“人力资源部门的要求”变成企业实现使命目标的需求，依据系统进行绩效管理，使企业管理行为得到有效规范。

六

我们刚刚花了不小的篇幅讨论了绩效锚如何帮助企业建立和提升绩效管理系统。接下来我们讨论本节的第二个主题：绩效锚帮助企业确定绩效改进的起点和方法。

这里所谈的“绩效改进”，更多地指的是对系统能力的改进，即通过完善绩效管理系统、对绩效管理方法进行创新、提升组织管理能力来实现绩效的改进。

改进必有起点，这个起点我们很容易从绩效锚所对应的企业发展阶段中找到，因为任何一个具体的发展阶段，都是向更高阶段发展的起点。

从图1.10可以看到，财务绩效锚、竞争绩效锚和卓越绩效锚，分别对应于企业的“成活期”“成长期”和“成熟期”，三者所面对的使命目标系统从易到难，因此对绩效管理系统的要求也是从无到有，从易到难。

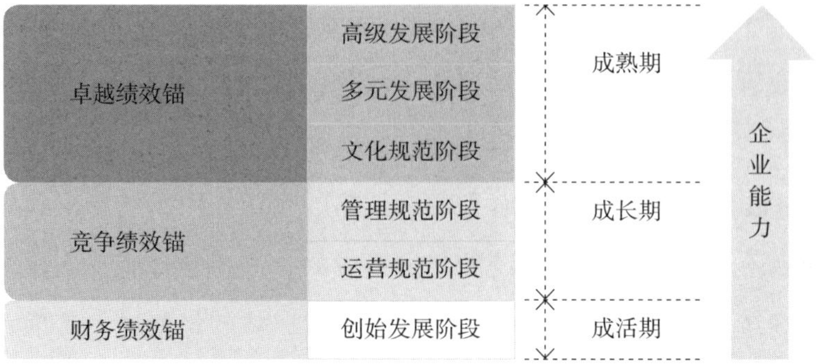

图1.10　成活期、成长期和成熟期对应的绩效锚

表1.3简单归纳了企业处于各发展阶段时的绩效管理系统水平。

表1.3　企业各发展阶段的绩效管理系统

发展阶段		绩效管理系统	绩效锚	绩效管理方式
成活期	创始发展阶段	无	财务绩效锚	非正式控制
成长期	运营规范阶段	开发中	竞争绩效锚	开发正式的控制系统
	管理规范阶段	开发到位		形成正式的控制系统
成熟期	文化规范阶段	已成熟	卓越绩效锚	成熟的控制系统
	多元发展阶段	已成熟		
	高级发展阶段	已成熟		

表1.3中的“绩效管理方式”一栏，展示了绩效管理系统成长和改进的方向；而“发展阶段”一栏（被分解成了两个部分），则标明了绩效改进的起点。

当企业使用财务绩效锚时，它还处在创始发展阶段，所使用的绩效管理方式往往是非正式的（见表1.3）。

通常，创业者（管理者）可以通过与组织员工的日常接触来实施绩效管理（即控制）。这是一种非系统化、非正式的控制方式。较小的企业规模使得管理者可以一直处于与员工的直接接触当中，这使得他有机会了解正在发生的大部分事情（他自己成了探测器），并能够指挥几乎每一件事情（非正式控制）。这个阶段的管理者（往往也是创业者）了解每名员工并能观察他们大多数人在做什么（角色描述和行为探测），且在必要的时候帮助他们改进（非正式的绩效开发）。

在成活期的创始发展阶段使用财务绩效锚，表明即使没有正式的绩效管理系统，企业还是要实施管理控制基本功能。财务绩效锚要求组织应该有一个基本预算制度和会计制度，后者甚至可以是手工操作的（当然有一个以计算机为基础的会计制度更好，因为很多财务管理软件都适合于创始发展阶段的企业）。在这一阶段，虽然还没有形成正式的绩效管理体系，但企业仍可以使用一个相对非正式的业绩评估系统（鉴定器），并进行一些定期的评估流程（鉴定），以便为后续正式绩效管理系统的打造做好准备。

七

当企业进入运营规范阶段后，应该正式开始启用竞争绩效锚，因为此时的企业由于扩张的加剧，其进行绩效管理的控制需求会急剧增加；如果不采取相应的绩效管理和改进措施，企业将面临失控的危险。

在运营规范阶段，主要管理者（往往是创业者）再也没有时间对各种大小事务亲自实施监督和控制，也没有可能亲自和不断增加的大量员工发生一对一的接触——他已经无法以个人的身份替代正式的绩效管理系统了。然而，此时的企业对于协作的需要却不断增加，因此急迫地需要正式的绩效管理系统，只有正式的管理控制系统才能解决突然冒出来的众多棘手问题。如果此时的主要管理者还没能意识到企业需要更为正式的绩效管理系统的话，那么企业的管理将在战略制定和任务控制之间出现巨大的空白区域，将会遇到很多麻烦。

因此，当企业发展到运营规范阶段之后，应该开始正式启用竞争绩效锚，并在该绩效锚的定位要求之下着手开发正式的战略规划系统（此前的战略规划——如果有的话——其实是在创业者脑子里完成的），它还需要开始建立更正式的绩效管理系统来帮助实施战略规划。此时的企业，极有可能需要将其基本会计制度变为某种能够提供整个财务业绩的信息、产品线利润率及分类业务利润率信息的责任制的会计制度，在创始发展阶段就已经着手使用的评价和奖励制度也应进一步完善和正规化，例如需要职位说明书来明确岗位职责等。此时，还应该引入一些实现目标的管理方法（如拙作《重构绩效管理》中的“七步激活执行力”方法等），以及一个正式的业绩评估系统（正式的鉴定器）。企业薪酬制度应该更系统化，例如应包含与业绩相关联的绩效工资等。

八

渡过了运营规范阶段的企业，就进入了成长期的下半场——管理规范阶段。

处于这一阶段的企业应该开始在竞争绩效锚的定位之下形成正式的绩效管理系统，这是企业在这个阶段开发管理系统的重要方面之一。其他管理系统中的要素还包括正式的计划和管理培训系统，以及规范的组织结构。

基于正式的管理系统，绩效管理的规划部分可以深入到单个产品层次或利润中心；预算制度也需要到达单个产品层次或利润中心；绩效监督也应该开始提供非财务会计的信息，形成一系列成熟的管理报告；会计信息系统通常需要重新定义以提供更多信息进行管理控制。在这个阶段，企业应该开始使用正式的业绩评估系统，而管理培训课程应该教管理者如何使用它。

如果管理者在运营规范阶段没有为完善这些系统打下基础，那么在管理规范阶段发展它们就会更加困难和昂贵。而如果此时还没有应用这些系统的话，那么到管理规范阶段的后期，企业就很有可能面临强烈的成长痛苦。如果企业处于一个有利市场，那么这些痛苦可能暂时会被增加的销售额所掩盖。但是当“潮水”退去、市场变化时，企业会突然发现自己此前竟然一直在“裸泳”，此时却突然间必须直面许多之前潜伏起来未加重视的致命问题了，这些问题是由减少的收入和增加的成本同时引发的。

九

当企业成功渡过了成长期的管理规范阶段之后，它就正式进入发展的成熟期。

进入成熟期后的第一个阶段是文化规范阶段，这意味着企业应该在此前的发展中已经形成基本的绩效管理系统了，从此阶段开始的大多数改变，多以修正和巩固为主，规划系统将更复杂，预算流程将得到更多优化，会计信息系统应能提供准确、及时和可比较的数据，绩效管理系统应定期进行针对规划的业绩评估，而且员工应就非定期进行的评估得到合理的解释。总之，当企业进入文化规范阶段之后，它的绩效管理系统应该已经很成熟，且已经整合成为整个企业文化的一部分，并运行顺利。这个时候，企业已经有能力追求所有使命目标，并开始采用卓越绩效锚了。

十

由于绩效锚与企业的发展相配合，它相应地也就确定了组织整体和局部绩效改进的起点，同时也确定了绩效改进的目标，即促使企业提升其内部管理能力，进而以更高的能力去匹配更完善的绩效管理系统，实现绩效的改进。

粗略地看，三个绩效锚所决定的绩效改进起点分别是成活期、成长期和成熟期。

绩效改进工作，不但聚焦于绩效的提升，更聚焦于企业在每一个发展阶段为减少进入下一阶段的发展痛苦而在组织方面所进行的准备和建设，这些工作可以浓缩为三种与“组织”相关的操作，即找回组织、组织赋能和巩固组织。这三种操作的具体做法将在后面章节详细讨论。总之，三种操作的目标，是使相应阶段的绩效管理能力得到提升，并使绩效锚切换到更高的水平（如图1.11所示）。

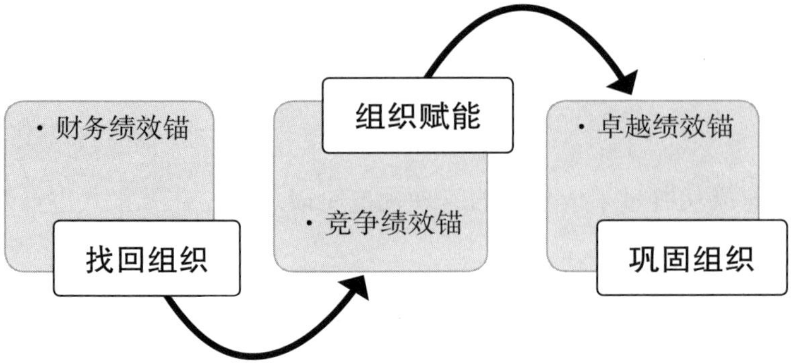

图1.11　三种绩效锚与三种绩效改进操作

企业管理如逆水行舟，不进则退。三种绩效改进操作如果进行得不好，企业不但不会向前发展，甚至还会发生衰落和倒退。因此，三种绩效锚的发展，以及企业所处发展阶段的链接是循环的。它在成熟期后，随着组织的不断发展推进，还要面对新的市场界定和新的产品开发问题，新市场新产品的成功又带来了新的进步，新老成功融为一体推动着组织不断往前发展，如此循环不止，绩效锚的侧重点也相应发生变化（不要忘了财务绩效锚一直是包含在更高的绩效锚之内的），三种绩效改进操作也随之有所侧重，这样，成熟后的企业将一直处于对各种绩效锚不同内涵有所偏重的不同阶段（如图1.12所示）。

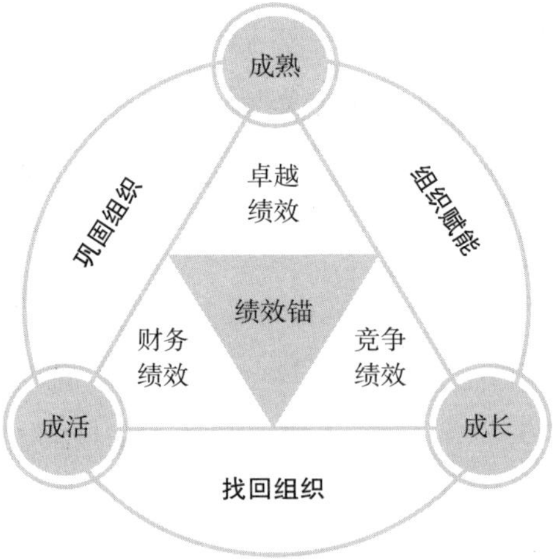

图1.12　绩效锚原理模型

十一

本书后面章节的重点主要是详细讨论“找回组织”“组织赋能”和“巩固组织”这三种绩效改进操作，我将这三种操作合称为“三步改进绩效”。

在这里，我们先给出这三种绩效操作的大致内容，见表1.4。

表1.4　三种绩效改进操作内涵

绩效改进操作	绩效改进关键内容
找回组织	成长阶段转型管理
	发现组织发展关键任务
组织赋能	基础架构有效匹配
	构建C3绩效管理系统[1]
巩固组织	绩效模式协调整合
	建设XYZ绩效改进系统[2]

从上表中我们看到，“找回组织”的操作包含的两项工作（即“发现组织发展关键任务”和“成长阶段转型管理”）其实都是要贯彻所有发展阶段始终的，这就是为什么我们要把“找回组织”对应财务绩效锚的原因之一，因为财务绩效锚始终包含在其他两个绩效锚里面，这意味着“找回组织”的工作永远不能停止。同样地，“组织赋能”的工作在进入了成长期之后的各发展阶段中也永远不能停止（如图1.13所示）。

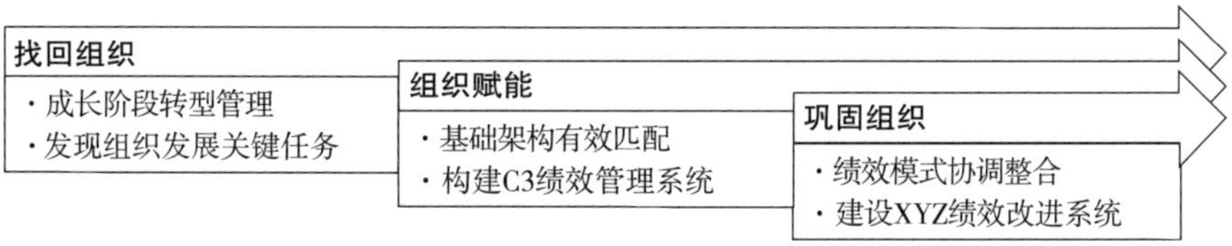

图1.13　三步改进绩效的逻辑关系

在接下去的三章中，我们将分别讨论三种绩效改进操作的具体内容。

① C3 绩效管理系统见第三章第一节第 95 页。

② XYZ 绩效改进系统见第四章第二节第 216 页。

02

第二章

找回组织：聚焦于财务绩效

第一节

绩效改进与管理转型

一

企业的绩效从哪里来？90%以上的绩效其实是从企业所确定的市场、产品/服务和它拥有的能力框架这三大绩效要素而来的。

各种绩效要素在企业发展的不同阶段中发挥出它们产生绩效的功能，从而产生了企业绩效。

企业的绩效要素包含四个大的方面，即外部因素、市场、产品/服务和企业能力框架，如图2.1所示。

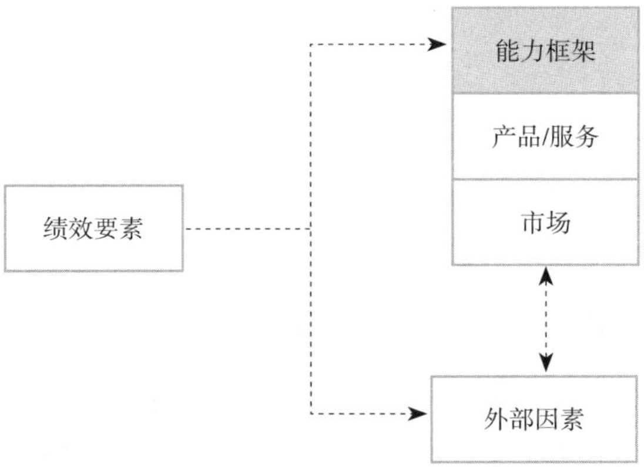

图2.1　企业绩效要素原理

企业的能力框架概括了支撑企业日常运营和长期发展的能力。从

图2.1中我们可以看出，在一定外部因素（由于外部因素不是本书研究范围，所以不会对其展开讲述）的影响下，企业在市场上销售其产品和服务，依靠其能力框架所发挥出的能力获得绩效。

企业的能力框架包含四个子要素，分别是资源、运营系统、管理系统和文化。

因此，图2.1中的绩效要素原理图，又可扩展成图2.2。

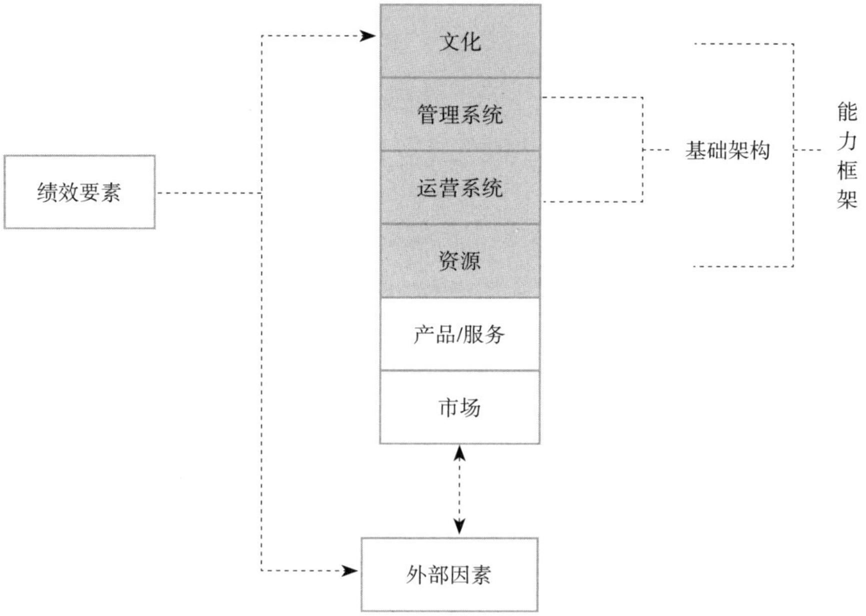

图2.2　企业绩效要素原型

图2.2中，“能力框架”细分成了四个子要素，其中的运营系统和管理系统两项子要素，又构成了企业的“基础架构”。

企业的基础架构——运营系统和管理系统就是企业在追求绩效的过程中负担最重的基础设施。正如城市的基础设施为其发展提供了平台一样，企业的基础架构承担了企业运营的日常事务和规范化管理的职能，是企业当前活动和未来成长发展的基础。企业的成长与成熟，正是由良好运行的基础架构推动的。

二

任何企业的基础架构都有其能力极限，它只能支撑一定限度的企业规模（企业规模可以用销售收入计算）。当企业的快速发展渐渐使管理者和员工感觉工作繁重、力不从心时，往往就意味着其发展速度超出了原有基础架构的承受能力。因此，企业在扩张和发展时所感到的痛苦，主要来源于其规模与基础架构之间的匹配失衡，见图2.3。

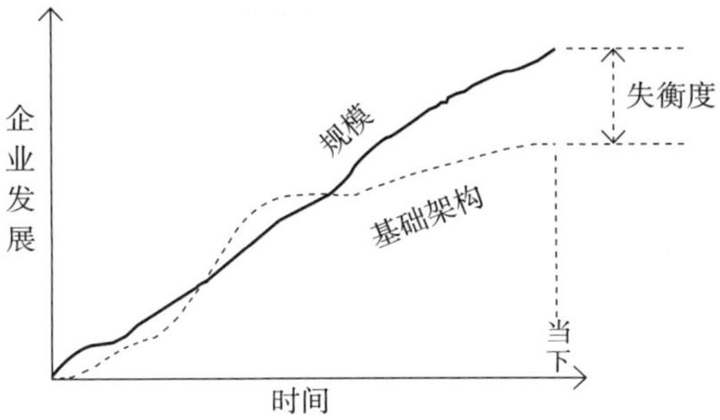

图2.3　企业规模与基础架构间的失衡

图2.3展示了企业的规模（可以用销售额来衡量）与其基础架构之间的匹配关系。在图中，横轴代表时间，纵轴表示企业发展进程中“企业规模”和“企业基础架构水平”的取值。图中较粗的黑色实线代表企业规模（以销售额计），它往往随时间的流逝和企业的发展呈上升趋势。图中较细的虚线代表了企业基础架构的发展水平（图中取值可理解为基础架构伴随企业规模发展的态势），它同样应该随企业的发展而越来越成熟。图中，基础架构的上升趋势代表了其管理成熟度的提高。

对于一个企业来说，在任何一个时间点上（最右方就是企业当下的时间点）都存在一个规模与基础架构支撑能力之间的“匹配度”。当企业的规模大于基础架构适合支撑的规模时，该匹配度就表现为一种“失衡度”，它就代表了企业所承受的痛苦。

三

基础架构水平代表了企业的基本能力。理想情况下，它应该与其规模的扩大基本同步，彼此间的失衡很小（见图2.4中的A图），此时企业将处于良性发展之中。

然而，企业规模的扩张速度有时非常快，而随着规模的扩大，企业可能会产生规模与基础架构之间巨大的失衡，此时就会使企业感到痛苦（见图2.4中的B图）。当企业的痛苦达到一定极限时，甚至可能会破产。

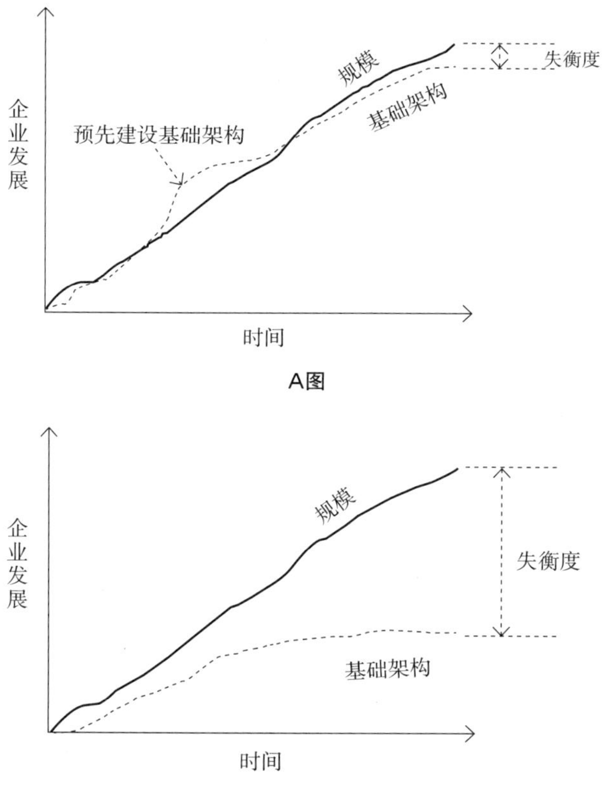

图2.4　不同企业的失衡度

大多数企业家非常关注资金链断裂或入不敷出所带来的风险，然而许多人却忽视了企业快速成长出现的“失衡度”会造成同样的毁灭性风险。由于许多时候弥补企业基础架构的不足是非常困难的，有时甚至毫无可能，所以当企业表现出快速成长迹象时，管理层应该预先投资建立其成长所需的基础架构（图2.4中的A图所示）。20世纪80年代创建的康柏电脑（后与惠普公司合并），以及如今的星巴克公司等，都得益于先于其飞速成长所投资建设的基础架构。

然而，许多企业（尤其是互联网企业）的发展速度极快，其规模很快就会超出它现有的基础架构，成长痛苦也伴随而来。由于企业的发展太快，管理层很难保证企业基础架构的发展水平可以适应企业的成长速度。

中国互联网企业对这种成长的痛苦是再熟悉不过了，他们中盛行的加班文化及其方法——著名的“996工作制”就是应对成长痛苦的权宜之策。

“996工作制”的产生，很大程度上是因为互联网公司的运营系统跟不上公司的发展速度。员工感到工作时间不够用，只是企业成长痛苦的表现之一。其他的表现还包括：员工不知道其他人在做什么（某著名互联网公司的CEO有一天发现，公司库房中的许多东西根本就不是他们的销售产品）；员工花很多时间来“救火”；由于缺乏角色界定，员工往往认为“要正确地完成这个工作，我必须亲自干”；由于管理系统的低效，大多数人认为开会是浪费时间；由于没有规范的绩效管理系统，造成没有计划，或有计划也没有执行；企业缺少优秀的管理人员；销售额持续增长，但利润却没有增加……

四

企业改进其绩效的渴求从哪里来？正是从企业规模与其绩效要素（尤其是基础架构）间匹配失衡的痛苦中来的。一个企业的规模与其基础架构的不匹配，把企业置于必须向下一阶段管理转型的压力之下。随着企业的发展和规模的扩张，转型的压力会增加到靠不断“救火”无法解决的程度。本书的绩效改进方法，其中最基础的“找回组织”操作，就是用于解决企业的管理转型问题和发现组织发展关键任务。“找回组织”的操作贯穿组织发展的始终，因为改善企业规模与其基础架构的失衡贯穿企业发展始终，同时，不断发现组织发展关键任务是发展中的组织在每个阶段都必须面对的一项重要课题。

五

健康发展的企业，其规模往往与其所应该处在的发展阶段相对应。按照通常的共识，持续健康发展的企业，一般会经历从低向高的六个发展阶段，这些发展阶段与企业的规模形成了一一对应的关系。我们把这种对应关系列成表格，见表2.1。

表2.1　企业规模与发展阶段

企业规模（以年销售收入计，人民币）	发展阶段	发展周期
小于700万	创始发展阶段	成活期
700万~7000万	运营规范阶段	成长期
7000万~7亿	管理规范阶段	成长期
7亿~35亿	文化规范阶段	成熟期
35亿~70亿	多元发展阶段	成熟期
超过70亿	高级发展阶段	成熟期

上表中所列出的企业规模，指的是生产型企业的规模。当讨论服务型企业时，所参考的规模范围则相对较小（约为生产型企业的1/3），这是因为服务型企业往往比同等年收入的生产型企业更为复杂（例如销售收入中无须扣除原材料费用），因此它通常总是先于生产型企业达到成长的每个阶段。生产型企业的制造过程需要购买半成品原料，因此企业的收入包含了购买其他企业产品的成本，从而造成了同等收入的生产型企业的“增值”少于服务型企业。生产型企业往往拥有更小数量的员工，这在机器人和自动化设备大量进入生产现场的企业更是如此。

在讨论企业规模时，大多数向特定人群提供服务或募集资金的非营利性组织可以归入服务性企业。如果这样的组织并没有营业收入（如基金、慈善机构和政府扶持的机构等），则可以用组织的年度预算来代替年收入。

六

从本质上讲，企业的收入只能反映它的规模。企业发展阶段的划分并不仅仅要看它的规模如何，更大程度上是由它的发展方式决定的。

企业的发展方式包括两个方面，即“成长方式”和“管理方式”。

成长方式表现了企业发展的成长特征，如运营规范阶段的成长特征是快速扩张，管理规范阶段的成长特征是稳健发展等。

管理方式表现了企业发展的管理特征，如运营规范阶段的管理特征是资源获取和流程与价值链的不断优化，管理规范阶段的管理特征则是计划系统、组织结构、管理培训系统和绩效管理系统四个子系统的不断完善。

企业的发展方式（而不是其规模）决定了它处于什么发展阶段。一般来讲，企业的规模与发展阶段的发展方式应当是相互匹配的，主要是达到基础架构与规模的匹配。正因如此，人们才追求企业规模一定要与发展阶段同步，因为相应的发展阶段代表了其规模所对应的包括基础架构在内的绩效要素水平。当企业的规模与理应所处的发展阶段的发展方式脱节时，成长痛苦的现象就会表现明显，表明企业应该向下一个发展阶段的管理转型了。因此，转型和绩效改进的本质，其实是把工作的重点放在了提升企业的绩效要素水平上面了，如图2.5所示。

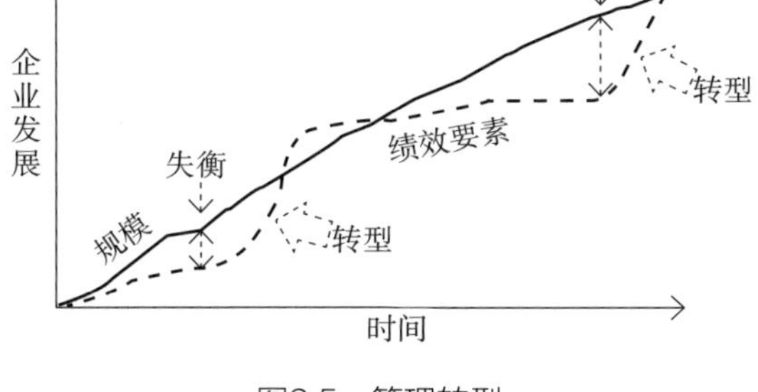

图2.5　管理转型

图2.5中，当企业的绩效要素（其中以企业基础架构为主要部分）与其规模发生较大失衡时，企业就应采取措施努力提升绩效要素的能力水平，以使其能够满足（甚至超过）规模的要求，这往往就意味着以基础架构为主体的绩效要素改善，并展开有效的管理转型。

成长阶段的转型管理，正是本书定义的绩效改进三大措施之一——“找回组织”中的基础操作。

第二节

发现组织发展关键任务

一

绩效改进工作可以浓缩为三种与“组织”相关的操作，即找回组织、组织赋能和巩固组织。

企业失败的原因之一，或许是CEO不能集中精力去推动真正需要做的事情。CEO的首要准则本应是先从战略性的视角去发现最需要做的事情，这种事情的可选答案通常有好几个，但正确的选择往往只有一个，CEO的任何选择都可能遭遇风险和阻力，因此做出抉择往往是艰难的。然而，这种事情往往是最重要的事情，它能够使组织达成可预期的目标，完成这一目标后还能产生不同凡响的效果。

“找回组织”，就是这种最重要的事情之一，它需要在企业不同的发展阶段找到合适的关键任务，这些关键任务都是关乎企业未来命运的事情，因为它们都与企业的转型和对转型的巩固相关。

因此，找回组织的本质可以表述为“常态化转型”，或更确切地表述为“管理转型常态化”。

“常态化转型”意味着企业在管理上的转型并不是一件可做可不做的事情，也不是一件现在可以抓紧一些、过一段时间就可以放松一些的事情，也不是一件待到组织成熟之后就不必再做的事情；而是一项必须系统化、常态化进行的工作，这种工作是企业的CEO和高级管理层最应关心，并且应该结合到战略规划中的重点事情之一，因为除了拥有决心和毅力、并有权规划企业未来的高层管理者们之外，不可能有其他的人员能够真正推动自己企业的管理转型。

大量的案例研究表明，企业从创始初期发展到较大规模（例如接近70亿元人民币的规模）期间，都会持续承受越来越强烈的转型压力，因此会感觉越成长越痛苦。在企业达到这个较大的规模之前，成长痛苦的加剧将持续伴随着它的发展。

在企业走向成熟的整个成长过程中，当发展的痛苦达到一定程度时，必须采取强有力的措施来进行管理转型；当痛苦还可以忍受时，企业其实往往处在战略规划中的常态化转型孕育之中。数据表明：随着企业规模从年收入不到几百万发展到接近70亿元，成长的痛苦会持续加剧；但此后，当收入达到70亿元以上时，企业成长的痛苦通常会得到缓解。这种现象表明：收入超过70亿元的企业，在为生存和发展而持续实施的不断的管理转型中，终于达到了足以有效控制成长痛苦的临界规模和管理水平，这时才表明它真的进入了更高的成熟阶段。

“找回组织”既然意味着常态化的、持续的管理转型，而任何企业的管理转型又都不是一件轻而易举的事情，这就使得“找回组织”从表面上看似乎异常复杂化了。然而，找回组织的操作有其最基础的方法论，那就是管理的转型和对这种转型的管理，都要按照企业不同发展阶段来区分最重点和次重点的工作，所有工作都涉及企业的各个绩效要素，那些最重点的工作可称之为相应发展阶段的“关键任务”。这些关键任务都是针对企业在此阶段中的重点绩效要素。依照这种按阶段和绩效要素区分工作重点的绩效改进思维，找回组织的操作也就具体包含了两项最基本的内容：

1. 发现组织发展关键任务。

2. 成长阶段转型管理。

本节中，我们将详细讨论前一项内容：发现组织发展关键任务。

二

所有企业都要经历不同的发展阶段，每个发展阶段都有最迫切需要解决的问题，即最需要完成的关键任务。依据企业是否完成了所处发展阶段的关键任务，以及对关键任务的完成质量，企业的命运也将不同。例如：有些企业在发展到中途的某个阶段时就破产了；还有不少企业在其发展到某个中间阶段就被其他企业收购了——健康发展的企业通常会卖出高价。没有经历上述两种命运而持续发展的企业，最终大都会跨越从“成活期”到“成熟期”的三大时期，遍历三大时期中从创始发展阶段到高级发展阶段的六个细分发展阶段，这是企业生命周期中的6个特征明显的不同成长阶段，是组织健康成长的发展规律，如图2.6所示。

图2.6　组织发展的六大阶段

图2.6中，各发展阶段的名称概括了企业在该阶段的发展特征。从第一到第四的前4个阶段，涵盖了企业从创立初期到成熟期的特征，同时还覆盖了企业从成活期到成熟期的三大发展历程。第五和第六两个阶段，则是企业生命周期中成熟期之后的阶段了。

通常，上述企业成长发展的6个阶段都有各自对应的发展方式，即有各自对应的成长方式和管理方式。而各阶段的管理方式，其实就对应着该阶段的关键任务，如表2.2所示。

表2.2　企业各发展阶段的关键任务

发展阶段	成长方式	管理方式（关键任务）	重点绩效要素
一、创始发展阶段	生存第一	识别并界定市场，开发和销售产品/服务	市场、产品/服务
二、运营规范阶段	快速成长	获取/管理资源，打造流程和价值链	资源，运营系统
三、管理规范阶段	稳健发展	完善计划系统、组织结构、管理培训系统和绩效管理系统等4个管理子系统	管理系统
四、文化规范阶段	发展巩固	文化管理规范化，并以此促进和巩固企业的绩效	企业文化
五、多元发展阶段	多元化	开发新市场、开发新产品/服务，或两者都做	市场、产品/服务
六、高级发展阶段	变革管理	对资源、运营系统、管理系统和企业文化等企业能力框架内容进行重新整合，或针对其他阶段所有发展关键任务进行巩固和复兴	能力框架或以上所有绩效要素

为了反映各发展阶段的关系及讨论的方便，在下文中，我们也经常以“第一阶段”“第二阶段”……这样的简称来讨论各个发展阶段。

三

从表2.2中可以看出，企业在其自身发展的各个阶段都有对应的关键任务，在其创始发展阶段的关键任务就是生产和销售，重中之重是开发核心产品、确定市场和市场利基，从而获得生存的基础。

所谓的“市场利基”，指的是具有持久竞争优势的足够的市场空间，从而使企业得以在某个细分市场占有主导性的竞争优势。淘宝网的利基市场是大众消费市场，腾讯的利基市场是移动和在线通讯（微信和QQ），微软的利基市场是操作系统市场，诺华公司的利基市场是白血病药物市场（著名的“神药”格列卫是受到专利保护的）。

在创始发展阶段，企业要从销售收入几乎为零的规模发展到能够基本生存的规模（对于生产型企业而言，通常其年收入要达到700万元以上）。在这个阶段，虽然企业绩效要素的其他方面也很重要，并且也可能要面对组织发展所需的其他关键任务，但这些方面要么还可以容忍其不规范，要么其非正式的形式还可以满足企业的生存需要。在资源方面，这个阶段的各种企业资源虽然稀少，但还能忍受，只有在开发出适销的核心产品并形成一定的销售规模之后才会变得更加紧张；运营和管理系统虽然是非正式的，但由于企业的规模较小，因此还可以满足需要；在企业文化方面，初创企业有其小规模的优势，虽然它的文化是比较朦胧的，但是员工都能够理解。此时企业唯一最不确定的因素就在于市场和产品，管理层面对的最大挑战就是寻找市场，可能的话还要建立市场利基这样的基本生存空间，因为如果没有消费者，没有提供给消费者的产品和服务，企业就无法生存。那些我们耳熟能详的互联网企业之所以能成功，都是在其初创阶段识别出了可行的市场和配备了合适的产品。例如：阿里巴巴识别出了基于互联网的国际采购批发服务市场；京东识别出了自营式电商模式（市场、产品和服务）；唯品会识别出了在线品牌折扣市场；1号店开创了“网上超市”的先河；当当网发现了网上卖书市场；百度发现了基于搜索引擎的广告市场；科大讯飞聚焦于语音和语言技术应用市场；“饿了么”发现了在线外卖即时配送市场；北京小桔公司（滴滴打车）发现了在线打车服务市场……

创业者未必是首先确定空缺细分市场的人，他们常常通过提供更好的产品和服务而进入一个市场（如360以免费的方式颠覆杀毒软件市场）。

除了发现市场外，创始企业的第二项任务是产品化，即分析现有和潜在消费者的需求，然后设计满足这些需求的产品和服务。例如：阿里巴巴开发了国际网上贸易服务；京东开发了网上下单、送货到家服务；百度开发了搜索和广告服务；等等。尽管许多公司能够准确判断市场需求，但它们未必能生产出满足这种需求的产品。产品化这一过程不仅包括有能力设计产品/服务，还包括有能力生产这种产品或提供某种服务。另外，“生产”产品的能力也包括创造环境和平台的能力，即为消费者提供服务的机制。例如：淘宝网使消费者、商家和服务提供商们处于一个集成的平台之上；星巴克提供的不仅是咖啡产品，还有在星巴克品咖啡的感受。

总而言之，初创企业的组织发展关键任务是市场和产品，它应该把大部分精力聚焦于市场和产品这两项最重要的工作上面。

四

如果企业能够成功完成创始发展阶段的关键发展任务，它将进入发展的下一个阶段——运营规范阶段。这一阶段的成长方式是快速扩张，往往表现为企业销售收入的快速增长、雇员数量的迅速增加、资源告急、运营系统不堪重负等。“运营规范阶段”这一名称，特别强调了本阶段的发展重点。

由于销售收入的持续增加，企业将面临一系列新的问题和挑战。在运营系统方面，由于产品和服务销售规模的急剧膨胀，企业日常运营系统几乎无法应对突然增加的招聘、产品和服务的储存、运输、采购、会计、收款、信息传递和沟通等活动，库存管理、收付款等工作陷入混乱，产品质量出现原因不明的问题，跳槽现象急剧增加，信函、文件和报告丢失，时间浪费，信息系统常常崩溃等。在组织资源方面，原有的潜力已经扩展到极限，这时如果想增加销售额，似乎只能无限制地增加人力、财力、设备和空间了。

这一阶段的主要挑战是组织规模的快速扩张，其关键任务也就自然从初创阶段的市场和产品，变成获取资源和发展运营系统了。很多企业在这一阶段遇到了大量问题，这些问题主要都集中在资源和运营系统方面，如果创业者无法处理这个阶段成长中的管理难题，企业很可能会从此破产或被收购。虽然许多企业家对运营系统这样的基础架构并不感兴趣，但处于这一阶段的企业，需要建立起运营系统的基础架构，以便使业务能够高效运营。换句话说，这个阶段的关键任务，就集中在绩效要素的资源和运营系统两个方面，提升企业绩效的重点，应该放在获取资源和开发运营系统上面了。

企业的创始发展阶段和运营规范阶段共同构成了企业从初生到初步成长的“童年期”，此期间的企业可称为“创业型企业”，特点是企业家的典型技能占据着重要地位，管理系统的规范化不足，基础架构薄弱。企业在此阶段的转型大约需要两三年的时间，之后才开始迈上由创业型企业转型到管理规范的企业道路。

五

当企业不断发展其基础架构的运营系统，同时伴随着企业的规模不断扩大时（通常扩大到7000万~7亿元），它就开始不得不面对进入第三阶段——管理规范阶段——的发展问题了，并正式进入这一阶段。

当企业处于运营规范阶段时，它的发展方式以迅猛增长为特征。然而，在迅猛扩张的某一时刻，企业的高层管理人员终将会认识到（至少是模糊地感觉到）其管理需要质变。一个企业不能仅靠增加人力、财力、设备及场所来应对发展带来的需要，它必须开始进行更高一级的管理转型了，并对组织类型进行调整，这样它就进入了发展的第三阶段——管理规范阶段。此时，企业开始下大力气规范组织的管理系统，意味着这个阶段的关键任务集中在“管理系统”这一绩效要素之上。

这里并不是说在创始发展阶段和运营规范阶段的企业就没有管理系统，只是企业在最初这两个阶段的管理系统往往是不规范的。

从理论上讲，管理系统包括四个子系统，分别是计划系统、组织结构、管理培训系统和绩效管理系统。下面的表2.3归纳了组织在各个发展阶段管理系统发展情况的不同。

表2.3 企业的管理系统在不同发展阶段的特征

发展阶段	计划系统	组织结构	管理培训系统	绩效管理系统
创始发展阶段	极不正式	前职能型结构	在岗位上培训	个人监督式
运营规范阶段	基本战略规划	职能型结构	基本管理技能（一线主管技能）培训	运营管理控制系统/基本汇报制度和会议制度
管理规范阶段	企业级系统的战略规划	职能型结构	组织管理技能（中层管理技能）培训	通过目标制度实行基本管理/责任中心控制/正式的业绩评估
文化规范阶段	战略管理到达部门级	建立分部	高级管理培训	成本和利润中心控制/成熟的业绩评估
多元发展阶段	战略管理到达分支机构 战略规划成为企业的生存方式	分支机构	领导才能培训	综合控制系统
高级发展阶段	同上	首席运营官 复杂的结构	同上	与分散化管理相适应的控制制度

注：基本管理技能包括运营管理技能和核心管理技能。运营管理技能通常包括培训/训练、日常监督/激励、业绩评估、会议管理；核心管理技能通常包括沟通能力、时间管理、有效授权、人际沟通能力、有效的运营领导力、决策能力。

表2.3总结了在各发展阶段中4个管理子系统的特点。

在创始发展阶段，战略规划是极不正式的，是“装在创业者脑子里”的；组织结构是预备职能结构，或称为前职能型结构；管理培训系统是在岗位上进行的；绩效管理系统也是非正式的，是通过个人监督实行的控制。

在运营规范阶段，企业有了基本的战略规划（例如年度战略规划会议）；组织结构变成职能型结构；管理培训系统方面有基本管理技能培训课程：往往是针对一线主管的培训，培训内容则主要集中在核心管理技能和运营管理技能方面；绩效管理系统方面包括运营管理控制系统、基本汇报制度和会议制度等。

在管理规范阶段，企业开始发展较正式的战略规划流程；组织结构方面则是以职能型结构为主；管理培训方面已经有了包括一线主管和中层管理者在内的基本管理和组织管理技能培训课程；绩效管理系统方面实现了通过目标制度实行的基本管理。开始实施责任中心控制，并开展正式的业绩评估。

在文化规范阶段，企业的战略规划流程已经扩展到部门级别，即部门已经有了战略管理；组织结构方面，企业已经开始建立分部；企业的管理培训升级到了高级管理培训；绩效管理系统方面，建立了成熟的成本和利润中心控制制度，以及成熟的业绩评估制度。

在多元发展阶段，战略规划已经成为企业的一种生存方式，分支机构也有战略规划；组织结构方面，前阶段的分部变成了分支机构；管理培训方面，针对高层管理人员进行领导才能方面的培训；绩效管理系统更加完善，建立了综合控制系统。

在高级发展阶段，战略规划已经十分规范，处于与前一阶段相同的水平；组织结构方面，首席运营官管理着复杂的组织结构；管理培训方面与第五阶段相同；绩效管理系统方面，为适应多元发展与整合的需要配置了与分散化管理相适应的控制制度。

六

发展到一定规模的企业，为什么一定要开始对管理进行规范化呢？因为在此之前，企业只是纯粹的创业型企业，它的运作虽然可能缺乏明确的目标、职责、计划或控制，但却因规模较小而依然能够成活和发展。然而，一旦企业发展超过了“管理规范阶段”的临界规模，随着企业的成长，企业家开始注意到自己再也不能完全控制公司的运作，他再也不能像过去那样事无巨细地亲自执行一些任务，即使他是条理性最强和精力最充沛的人。从此以后，企业家必须学会的技能就是，他不需要做的，他就一定不能做。例如他不能亲临现场，对其他管理者的依赖性越来越强；他工作繁忙，因此无法研究细枝末节的事情，过去的许多惯例和程序将开始不能应对企业的发展，企业成长的速度已经超过了其管理系统完善的速度。此时，如果CEO还想做到事无巨细，那么这就会使他迷失战略方向。CEO是唯一对企业的工作绩效承担最终责任的人，因此在企业发展到一定规模后（往往在运营规范阶段的中后期）必须开始抵制住事无巨细的诱惑，同时还要确保有人处理所有的工作，这就意味着企业需要将其管理系统规范化了。

规范化意味着个人的随意性管理逐渐被系统性的规范化管理所替代。当收入达到了一定水平，企业的规模本身需要更加规范的计划、定期召开的会议、明确界定的组织角色和职责、绩效评估系统和控制系统。从进入管理规范阶段开始，企业的管理者也必须成为职业经理人而不是实干家，企业日益需要的是擅长规范化管理、计划、组织、激励、领导和控制的管理人才。

简而言之，这一阶段的发展重心，应放在发展可以引导公司进入下一阶段的管理体系上。企业必须实现从创业型企业向以创业精神为导向的管理规范的企业转型，这种转型不是一个权宜之计，而是企业持久成功所必需的。这意味着企业在坚持创业精神的同时，必须发展良好的基础架构，不断规范企业的管理并提升其能力，以适应持续发展的需要。

七

初创企业的最大优势之一，就是其拥有虽不正式但却有效且有力的企业文化。由于企业的规模较小，管理层（通常以企业创建者为核心）与员工的密切接触能够造就企业统一的文化，这种氛围足够强烈到有助于推动企业的发展。以微软为例，该公司在发展的前三个阶段一直试图保持小型公司的文化氛围，例如任何人在任何时候都可以就关心的问题向比尔·盖茨发送电子邮件，而比尔·盖茨也总是很快并亲自回复每一封邮件。另一方面，微软初创时期的文化也倡导进取心和坚定自信，公司鼓励甚至提倡争执以保持活力和进取，比尔·盖茨也一直在整个20世纪80年代管理产品开发并要求开发者竭尽所能。“比尔会议”是他提问和置疑创意的机会，同时也是倡导公司愿景的机会。

然而，初创公司的企业文化是非正式的，其影响力还会随着企业规模的不断发展而越来越衰弱，这种衰弱的趋势直到企业进入管理规范时期后达到顶峰，致使企业不得不开始在文化方面进行规范。这样一来，企业就进入它生命中的第四个阶段——文化规范阶段，其关键任务也落到了文化管理上来，见表2.4。

表2.4　企业文化的变迁

发展阶段	创始发展阶段	运营规范阶段	管理规范阶段	文化规范阶段
关键任务	生产和销售	资源和运营系统	管理系统	管理文化
企业文化	非正式而有力	影响减弱	影响脆弱的	需要清晰定义

从表2.4中可以看出，每个企业自成立之初就有自己的文化。到企业面临向第四阶段转型时，文化将成为关键问题，这也是为什么这一阶段被称为“文化规范阶段”。在该发展阶段中，如果企业想取得持续成功，就必须要关注文化管理，否则的话，员工可能会站在自己的角度以各种方式来解释企业的文化，而这种解释往往违背企业发展的需要。

企业文化包括企业价值观、信仰和准则。员工最直接感受到的就是企业文化的准则，而顾客和其他利益相关方则会感受到一个企业的价值观和信仰。企业文化中的准则是不成文的行为规则，它规定诸如员工仪表和行为等方面的规则。企业文化本质上是行为指南，及形成对未来奖励和行为期望的机制。无论是员工还是客户，人们总能够从企业的行为中看出其价值观。价值观是企业认为在企业运作、员工和顾客方面最重要的事情，例如许多企业的价值观是利润第一，顾客第二，这样的价值观无论其如何在宣传和语言上进行粉饰，最终都无法从行为中掩盖掉。

表2.4还揭示出，当企业发展到管理规范阶段的中后期后，最初的非正式文化对员工的影响力量已经变得非常脆弱，无力支持企业向更大的规模发展了，进入20世纪90年代的微软正是面临这样的局面。那时，微软的收入已经超过10亿美元，早就超过了管理规范阶段向文化规范阶段过渡的临界规模。然而当时，公司并没有改变文化的某些方面以支持如此庞大的规模，最典型的表现之一就是公司里仍然存在很大程度的集中控制，例如公司总裁仍然要签署同意所有的员工聘用，即使是临时工也不例外。此外，不同部门的产品开发者独立开发自己的产品，而当时的环境却迫切需要软件开发者进行团队合作，这意味着开发团队需要在新文化的帮助下进行整合。1991年，微软公司开始意识到其主要顾客基础已经从最初的设备制造商转向终端用户，这种转变也要求将“尊重开发人员”这一公司创立时非正式的基础文化，拓展为更能支持其发展的新文化，如需要加上倡导“尊重顾客”这一条。

每个组织、每个企业都有企业文化，无论是否意识到它的存在。企业文化就如人的个性，会随着企业自身发展或环境变化而有所改变。最根本的是，除非对企业文化变革过程进行适当管理，否则企业会发现其文化不能支持它想要或需要达到的目标。

八

随着科技的发展和工业4.0时代的到来，企业（甚至行业）被淘汰的速度越来越快了，传统行业若不能适应新的商业环境和竞争对手而进行转型升级或向多元化发展的话，就将面临衰弱或失败。

组织发展的第五个阶段是多元发展阶段，这个阶段的关键任务又重新回到了最基础的绩效要素——市场和产品上来了。企业要么需要为现有的产品开拓新的市场，要么就需要面对现有市场开发新产品（或新服务），甚至两项工作都要做，这就是第五阶段的关键任务。

据国家统计局2018年公布的数据，在工业企业利润总额实现同比增长

16.5%的情况下，全国工业行业规模以上企业退出数量最多的有钢铁、煤炭、农副产品加工、纺织等行业，而汽车、计算机设备制造、家具制造业等一些行业规模以上企业却大量新增。钢铁等行业去产能导致企业数量减少是正常的，而汽车、计算机设备制造业等企业迅速发展，反映了经济新旧动能转换在加快，这意味着市场饱和与产品更新速度的加快。换句话说，如今的企业面临着更快的管理转型和向多元化发展的压力。

以前，企业往往有时间发展到跨越了前四个发展阶段后，才遇到与此前相比性质大不相同的新问题——向多元化转型的问题。在企业发展的前四个阶段中，多数企业的管理转型都可以围绕最初的市场和产品展开，如第一阶段的根本问题和关键任务是发现市场并开发满足市场需求的产品，第二阶段的核心问题和关键任务是开发资源和建立运营基础架构，第三阶段核心问题和关键任务是开始向管理规范的企业转型，第四阶段的关键问题和关键任务是通过管理企业文化，并强化向管理规范的转型来促进组织绩效。简而言之，多数企业在第四阶段以前，其管理问题都可以围绕定位最初的市场、开发产品和建立运营基础架构、规范管理系统以及企业文化来实现绩效的提升，其年收入也伴随着企业的不断转型而增加到第四阶段管理上的转型临界规模（例如年收入7亿~35亿人民币）。

然而，企业终将被其自身规模带到其发展的第五阶段——多元发展阶段。在这一阶段，无论是由于企业自身的规模（往往达到年收入35亿~70亿的规模），还是新的市场环境，都要求企业向多元化发展，这是因为企业最初的产品或产品线变得相对成熟，并且不再能支持企业以目前和过去的速度进一步发展，或不再能支持即将实现的成长期望，这样的问题通常是由市场饱和带来的，而市场的饱和往往是由企业自身的成功造成的。当企业成立之初推出产品时，市场通常是不饱和的，竞争也相对较少。但当企业比较成功后，越来越多的竞争者被吸引了过来。例如：阿里巴巴在推出支付宝后，腾讯就推出了微信支付；在阿里巴巴推出了芝麻信用和花呗后，腾讯就要推出“支付分”和“分付”；当新浪推出了微博后，腾讯又推出了腾讯微博。腾讯公司的模仿能力是如此之强，以至于许多公司被其“模仿致死”，如ICQ、泡泡卡丁车、劲舞团、CSGO、Dota等。在世界范围内，当企业推出一项业务，发展走向成熟时，就会引来众多竞争者，要么模仿，要么超越。总之，企业的成功使竞争加剧，竞争的局面减少了企业的利润率，并不断蚕食其市场份额；企业的未来发展不能再依赖最初的产品线了，需要拓展新业务。华为在硬件方面拓展新业务的能力令人赞叹，而更多的软件公司拓展新业务的能力更加强大，这也是“996工作制”在软件行业如此盛行的又一原因。阿斯顿·泰特公司的dBASEII起初非常成功，但在竞争对手的压力下不得不开发新产品来维持其成长，然而最终也没能成功地完成这项关键任务，被伯兰德公司收购。当当网以网上售书起家，如今业务已经拓展到了在网上销售各种百货。微软公司的操作系统和编程、办公等各种软件必须不断更新，才能维持住所期望的成长。

九

企业在经历了第五阶段——多元发展阶段的发展之后，自然就为下一个阶段——高级发展阶段留下了许多问题。

首先，企业在第五阶段从单一产品线（或服务线）转变为多产品线，通常还开展多项业务。这意味着当企业完成了由第五阶段开始的多元化发展后，其业务将扩展到包括一系列至少部分相关的新业务。建立支持新业务的能力框架成为第六阶段——高级发展阶段的关键挑战之一，这也是第六阶段的关键任务之一。此时，企业面对的关键任务几乎涉及全部的绩效要素，例如要集中保证拥有足够资源、运营制度、管理制度及企业文化来支持和以前大不一样的企业。当在同一行业内收购不同公司时，也会产生整合不同业务的需要。而当企业通过收购其他公司而发展时，就存在整合这一潜在问题。

仍以腾讯为例，它在2017年平均每月投资10家公司，市值已经达到

5000亿美元，超越Facebook，成为全球市值第五大公司，仅次于苹果、谷歌、微软、亚马逊。腾讯在海外的布局主要集中在游戏领域，投资规模都在几千万元至上亿元的数量级，包括热酷、Riot、网域、游戏谷、动视暴雪、Gopets、Vina Games、Eyedentity Games等。腾讯为了缩短开发周期，节约成本，有时会采取模仿手法，有时对有些东西干脆就展开收购。例如《绝地求生》这款规则非常新颖的游戏，一开始就吸引了众多粉丝，甚至连《英雄联盟》的玩家都被吸引过去了。腾讯尝试对这款游戏进行模仿但不成功，最后干脆就把这个游戏买了下来，之后再经过半年的发展，使之成为国内最热门的游戏。腾讯的老对手阿里巴巴在收购方面也不甘落后，其投资的关键领域是“电商”，例如其在2016年就收购了东南亚最大电商之一Lazada的控股权。阿里巴巴通过补足自身企业在运营（如物流仓储、软件数据等）方面的缺陷而实现基础架构方面的整合。依靠进行并购以增加其核心竞争力最典型的企业之一，是美国强生公司。这家成立于1886年的企业，如今已是世界上规模最大、产品多元化做得最好的公司之一，它并购的企业分属不同的领域，包括医药运输产品、生物科技、糖尿病监测设备、个人护理和日化产品等领域的公司，主要选择能够适应强生文化的公司进行并购，之后再温和地植入强生文化。

在对新老业务进行整合时会遇到许多问题，这些问题主要集中在绩效要素的能力框架方面，即集中在资源、运营系统、管理系统以及企业文化方面。例如：母公司的文化可能并不适合新分支的业务模式，因此需要对公司范围内的某些制度进行修正，以满足新分支的需要，而同时保持对其有效控制。整合问题在很大程度上是由组织规模、运营和管理系统的复杂程度，以及地理分布等因素决定的，收入、人员和业务规模越大，地理位置越分散，业务种类不同的程度越高，组织整合遇到的问题就越大。在应对这些问题时，应该注意保留公司的创业精神，同时在整合时保持一种平衡：一方面整合第五阶段创立或收购的新业务的运作，对不同运作部门进行某些集中控制，另一方面还要在运营管理中给部门管理者足够的自由来发挥创新精神。许多公司在保持这种平衡方面重视形式而轻视内容，致使在整合时经常助长制度性官僚作风，伤害了企业的创业冲动和创新文化，严重时甚至会使企业遭遇巨大挫折甚至失败。然而，一旦企业成功完成整合方面的操作，其收入往往会超过70亿元人民币，这是一个临界规模，组织一旦超过这个规模，其继续成功运作的可能性就会大大提高。

十

在高级发展阶段中另一个最常见的关键任务是复兴衰落的企业，这项任务对如今的所有成熟企业来说都变得越来越迫切，因为自英国工业革命以来的任何年代的技术革命和竞争态势的加剧，从来没有像今天这样大面积地令所有传统企业面临衰落和被淘汰的风险。威胁主要来自持续升温的市场竞争，许多竞争又缘于数字化和信息技术。绝大部分企业的领导人已经开始意识到他们所面临的将被数字化的前景——从钢铁到餐饮，没有一个行业可以免疫。从最开始的静悄悄到如今的轰轰烈烈，这一进程已经持续了20多年了。如今，所有企业日常活动中的至少一部分已经从旧式的物理工业过程转变为完全在数字领域中发生的信息处理过程了。任何企业的管理层都完全无法阻止这一过程，但如果他们能尽快做出反应，那么至少还可以选择确定他们的反应方式和时间。虽然这一大趋势已经非常明显了，但还是有许多行业的公司（如印刷行业）领导者们对此的第一反应是抵制它，尽一切可能来抗拒它。例如他们不给自己企业的IT团队足够的资源和自由来重塑公司的业务，同时还试图用自己的资源和影响力来抵制数字化，许多媒体业的老牌企业尤其如此。这与在19世纪后期占主导地位的铁路企业何其相像，当时他们也没能利用自己的资源向交通运输的其他领域扩展，这反映了成熟企业的一些典型弊端，如因缺乏领导而失去竞争能力，因自满而限制组织变革，以及因管理层没有能力（或完全没有意识到）而致使建立满足组织发展所需的基础架构的工作未能进行等。不过，多数抗拒转型的企业在竭尽全力阻止不可避免的事情之后投降了，当他们在重新打量这个世界时却无比震惊，发现自己迷失在了一个完全未知领域的新赛场上，面对一种他们从来没有经验应对的新型比赛，而他们的竞争对手却是一些生来就适应新环境的物种，以完全不同的模式运营自己的业务，对过去或领先品牌的传统没有任何感情依附。在那一刻，一些高管会意识到，他们此前花在防御上的所有时间和金钱都被浪费了，他们没有利用成熟企业的时间和规模优势来为“找回组织”的常态化转型做准备，没有培养关键人才，也没有培养投资于未来的能力；他们浪费了自己企业的市场领导地位去从事着毫无结果的斗争。许多曾经很伟大的企业最后都经历了衰落，如IBM、美国电报电话公司、柯达、福特、路透社、NEC等。对其中一些公司来说，衰落使其到达破产边缘或导致“死亡”，而对另外一些公司来说，衰落仅使其发展受到阻碍。

导致企业衰落有三个最常见的原因，一是竞争和市场饱和带来的相应问题在整个组织发展过程中倾向于增加，二是企业领导才能和创业型管理技能随企业生存得越久、规模做得越大就越受到侵蚀，三是管理层没有能力发展企业成长所需的、足够的基础架构。第三个问题是贯穿组织发展各阶段的至关重要的问题，它属于“找回组织”活动的关键，当管理层不能应对这些发展的挑战时，组织衰落就是不可避免的了。

总之，当企业发展到高级发展阶段之后更不能止步不前，它往往还要对组织进行更大力度的变革，其关键任务变得相当广泛，需要对资源、运营系统、管理系统和企业文化等企业能力框架中的所有内容进行重新整合，或针对企业的衰落，即对其他阶段所有的关键任务进行巩固和复兴。

十一

最后，我们再来复习一下本节的主题——“找回组织”的第一项工作：

发现组织发展关键任务，见表2.5。

表2.5 企业各发展阶段的关键任务

发展阶段	成长方式	管理方式（关键任务）	重点绩效要素
创始发展阶段	生存第一	识别并界定市场，开发和销售产品/服务	市场，产品/服务
运营规范阶段	快速成长	获取/管理资源，打造流程和价值链	资源，运营系统
管理规范阶段	稳健发展	完善计划系统、组织结构、管理培训系统和绩效管理系统等4个管理子系统	管理系统
文化规范阶段	发展巩固	文化管理规范化，并以此促进和巩固企业的绩效	企业文化
多元发展阶段	多元化	开发新市场、开发新产品/服务，或两者都做	市场、产品/服务
高级发展阶段	变革管理	对资源、运营系统、管理系统和企业文化等企业能力框架内容进行重新整合，或针对其他阶段所有发展关键任务进行巩固和复兴	能力框架或以上所有绩效要素

从下一节开始，我们将分四节讨论“找回组织”的第二部分内容：成长阶段转型管理。

第三节

转型管理与系统化操作

企业从一个阶段发展到下一个阶段的转型管理是由其CEO和COO（首席运营官）主导的，他们通常拥有转型管理的技能，否则就要通过管理培训来获得这样的技能。CEO和COO是一个企业的“船长和舵手”，他们专注于管理整个组织，关注它的目标和“航向”，是组织对外的使者，并对内管理所有高层管理者。角色的定位要求CEO和COO拥有从低层主管到高层管理者的所有管理技能，其中包括——而且往往只有他们拥有——对组织进行转型管理的技能。

除CEO和COO外的管理者们往往没有（或不必要拥有）对企业进行转型管理的技能，例如略低于他们的高层管理者们所拥有的是辅助转型的技能，如必需的组织发展技能：战略规划、文化管理技能等，他们需要通过战略规划明确组织的长期发展需要，并运用组织规划能力和领导才能对组织进行相应定位，还要对企业文化进行管理。

中层管理者和一线主管们更接近执行层，他们离组织的转型管理规划过程更远，前者的技能包括管理者培训，部门规划，组织和控制，以形成合力来实现集体目标；后者的管理技能则更具体，是那些所有管理者都必须掌握的基本技能，如授权、时间管理、招聘、培训、业绩评估和监督等，其职责集中于管理技术专家和普通员工的日常工作上。

因此，企业的管理转型工作必须由CEO和COO来主抓，并与企业各层级的管理者和员工共同努力来完成。转型的具体工作是由包括CEO和COO在内的全部企业人员实施的，许多工作由具体职能部门独立或合作完成，例如与市场方面绩效要素相关的工作（如开拓市场）由营销部门和销售部门来完成，产品质量控制达标由生产部完成，新产品开发和现有产品缺陷改进由研发部完成，销售部和生产部还要为约定的推向市场日期而协调合作。在获取和提升企业资源方面，扩展工作场所计划通常由CEO和COO完成，并由职能部门具体实施。普通员工的培训往往由所在部门完成（如销售人员的技能培训由销售部完成），提供支撑公司成长必需的信息系统资源的工作由信息系统部门完成。在运营系统的提升方面，COO和CFO（首席财务官）需要进行总体把控，具体工作由相应部门独立或合作完成，如提高企业库存管理系统的效率、生产、服务等各种流程的改进可能涉及不止一个部门，如开发跨部门的交流系统的工作须由高层管理者主导、职能部门配合完成，提高企业的生产效率、质量和降低成本的工作由生产部门完成，等等。

上面的清单还可以罗列得更长，说明企业的管理转型是一项细致且要依照计划执行的工作，这一工作的主要特征是其操作的系统性，意味着它是一个有组织有计划的长期行为过程，这一过程本身是在预定的步骤推动下进行的，而这些步骤内部又产生更具体的步骤——组织发展计划。

转型管理工作的总体步骤，来源于著名的PDCA循环。该循环是美国质量管理专家沃尔特·A. 休哈特博士首先提出的，后由在美国农业部工作时的威廉·爱德华·戴明应用于统计抽样的质量控制。1947年之后，PDCA循环方法被戴明传到了日本，并得到广泛宣传和普及，所以PDCA循环又称“戴明环”。

PDCA循环的含义是将过程的实施和改进工作分为四个阶段，分别是计划（Plan）、执行（Do）、检查（Check）和处理（Act），这四个阶段的活动是一个循环，实施者会在一个循环完成之后自然进入下一个循环。PDCA循环的基本原理，是要求把过程中的各项工作按照作出计划（P）、实施计划（D）、检查实施效果（C）、巩固成功（如纳入标准）和改正错误（可留待下一个循环去解决）（A）等四个步骤不断地循环进行，如图2.7所示。

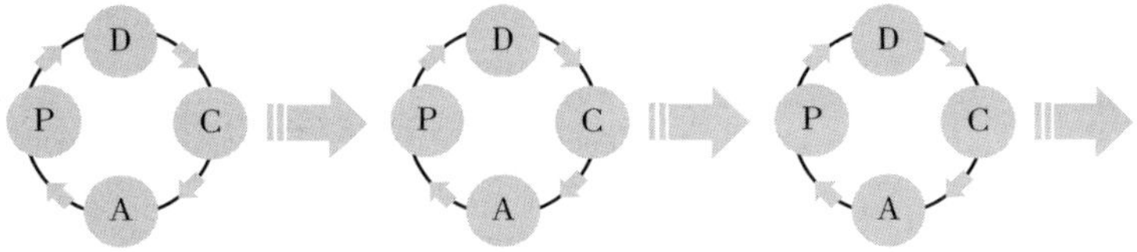

图2.7　PDCA循环

PDCA循环方法普及后，被广泛扩展应用到质量管理之外的很多管理领域中，企业的转型管理就是这样的领域。转型管理也应处在PDCA这样的循环当中，并且一个循环接着一个循环地向前推进，使企业不断从一个发展阶段转型到下一个发展阶段。

转型管理来源于PDCA，但又不完全等同于PDCA，而是对PDCA的四个阶段进行了拆分和合并。具体来说，就是把其中的P细分成了“组织评估”和“制订计划”两个部分，把最后的C和A两步合并成了一步。之所以这样修改，原因之一是在于转型管理计划阶段的组织评估和计划制订工作分量都比较重，需要分别对待；原因之二是转型管理的C和A两个部分的工作通常可以在相关场合同时进行。因此，转型管理的PDCA循环就变成了下面的四个步骤：① 实施组织评估；② 制订发展计划；③ 执行发展计划；④ 监督进展状况（如图2.8所示）。

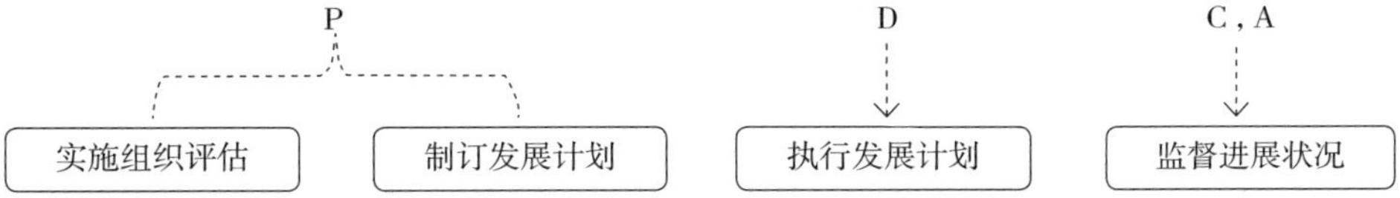

图2.8　实施转型管理的四个步骤

图2.8是企业进行转型管理的总体实施步骤，我们称之为“转型管理流程”。企业不断转型，就是在执行完上面的一个转型流程之后再进入下一个流程。

下面，我们将以较大的篇幅，分别详细讨论企业转型管理的每个步骤。

第四节

实施组织评估或审计

一

组织评估和审计，是主要针对组织内部绩效能力的调查和分析，以使企业通过这种方式认清组织的优势和不足，大致测算出组织规模与其绩效要素的失衡程度，为管理转型提供可靠的依据。

组织审计的对象是企业绩效要素的6个子要素（市场、产品和服务、资源、运营系统、管理系统和企业文化），对这些子要素的发展进行系统性评价，以获取关于组织及其运作方面的数据，并运用这些数据对组织效率和未来发展需要进行判断，以便在下一个转型管理的步骤——制订计划中用于制订企业未来的发展计划。

企业可以采取两种方式进行组织审计：① 组织自我诊断；② 聘请外部顾问。

自我诊断就是通过内部人员在组织中进行审计。如果企业决定选用这种方法来完成组织审计，最好选派一名合格的管理者来主导完成整个过程，这名管理者应该受过组织发展方面的培训，具有足够的知识和能力储备，比如毕业于管理类专业且有数年管理工作经验等，在人际关系方面还要获得企业内部大部分人的信任和认可。

组织审计工作需要在员工中进行广泛的调查，而许多员工在与企业权力系统内的人讨论组织内部事务时会感到不舒服，因为这涉及复杂的信任问题和人际、利益关系，对于那些其内部文化较不宽容的企业尤其如此。针对这样的情况，第二种审计方式就比较理想了，即企业聘请一名独立顾问来进行审计工作。一名外来的专家往往更为客观，并且对审计工作更有经验，最重要的是，他还独立于企业的权力系统之外。通常，咨询专家或顾问会参与从评估审计到制订计划的全过程，并在此过程中对企业相关人员进行培训，尤其可以对CEO进行一对一培训和辅导。许多企业在遭遇转型难题时已经意识到必须要改变传统的运营和管理系统，但CEO和COO可能会感到企业的管理者和经理人过于习惯企业的现状，很难彻底解决这些问题，因此需要雇佣一名独立的咨询顾问来帮助企业推进这一过程，识别和降低企业规模与绩效要素的失衡程度。

二

组织审计的方法，其实就是对组织在绩效要素各方面的信息进行调查和分析。因此，任何一种审计方法都可分为收集信息和分析信息两步（如图2.9）。

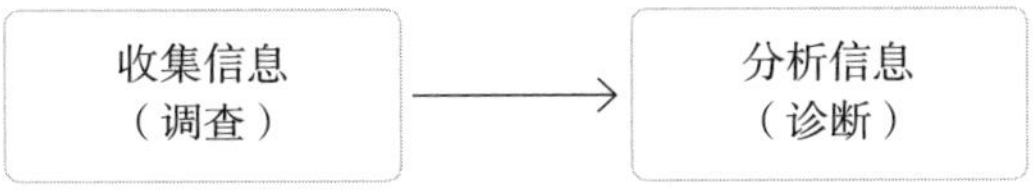

图2.9　审计方法：收集和分析信息

收集信息可以通过发放问卷、个人访谈和会议等多种形式进行，一般面向企业中一定范围内的目标人群收集所关心的信息，这本质上是在进行调查。分析信息则是对收集上来的信息进行汇总和分析，以便从中得出用以辅助后续计划制订步骤的依据，这本质上其实是在诊断。整体看起来，组织审计过程很像一个医生在给就诊者诊断病情：他先通过各种手段收集患者的信息，如详细的病史和症状提问、用听诊器听、化验血液或其他体液、进行B超或X光检查等，然后他对收集到的所有信息进行综合分析，以便制订和实施治疗计划。

本节中，我们主要讨论两种收集信息的方法：讨论会法和组织发展失衡度问卷法。

三

召开讨论会这种方式非常有利于通过头脑风暴式的讨论收集企业的真实信息，但组织者一定要注意控制会议的讨论主题和走向，因为很难从流于漫谈的讨论信息中系统性地抽取出想要收集的信息。所以，当使用讨论会的形式收集信息时，最重要的是预先制定细致而针对性极强的问题清单。组织者需要按照问题清单把话题的内容严格控制在所讨论的每个问题上，这要求主持讨论的人非常机敏地洞察讨论的内容是不是走题了，并把讨论规范到特定的方向上来。为了达到最佳效果，会议应该提前通知，并预先发放问题清单，以便让与会者对所有需要讨论的问题有所准备。会议可能不止一次，通常可能会延续两天或更长时间。当对一个个问题的讨论进行得很顺利时，所记录下来的信息通常就是较为真实的组织现状信息，其信息量可能比较大，需要相当多的后续处理。

讨论会预先拟定的问题清单，主要根据企业内部绩效要素的六个方面进行撰写。如前所述，所针对的六个绩效要素分别是市场、产品和服务、资源、运营系统、管理系统和企业文化。管理转型的本质就是对这六项要素的优势和不足进行诊断，以减小企业规模与其绩效要素间的失衡度。有些企业在其某个发展时期中先于企业规模的扩大加强了其基础架构的能力（如星巴克），规模与基础架构间不但没有失衡，后者反而拥有超过规模所需的支撑能力，这就使企业的扩张和发展后劲十足。理想的管理转型就是要追求这样的目标效果。

根据以上六个绩效要素可以制订出详细的讨论会问题清单。以下是这种清单的部分样本：

某次组织审计讨论会的问题样本（部分）

01 市场和市场利基

1.1　目前公司的细分市场是什么？

（1）细分市场划分和界定讨论：

- 细分市场是否经过明确的划分和界定？（如未界定，则在计划阶段需要仔细界定）
- 细分市场已经界定？（如已经界定，明确记录）

（2）战略性市场分析问题讨论：

- 我们的顾客是谁？
- 他们的需要是什么？
- 他们通过什么渠道购买产品？
- 他们的价值观是什么？

（3）在成功满足顾客需要方面，哪些是决定性因素？

- 以顾客需要为导向的产品设计。
- 价格。
- 顾客意见调查。
- 顾客意见监督反馈机制（如通过网页或App收集评价的机制等）。
- 售前售后服务。

（4）在所选择的市场上，企业的竞争战略是什么？

- 谁是本企业主要的竞争对手？
- 他们的优势和不足是什么？
- 他们的相对优势是什么？
- 我们的相对优势是什么？
- 企业潜在的竞争对手是谁？
- 企业潜在竞争者有没有颠覆本企业或本行业的可能（此问题在数字化时代尤其重要）？

（5）在企业战略和市场需要之间的一致性如何？

- 不太一致。
- 满意的一致性。
- 最优的一致性。

1.2　企业现有或潜在的市场利基（即公司持续拥有竞争优势）

（1）企业是否存在现有市场利基？

（2）现有市场利基是相对持久还是易逝的？

（3）如果企业不具备市场利基，是否可以发展？

1.3　是否需要为现有产品开发新市场？

02 产品、服务与市场

2.1 公司产品是否能满足市场需要?

（1）如果没有，为什么?

（2）如果是，应如何改进和提高?

2.2 是否存在现有或潜在的细分市场是现有产品（我们的或竞争者的）不能满足的?

（1）是哪些方面的市场?

（2）我们可以开发产品去占领这类市场吗?

2.3 在改善产品以满足市场需要方面，公司的流程是否有效?

03 资源

3.1 在实施战略的过程中，公司资源是否充足?

（1）人力资源：① 充足；② 不足

（2）财务资源：① 充足；② 不足

（3）设施：① 充足；② 不足

（4）设备：① 充足；② 不足

（5）技术：① 充足；② 不足

（6）其他

3.2 在实施公司市场战略和市场化计划中，还需要哪些额外资源?

（1）人力资源

（2）财务资源

（3）设施

（4）设备

（5）技术

（6）其他

04 运营系统

……（一些关于企业运营系统的问题）

05 管理系统

……（一些关于企业管理系统的问题）

06 企业文化

……（一些关于企业文化的问题）

以上组织审计的问题清单，其实是针对每个关键发展领域进行广泛的提问调查，这种调查本身就包含了问题诊断的功能，它与接下来要讨论的“组织发展失衡度调查问卷”方法是两个策略，后者是通过企业规模与绩效要素失衡所产生的“病症症状”去推断是不是需要进行转型的。

四

组织发展失衡度问卷方法与讨论会法最大的不同，在于失衡度问卷的问题抽象性更低，即更加形象，其问题都是根据组织绩效要素与其发展规模失衡时的痛苦症状提问的，这就好像医生在进行诊断时，只向病人提问具体的症状（如“你哪里不舒服？”“头痛吗？”“心慌吗？”），而不向病人提问抽象且有诊断性的问题（如“你感觉自己感冒了吗？”“你感觉自己是血压高吗？”）。前面的讨论会法确实提出了一些抽象的诊断性问题［见“某次组织审计讨论会的问题样本（部分）”］，没有经过企业管理培训的员工恐怕很难回答那样的问题，就像普通患者无法根据症状进行自我诊断一样。

企业如果在前面提到的6项绩效要素中存在或轻或重的问题，通常会表现出具体的、多数员工都可以识别出来的症状。各种症状有许许多多，本节罗列出其中较典型的20个，这20个症状已经可以基本覆盖企业的失衡度调查了，如图2.10所示。

图2.10所示的“企业失衡度矩阵图”以20种典型症状直观地概括企业的失衡度。图中下方分20个维度，共归类为四个类别。1~5维度为“员工感受”；6~10维度为“绩效问题”；11~15维度为“执行状况”；16~20维度为“目标处置”。每个症状占用一个维度，并且有一个严重程度的取值。例如：图中的“岗位界定不清”症状的严重程度为5，即“很严重”；“员工忙于应对”症状的严重程度是4，属于“严重”；“收入增成果差”症状的严重程度是4（严重）；“员工骑驴找马”症状的严重程度是3（一般）；等等。20个症状都获得严重程度值后，相邻取值的维度连片起来就构成了图中

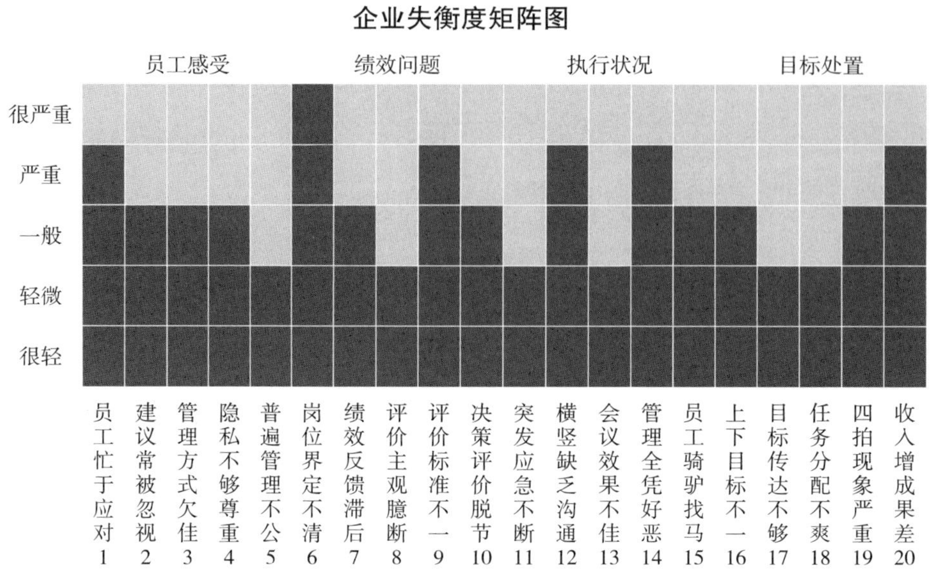

图2.10　企业失衡度矩阵图

的深色阴影部分，从这部分面积的大小可以直观地看出企业发展的失衡度，造成失衡度水平的症状也一目了然，而任何一种症状都反映了企业绩效要素某些方面的不足，这样的矩阵图如果挂在企业CEO或其他高层办公室墙上的话，每个人都能简要地了解企业的优势和不足。

以上矩阵图中的症状是经过简化的口诀式症状，是对企业各种失衡症状的语言表达的缩写。例如："员工忙于应对"反映的是员工感到时间不够用，整天忙于应对事务；"突发应急不断"反映的是突发性应急事件不断，员工花太多时间来"灭火"——解决突发问题；"岗位界定不清"反映的是岗位角色和职责界定不清，这容易造成员工不清楚别人在做什么；"目标传达不够"反映的是组织目标没有传达到基层，员工对公司的发展目标缺乏了解，等等。这些症状其实是反映了企业某一项或多项绩效要素存在问题，例如当员工整天疲于奔命地忙于应付各种事情而普遍感到时间不够用时，所反映的主要是管理系统这个绩效要素方面的问题，具体可能是企业的计划、组织架构和管理培训出了问题。例如：如企业可能缺少计划系统，或计划系统开发滞后；企业缺少规范的组织结构，没有明确界定角色和责任分工，这使人们不得不处理本职或非本职的许多工作；管理培训不到位，这使许多人不知道该如何有效管理时间；等等。

根据6个绩效要素可以归纳出许多种典型的组织发展失衡症状，图2.10对企业整体失衡的表示也相当直观。但是，矩阵图对企业整体失衡的具体量化却不太方便，没有具体的分值和总值计算。因此，我们根据这些症状的轻重程度设计出了一种失衡度打分系统，从而可以判定出企业所承受的成长转型痛苦有多么强烈，需要在哪些方面进行改进等。表2.6列出的是以上20种典型症状打分系统表格，其中还示范了具体的评分和计算总分方法，这就是一个具体的企业成长失衡度调查问卷。

表2.6　企业成长失衡度调查问卷

类别	失衡度症状	口诀式表达	严重程度分值	说明
员工感受	1. 员工整天忙于应对事务	员工忙于应对	1 2 3 [4] 5	
	2. 员工建议常常被无端地忽视	建议常被忽视	1 2 [3] 4 5	
	3. “和稀泥”或“拍桌子”管理方式普遍	管理方式欠佳	1 2 [3] 4 5	“好人主义”或“动不动发脾气”的管理方式
	4. 员工的隐私不能得到尊重	隐私不够尊重	1 2 [3] 4 5	
	5. 员工认为管理者处事不公平	普遍管理不公	1 [2] 3 4 5	
绩效问题	6. 岗位角色和职责界定不清	岗位界定不清	1 2 3 4 [5]	
	7. 提供个人或团队绩效反馈不及时	绩效反馈滞后	1 2 [3] 4 5	
	8. 管理者凭主观臆断评价下属	评价主观臆断	1 [2] 3 4 5	
	9. 评价不同的人及不同的时间标准不一	评价标准不一	1 2 3 [4] 5	
	10. 绩效评价结果与管理决策脱节	决策评价脱节	1 2 [3] 4 5	

（续表）

类别	失衡度症状	口诀式表达	严重程度分值	说明
执行状况	11. 突发性应急事件不断	突发应急不断	1 [2] 3 4 5	
	12. 上下左右缺乏应有的沟通	横竖缺乏沟通	1 2 3 [4] 5	
	13. 各层级会议泛滥或极少开会	会议效果不佳	1 [2] 3 4 5	
	14. 管理者仅凭个人好恶管理下属	管理全凭好恶	1 2 3 [4] 5	
	15. 存在“员工骑驴找马”现象	员工骑驴找马	1 2 [3] 4 5	一边在现有岗位待着，另一边在市场上找工作
目标处置	16. 个人、部门和组织三者目标不一致	上下目标不一	1 2 [3] 4 5	
	17. 组织目标没有传达到基层	目标传达不够	1 [2] 3 4 5	
	18. 任务分配时讨价还价	任务分配不爽	1 [2] 3 4 5	
	19. “四拍”现象较为常见	“四拍”现象严重	1 2 [3] 4 5	决策拍脑袋，执行拍胸脯，失误拍大腿，追责拍屁股
	20. 收入不断增加，效益效率却低下	收入增成果差	1 2 3 [4] 5	
企业失衡度严重程度量化总分值			61	根据严重程度等级划分标准对20个维度分别打分，然后汇总

注：严重程度分5个等级。1．很严重（5分）；2．严重（4分）；3．一般（3分）；4．轻微（2分）；5．很轻（1分）。

从上表中可以看出，所列出的所有20项症状都是人们依据常识可以识别出来的，症状的严重程度分为1~5等5个级别，可以分别以5分、4分、3分、2分、1分的分值打分，每种症状打分一次，最后的“失衡度总分”就是各种症状的打分之和，其最大值是100分，这样就非常明确地反映了企业规模与绩效要素发展失衡的量化结果，也表示了企业遭受成长失衡痛苦的严重程度。不同的总分反映了企业成长失衡的不同严重程度，其解释如表2.7所示。

表2.7　企业成长失衡得分解释

分数区间	解释
20~29分	一切运行良好
30~39分	有些问题，要小心
40~59分	一些问题值得注意
60~79分	出现了一些十分严重的问题
80~100分	蕴涵危机或濒临破产

对上表得分更详细的解释如下：

· 20~29分，在当前发展阶段，企业各方面运转良好。

· 30~39分，企业状况尚可，但已经出现了一些失衡的苗头，如果不加注意和防备，有可能引发失衡度扩大的趋势。

· 40~59分，企业从这个分值水平开始就已经需要进行转型了，它意味着已经发现了一些需要关注的转型问题，目前可能还处于爆发的前期，企业已经感到了一些失衡的不适，需要及时采取纠正措施避免问题继续恶化。

· 60~79分，转型的压力已经相当迫切，需要果断开始转型，采取纠正措施提升绩效要素短板，解决当前存在或即将出现的问题。

· 80~100分，企业已经病入膏肓，尤其是接近100分的企业将可能濒临破产，想挽救恐怕也已为时过晚。

如果企业得分超过40分，那么就有必要进行更深入的分析，以发现问题，并为将来的经营活动提供建议。深入分析的方法是进行更细致地组织审计，可参见前面提到的讨论会审计部分，以找出具体的问题和解决方案。

五

为什么我们说找回组织的本质是“常态化转型”呢？因为通常企业的失衡度问卷得分超过40分的分数即已表明企业已面临着新的发展阶段的基础架构或其他关键任务的匹配问题，必须进行实质性的变革和转型了；在管理咨询和培训的工作实践中，我们对大部分中资企业进行的失衡度调查问卷得分基本上都超过40分。根据对企业的调查发现，多数企业在其发展的各个阶段，成长失衡度问卷得分通常都远远大于40分，见表2.8。

表2.8　按企业规模区分的成长痛苦平均得分

规模（年收入：人民币）	阶段	平均成长痛苦得分
小于700万元	创始发展阶段	55分
700万~7000万元	运营规范阶段	58分
7000万~7亿元	管理规范阶段	59分
7亿~35亿元	文化规范阶段	65分
35亿~70亿元	多元发展阶段	68分
超过70亿元	高级发展阶段	54分

表2.8中的数据表明，成长失衡度伴随企业规模的增大而加剧，直到企业收入超过70亿元时，才达到了成长失衡度得到缓解的临界规模。虽然收入超过该数值的企业也会遇到问题甚至破产，但大部分这样的企业可能已经达到了成长痛苦缓解的临界规模，并拥有了足够的资源去解决问题和克服成长的失衡，因此企业继续生存的概率增大了。简言之，大多数顺利达到这一规模的企业都很有可能已经转型为管理规范型的企业了，它们持续成功的可能性也随之增加。上表中所有企业在其规模对应的各个发展阶段中的失衡度得分都超过了40分，这说明企业为提升绩效所进行的转型其实是一个常态化的工作。

第五节

制订组织发展计划

一

组织发展计划无异于企业的管理转型战略，它阐述的其实就是企业在各个绩效要素上要采取哪些行动和改进措施来支持企业的竞争战略。组织评估完成后，管理层需要制订出组织在现阶段或下一发展阶段实现正常运营所需要的能力的总体计划，该计划的制订应该适合企业现有和即将获得的资源和基础架构能力，因此需要反复考察组织发展计划是否能够获得足够的财务和其他资源以及运营、管理系统的支持，是否适合企业当前发展阶段的管理水平，等等。

组织发展计划其实就是企业转型大大小小的任务清单。由于一个企业的转型工作可能耗时数年，因此组织发展计划中既包含长期的组织发展战略，又包含中期的运营目标，同时还包含短期的目标任务；三者是层层分解的关系，即长期的战略目标可以分解为中期的运营目标，而各个运营目标又可以细分为短期的和具体的目标任务。可以这样说，一份完美的组织发展计划书应该涵盖战略、运营和任务三个目标层面的内容。因此，组织发展计划中的内容可以分为三个层面，分别是战略层面、运营层面和任务层面，如图2.11所示。

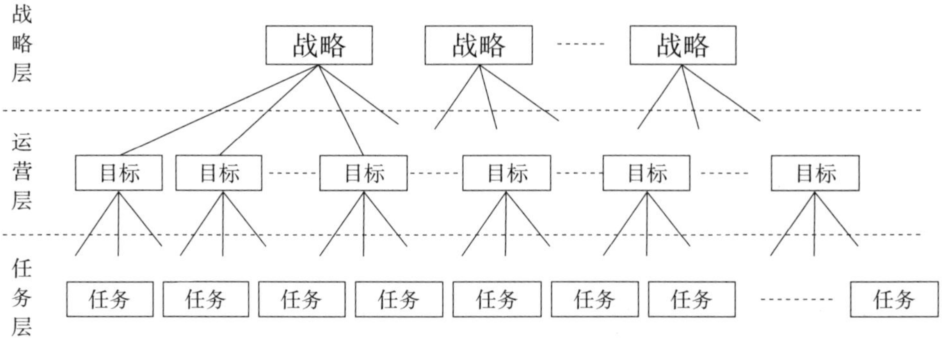

图2.11　组织发展计划的三个层面

组织发展计划的战略层面从时间跨度较大的视角（一般为3~5年）来概括组织的发展战略（转型战略），它可以用一些陈述句进行定义，并在组织发展计划书中展开、分解成较为具体的运营目标，这些运营目标进而再被细分为更加符合SMART原则的目标任务。SMART原则是管理大师彼得·德鲁克提出来的，它的五个字母分别规定了目标任务的五个标准：S——“具体的”，M——“可衡量的”，A——“可实现的”，R——“相关的”，T——“有时限的”。不符合SMART原则的组织发展目标任务，要么是模糊不具体、不可衡量、不可实现的，要么与组织发展不相关，要么其实现可能遥遥无期。

组织发展战略通常主要描述企业在内部6大绩效要素的每个要素上都要采取什么样的策略或行动来推动组织的转型。以西南航空为例，其组织发展战略具体如下：

西南航空公司的组织发展战略

市场、产品和服务

- 只进入那些缺乏竞争的市场。
- 与其他航空公司相比，价格具有竞争优势，或者低于它们的价格。
- 给顾客提供高质量服务，但是去除了一些不必要的服务项目（比如，飞机上只提供饮料和小吃，而没有全餐）。
- 坚持短程航线。

资源

- 只使用波音737喷气客机（这种飞机易于折返、节省燃料、便于机械维修和保养）。
- 雇佣那些适合公司文化的员工。

运营系统

- 自动检票。
- 换机时行李自动转机（直接将行李转给其他航班）。
- 保证飞机快速折返。
- 重点放在运营中的成本控制。
- 采用人力资源甄选机制和严格的面试——有助于识别出应聘者的态度，而非技能，以便发现那些能很好适应组织的新员工。
- 集中精力于客户服务。

管理系统

- 重点放在褒奖上，以便能激发员工和管理者的积极性，指导员工的行为。
- 为所有员工建立利润共享规划。
- 采用与西南航空竞争战略一致的控制成长的战略。

文化

- 建立一种有家庭氛围、充满乐趣的文化，用于主导日常工作，指导员工与顾客如何相处。

上面是组织发展计划中最上层的战略部分示例。下面则展示了某企业组织发展计划中运营层和任务层的具体实例。通过研读“某公司按照绩效要素编排的中短期计划目标”的内容，读者会发现组织发展计划战略层面的内容能够分成许多运营目标，这些目标又被分解成了更多具体的任务。按期完成各具体的任务就能够稳步推进企业的转型，读者由此就可以知道组织发展计划是如何形成的了。具体如下：

某公司按照绩效要素编排的中短期计划目标

绩效要素1：市场

目标1.1：考察和利用可控保健市场上的机遇。

目标1.2：继续开拓现有市场，使这些市场给企业带来满意的回报。

任务1.2.1：到2016年6月30日，销售额要达到1700万美元（销售部经理）。

任务1.2.2：到2016年6月30日，要保持销售部的支出预算与销售额成比例（销售部经理）。

目标1.3：制定战略来决定进入哪些新市场，以帮助企业实现“使命陈述”。

目标1.4：清楚了解竞争对手的状况，制定战略以防御竞争对手。

目标1.5：使各个渠道的冲突降到最低限度。

绩效要素2：产品和服务

目标2.1：基于特定顾客的需要，开发价格上有竞争力、高性能的创新产品。

目标2.2：以最低的成本生产符合质量规范的产品。

任务2.2.1：到2016年5月2日，某产品的质量水平（根据规格要求）要达到95%或者更好（生产部经理）。

目标2.3：申请专利保护产品和工艺。

目标2.4：保持满意的利润幅度。

目标2.5：制定并改进产品推向市场的流程。

任务2.5.1：在2015年12月1日前制定和实施一种方法——将生产和计划在最短的时间内引入产品开发过程之中（研发部经理）。

任务2.5.2：使生产和计划完全适合处理百分之百的预期任务的需要，测度根据“产品下线单”上的停止时间，要在2016年2月14日开始，以后持续开展（生产和研发部经理）。

任务2.5.3：在约定的推向市场日期（日期由产品出厂日期确定）之前至少要有1个月的库存量（根据连续的销量预测）（销售部和生产部经理）。

目标2.6：当确实存在机遇时，修订现有的产品线。

任务2.6.1：任何产品出现以下情况都应该整修：由于功能或设计相关的缺陷而引起3个月连续缺陷率在2%以上（研发部和生产部经理）。

任务2.6.2：如果在2016年12月31日之前产品线已经修订，那么至少要开发一种新产品，该产品每年要为企业增加10万美元的销售额（要有合意的利润）（研发部和生产部经理）。

绩效要素3：资源

目标3.1：提高销售人员的技能、效力和数量，以便能在预算约束下，实现使命陈述中设定的销售目标。

任务3.1.1：采用最佳方式用以成功培训新加入的和现有的销售人员，以在2016年7月1日之前实现预期的销售目标（销售部经理）。

目标3.2：根据需要，在预算约束下增加支持公司成长所必需的员工数量。

目标3.3：在预算约束下，保证企业拥有完成使命所需的最佳工作场所和环境。

任务3.3.1：制订到2016年6月30日的短期工作场所计划（CEO和CFO）。

目标3.4：提供支撑公司成长必需的信息系统资源。

任务3.4.1：在2016年5月31日之前制定出2017年会计年度每个部门的信息系统资源需求（信息系统部经理）。

绩效要素4：运营系统

目标4.1：提高企业库存管理系统的效率。

目标4.2：开发更优、更为精确的预测系统，提高企业对实际销售趋势及时反应的能力。

任务4.2.1：在2016年9月30日之前，对现有的产品预测实现95%的准确率（采购部经理）。

目标4.3：开发既有效率又有效果的跨部门交流系统。

目标4.4：开发系统，用于提高信息从销售部门向交货部门的传递效率。

任务4.4.1：到2016年6月30日，实现2016年会计年度当天交货率增加48.5%的目标，使当天和第二天交货总数达到87%（生产部经理和CFO）。

目标4.5：坚持不懈地提高企业的生产效率、质量，降低成本。

任务4.5.1：到2016年12月31日使生产线的利用率至少达到94%（生产部经理）。

任务4.5.2：到2016年12月19日使机器的每年停工时间由125小时降低到85小时（生产部经理）。

目标4.6：制订高效、有凝聚力和完备的市场营销规划，并给予实施。

目标4.7：改进员工的选聘、保留和培训流程。

任务4.7.1：让所有的新员工在聘用10天内完全适应新环境（人力资源部经理）。

目标4.8：使转移缓慢、过时和不连续的库存降到最低限度。

目标4.9：利用更先进的信息系统来提高生产力和销售额。

目标4.10：通过采用更为有效的电话操作来提高客户服务质量。

任务4.10.1：到2016年3月31日，制定出书面的新客户发货安排流程（客户服务部经理）。

目标4.11：增加客户信息的收集、储存、交流和使用。

绩效要素5：管理系统

目标5.1：开发和管理组织结构，帮助企业完成使命。

目标5.2：有效处理市场营销职能。

目标5.3：提高管理团队的技能。

任务5.3.1：到2016年4月15日，规范确定公司对管理者应该培训的技能（CEO）。

任务5.3.2：到2016年6月30日，50%的管理者都应该参加时间管理课程（人力资源部经理）。

目标5.4：保持和改进有效的组织控制系统，用以传达、激励、监控和奖赏结果状况。

目标5.5：为生产环节制定策略并予以实施，该策略将有助于实现预期结果。

目标5.6：在公司的价值观框架下进行管理。

目标5.7：提高会议管理水平。

目标5.8：保持有效的战略规划流程。

绩效要素6：公司文化

目标6.1：创建始终以价值观为核心的公司机制。

任务6.1.1：定期接受员工对现有价值观的评议（CEO）。

任务6.1.2：到2016年11月30日，至少与20名非管理层员工面谈，以确定公司是否在实践企业的价值观（CEO）。

目标6.2：创建帮助新员工理解和支持价值观和使命的公司机制。

目标6.3：创建帮助外部销售代理培养对公司的归属感的公司机制。

目标6.4：创建帮助所有员工理解和支持价值观和使命的公司机制。

目标6.5：保证所有管理者都有效建立一种文化，并使这种文化与实现企业使命所需的价值观保持一致。

目标6.6：培养一种氛围，激励所有员工都参与进来。

目标6.7：坚持不懈地评审和制定交流方案，以便保证员工有正当途径来传达他们对于企业价值观的看法。

任务6.7.1：每6个月对管理者和员工进行一次考察，判断现有的交流渠道是否有效（人力资源部经理）。

目标6.8：保证所有员工亲身实践价值观。

注：有些目标没有给出从其分解的具体任务。

二

通常，企业组织发展计划的落地是三个过程——转型分析、计划制订和预算不断循环的结果，如图2.12所示。

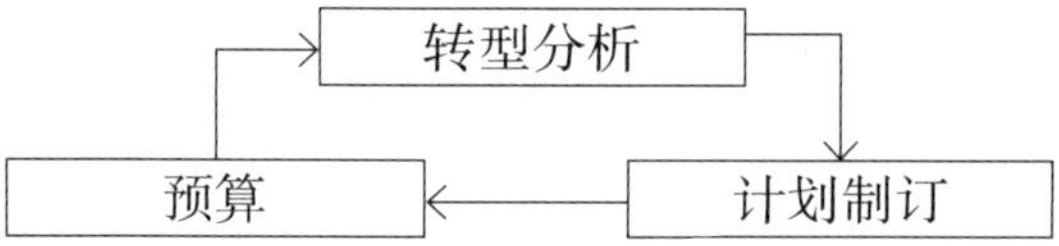

图2.12　组织发展计划制订流程

转型分析过程主要识别和解决组织发展的管理转型战略性问题，它从提出相关的战略性问题开始，其问题涉及绩效要素的各个方面，如市场、产品和组织发展其他方面的问题，这些问题都涉及企业在每一个绩效要素上应该设置什么样的目标来提高企业的竞争力和组织能力。对这些问题的细致回答就是一种计划制订行为，它将确定组织发展计划中的关键要素，这些要素综合起来就形成了类似上述列举的那样的组织发展计划清单。

组织发展计划需要财务资源的支持。因此，一旦组织发展计划由“战略层面”到“运营层面”再到“任务层面”的计划都一一确定后，就需要制订预算将计划转化为财务表达方式，以确定企业有没有充足的财务资源来支撑所制订的组织发展计划。如果预算中发现企业的财务资源不能支撑计划的实施时，就需要对其组织发展计划进行调整，这就是为什么组织发展计划书的制订过程是图2.12中三个过程反复循环的原因所在。如果把先期的组织审计时间计算在内的话，制订计划的全过程可能要花好几个月的时间，以便对发展计划进行反复调整。当最终计划确定之后，其预算就构成了业绩的标准，可以据此来评估实际业绩。

财务表达方式是企业日常运营的一种最基础的绩效管控手段。企业自创始之初到发展终结都必须一以贯之地强化对财务绩效的管控，运用好财务绩效锚的有关策略与方法，应当完善财务会计中“资产负债表、损益表、现金流量表和股东权益变动表”的报告机制。随着组织不断发展，还要利用管理会计的手段加强预算，进行有效的管理控制。关于会计管理的有关知识，由于不是本书的研究范围，所以就不做展开讲述了。

第六节

组织发展计划的执行和监督

一

如图2.13所示，在组织发展计划完成之后，转型管理PDCA循环的第3和第4两个步骤——执行发展计划和监督进展状况应该同时实施，因为这两个步骤是配合进行的，以便管理层在执行计划的过程中定期获取必要的反馈信息，从而可以对计划执行过程加以适当的控制和调整。

图2.13　实施转型管理的四个步骤

步骤3和步骤4实施真抓实干的转型工作，以帮助企业向新的阶段迈进。

在执行发展计划阶段，其任务本质上是提升企业“能力框架”的能力。如前所述，企业“能力框架”的四个子要素分别是资源、运营系统、管理系统和文化。执行阶段的任务重点之一就是能力框架中基础架构层面的任务。

企业在各个成长发展阶段都会面临管理转型问题。但最难的管理转型还是由创业型企业向管理规范化企业的转型，这一转型需要对管理系统的构建与完善展开一系列活动。下文将侧重于对这一转型活动的组织发展计划执行情况展开讲述。

企业的管理系统包括四个方面，即计划、组织、管理培训和绩效管理。本章第二节的表2.3中已经概括了企业在不同阶段管理系统的特征，执行相关的组织发展计划就是要把管理系统发展到下一个阶段。因此，组织发展计划执行阶段的任务就涵盖了管理系统四个方面的任务，如完善新的组织系统（计划、组织及控制）和通过管理培训来提升管理层的能力等。

管理培训在执行阶段非常重要，其操作主要集中于管理技能和领导技能两个方面，以培养适合推进管理转型的管理人员。当组织发展计划在管理培训的辅助之下得以实行时，管理层就需要展开转型管理的第4个步骤——监督计划的进展情况。这一步骤主要监督计划的执行进程，其间允许高层管理人员在发现计划本身已不能适应既定运营目标时随时对计划做出调整，以适应企业发展的需要。

二

1995年，星巴克建立了它的管理培训系统和绩效管理系统，这种“找回组织”的操作为其以后的发展奠定了强大的基础。此前，星巴克只有客户服务人员的培训系统，但是没有对管理层的系统培训；有员工激励系统，但没有完善的绩效管理系统。这种在管理系统方面的不完善使其向管理规范化的转型过程中遇到了瓶颈。

对于企业来说，管理培训是一种“磨刀不误砍柴工”的管理转型操作。在管理规范的企业中，管理培训是经过良好计划的——企业会有意识地为个体成员管理技能的提高做出努力，同时会储备一批能够有力地推动企业转型、带领企业走向未来的管理者。对于创始发展阶段的企业来说，其管理培训通常是未经计划的，一般是通过在岗实践进行培训，也就是自我培训，让员工“摸着石头过河”。随着企业的发展，如果还是坚持这种做法，虽然可以省去管理培训的费用，但员工往往被分配或提升到其能力无法胜任的职位上，最终成为这种被称之为“彼得原理”的受害者，给企业带来低效、失误和置换的费用。

企业应该在组织发展计划的执行阶段为实现转型的主要目标而对管理者进行相应的培训。企业在各绩效要素方面的培训形式主要包括讲座、群组讨论、练习和个人咨询课程等。在组织员工将其培训所学应用于实践的过程中，培训师或咨询顾问应该适时为他们提供反馈，以使被培训者的管理技能获得在实践中提升的机会。

三

在执行组织发展计划的过程之中，企业可能会遇到非常大的阻力和问题。

管理转型的关键之一在于员工思想的转型，因为在转型过程中所遇到的最大阻力，通常就是许多员工对管理变革的抵触。华为公司在变革的过程之中就遇到过很多这样的抵触，任正非说许多员工长着“花岗岩的脑子”，即便是他们认识到了原有的运营系统中存在的问题，还是有一些人拒绝参与解决这些问题所必需的变革。其实，所有企业的转型都会遇到这样的阻力，那些抵制变革的员工往往执着地固守在旧有的价值观和运营流程上，并通过各种方式表达他们对于变革的抵触情绪，比如提出借口不与企业的转型规划保持一致，寻找理由继续使用原有的工作方式，抱怨变革会丧失企业在创业时期员工所珍视的“家庭氛围”，还有的人干脆直接拒绝接受新的价值观和工作方式。确实，有很多人在心理上比其他人更难发生改变，他们最常抱怨的就是：“我真的没法那样做！”然而，当转型过程之中遇到这样的阻力的时候，企业的CEO必须坚定信心，他的回应必须坚持转型的初衷，同时要说服广大员工都必须坚持迈向转型的方向。对于那些冥顽不化的员工，最终只能把他们辞退，因为这些人与企业的转型格格不入。转型过程的完成可能需要几年时间，到那时，企业往往已经陆续辞退了主要的抵触者，这些人可能是自愿离职的，或者干脆就是被开除的，这时大多数的员工的抵触情绪也会平息，转型前后各绩效要素在对比上会发生巨大的变化，此时企业的转型才算基本完成。

四

在组织发展计划的执行阶段，企业的管理者可以对计划再次细化，例如为计划制定按年度排定的任务等。为降低转型的阻力，往往需要建立一个覆盖几年（如3~4年）的长期规划，其中概要列出每一年的年度目标，并且为规划的不同方面提出完成日期。

某企业覆盖4年时间的规划，自2015年—2018年，主要制订了计划、管理培训和组织结构三方面的企业转型内容（并没有包含绩效管理系统的计划，该企业正在向着管理规范化的阶段转型）。该方案是渐进式的，而不是革命式的，将在未来的四年内逐步实行，以缓解员工对于变革的抵触。具体如下：

某企业的组织发展计划（分解到年的内容和进度）

2015年（上半年）：组织发展的计划阶段（已完成）

组织审计；转型分析；制订计划、目标和任务；设定时间进度。

2015年（下半年）：计划开始实施阶段

组织计划制订

- 培训如何设计和利用目标（培训公司完成）。
- 培训如何制订和使用预算（培训公司完成）。
- 制订2016年的经营计划。

管理培训

- CEO、COO与培训公司人员一起工作，培养个人转型所必需的技能。
- 对高层管理者进行必需的技能培训，以实现向职业经理人的转型。

组织结构

- 提供实践的机会，以促进对于角色和职责的讨论。
- 开始努力在角色界定上达成一致意见。

2016年：规划的评审、修订、拓展和规范化

组织计划制订

- 提供基于目标的反馈信息。
- 增强实现目标的能力。
- 制订更加专业化的计划制订流程。

管理培训

- CEO和COO坚持与咨询公司培训人员一起工作。
- 将群组课程拓展到包括部门经理和潜在的管理者身上。

组织结构

- 角色和职责实现规范化。
- 给所有员工提供书面的角色描述。

2017—2018年：继续对规划进行评审、修订、拓展和规范化

组织计划制订

- 使计划制订成为组织不可分割的一部分。

管理培训

- CEO和COO坚持与培训人员一起工作，对当前和未来的管理者的培训课程进行规范化。

组织结构

- 将规范化的组织结构应用到日常运营之中。

2015年上半年，该企业在制订完成了组织发展计划之后，管理团队在下半年开始着手计划的执行。管理层和咨询公司组织员工完成了类似上述清单式的年度推进计划，大体列出了2016年企业的计划、目标和任务［“某企业的组织发展计划（分解到年的内容和进度）”是简化版本，细节未详细列明］。企业鼓励管理者为本职能领域制定目标，并且为整个组织正式计划的改进和完善出谋划策。为使高层执行团队清楚如何设定和利用目标，以及如何制定和利用一个切实可行的预算等以推动规划过程的完成，企业对他们进行了必要的培训，最终使规划过程得以顺利完成。

该企业管理培训与组织发展计划的执行并行推进，各种培训课程旨在为当前和未来的管理者提供必需的技能，以便能够在他们的职能岗位上办事更富有效率，这些措施有力地促进了组织的转型。该企业在执行计划期间对许多岗位进行了培训，包括计划、预算、招聘、绩效评估和决策制定等。咨询公司为每一个职能领域的高层管理者提供了实用的训练，鼓励他们将学到的新技能应用于实际的工作之中，并随时为他们的表现提供反馈，这使管理者新学到的技能得以应用。最终，管理者所学到的新技能和基于这种技能的新的工作方式成为他们日常工作中不可分割的一部分。

在2015年，该企业的管理培训课程还没有扩展到企业所有当前和潜在的管理者上，而是主要集中在高层管理团队中。企业CEO以个人身份与咨询顾问并肩工作，这种亲密无间的工作关系非常有助于CEO本人向下一个发展阶段的CEO转型。这一点对于整个企业的成功转型至关重要。

在组织架构方面，管理培训课程推动了有关角色和职责的讨论，咨询顾问指明了企业内明确界定角色的必要性，并帮助企业员工消除角色的模棱两可。

2016年到2018年期间，上述的转型活动稳步按照前述的计划向前推进，当转型的第1年过去之后，最初的计划在2016年得到了审查、修订、扩充和规范，这就是对组织发展计划的执行和监督。分公司和部门以及执行办公室都定期召开会议以推动来年运营目标和任务的设定。通过这些会议，对目标的设定成为一种员工参与式的过程，所有员工对企业计划的制订都作出了贡献。这些会议也成了组织内不同部门监督业绩和提供反馈的一种途径，组织发展计划的执行大多是通过这些会议进行监督的。

在该企业组织发展规划实施的第二年年末，企业的大多数员工已经在角色界定方面达成了共识，企业有关部门制作的书面角色描述分发给每个企业员工，此前的职责混淆现象几乎不复存在。到2018年时，该企业整个组织发展计划已经取得了初步的成果，从2015年就开始的对计划的审查和修订一直持续到2018年，从而使企业对组织发展计划的执行和监督真正落到了实处。到2018年，企业所有层面的员工都积极参与计划制订过程，如今，该过程现已成为运营管理中不可分割的一部分，企业中各个层面的管理培训课程都已经正式化，角色的模棱两可也降到了最低程度。

五

在组织发展计划的执行过程中的年末和计划规定时间全部完成的期末，企业应该组织人员调查并填写一份表格，用于对比计划执行前后企业在各绩效要素具体方面的变化。该表格大概如表2.9所示。

表2.9　企业转型前后对比表

项目	转型前	现在
文化		
角色和职责		
计划制订		
预算		
会计系统		
组织		
控制		
绩效评估		
决策制定		
领导力		
沟通		
招聘		
培训		
薪酬		
……		

本章小结

在企业的绩效改进过程中，找回组织绩效改进方法的根本依据，就是企业基础架构与其发展规模的失衡度。为了缩小和改善两者之间的失衡，我们就要采取找回组织的方法对企业的管理转型进行管理。

找回组织，首先要发现组织发展的关键任务。所有企业在不同的发展阶段都有最迫切需要完成的关键任务。企业的命运也将依据企业是否完成了所处发展阶段的关键任务而有所不同，持续发展的企业大都会跨越从“成活期”到“成长期”再到“成熟期”的三大时期，遍历三大时期中从创始发展阶段到高级发展阶段的六个细分发展阶段，每个阶段都有应该识别出的关键任务需要完成。

找回组织接下来的管理转型操作依据的是PDCA循环，一共有4个步骤，即实施组织评估、制订发展计划、执行发展计划、监督进展状况。这 4 个步骤是成功实现企业从创业型企业转型为管理规范化的企业的关键。无论企业的规模、所属行业或当前发展阶段如何，这4个步骤都是相同的。

这些步骤看起来可能很简单，但其实真正操作起来往往困难重重，例如人事方面的变化（自愿或强行推行的）可能很难应对。对于处于第一阶段——创始发展阶段的企业来说，转型过程通常需要1~2年时间，而对于第四阶段的企业来说可能要3年以上的时间。然而，如果找回组织的过程设计良好而且执行坚定，企业几乎总是会比原来变得更强大也更成功。

改进绩效最基础的“找回组织”操作之所以如此重要，是因为对于任何一个企业来说，赢得商业竞争的一种方法是创造足够多的小优势，这些小优势最终集聚成企业的大优势。在组织内部绩效要素中的各个层级——市场、产品、资源、运营系统、管理系统以及文化都可以开发出小而显著的优势，这些小优势的集聚最终形成了企业无法被他人超越的大优势。例如，格兰仕的微波炉产品曾经占领过世界70%以上的市场份额，而它的微波炉其实与其他厂家的微波炉并没有本质上的区别。但是，通过在组织各层级积聚的小优势，格兰仕极大地降低了微波炉的生产和管理成本，在市场上可以采用极有竞争力的价格与其他对手进行竞争，最终拥有了集聚优势，这种集聚优势是通过不断转型集聚的小优势汇集而来的。对于那些没有明显竞争优势的企业来说，如果高级管理层未能在不同阶段的转型中采取必要的措施慢慢积累自己的小优势，就会产生严重的后果，如发展停滞、成长受阻、创建者离职、破产或被兼并等；然而，如果措施得当，企业就会实现很大的成功。

03 第三章

组织赋能：聚焦于竞争绩效

第一节

组织赋能概述

一

企业的绩效改进工作可以浓缩为三种与“组织”相关的操作，即找回组织、组织赋能和巩固组织。

对于一个企业来说，找回组织就是“发育身体”，组织赋能就是“锻炼肌肉”和培养能力。这就像一个运动员一样，发育良好的身体是一切的基础，而他的专业能力则是为了应付竞技比赛。找回组织追求的是企业的基础健康水平达标，以便匹配企业成长的需要；组织赋能则追求的是企业有足够的能力参与到大千世界的社会化竞争中。

企业的绩效来自它的绩效要素，因此为组织赋能是一个体系化的过程，它首先以找回组织的基础操作提升企业内部六大绩效要素的基础能力，然后再通过组织赋能因素的一系列分解与聚焦提升企业的核心绩效能力，其分解与聚焦的逻辑最终把组织赋能的操作聚焦于“C3绩效管理系统”的构建之上，如图3.1所示。

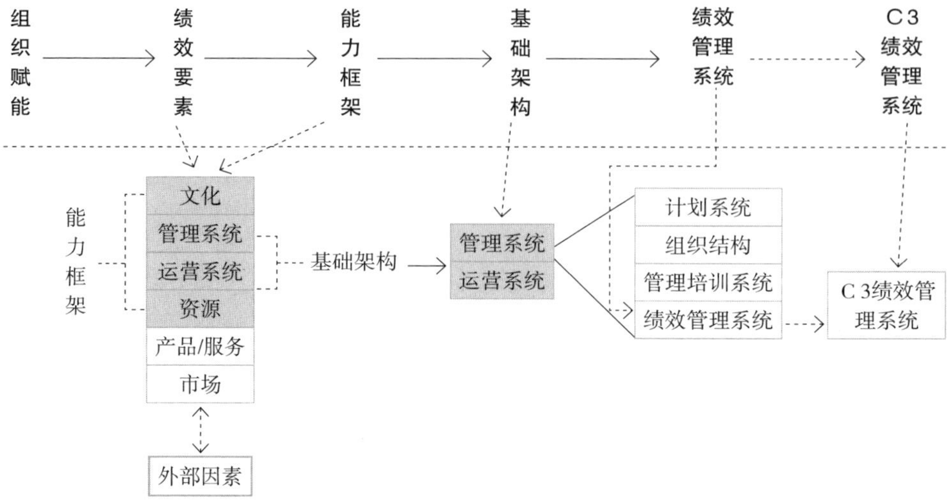

图3.1　组织赋能的聚焦逻辑

从上图中我们可以看到，组织赋能的操作透过组织的绩效要素一层层聚焦于被称作“C3绩效管理系统”的核心上（在上图的虚线上方）。

企业的绩效本质上是从其绩效要素而来的。在企业的内部六大绩效要素中，企业能力框架所包含的四大要素又是为组织进行赋能的主体，组织的能力主要蕴含在其能力框架之中。在能力框架内部，由管理系统和运营系统构成的基础架构，又是能力框架的能力核心。进一步，在基础架构的管理系统中共有4个子系统（分别是计划系统、组织结构、管理培训系统和绩效管理系统），其中的绩效管理子系统是增强组织能力的核心中的核心。

绩效管理系统是能够将组织中人的才能和动力转化为一种企业竞争优势的各种关键工具的组合，它以控制系统的工作方式提升和增强企业所有内部绩效要素的能力。找回组织的操作负责对组织各大绩效要素的能力进行普遍的提升，组织赋能的操作则把重点聚焦于创建强有力的企业绩效管理系统上。这种强有力的绩效管理系统与一般意义上的绩效管理系统不同，它拥有自己特定的特征和指导原则，本书将其称为“C3绩效管理系统”，它是对组织赋能操作层层深入聚焦后的结果精华，我们将在本章第三节以及之后的几节中逐渐展开叙述它的内涵和原理。

二

组织赋能操作的基本目标是为企业建立起强有力的绩效管理系统。一个企业的绩效管理系统其实是从属于企业管理系统的子系统（见图3.1），强有力的绩效管理系统必须以相对完善的基础架构为根基，而企业基础架构的完善工作早在其找回组织的操作中就已经着手进行了。为组织赋能是找回组织的工作初见成效之后的自然延伸，因为任何组织都会在自身的健康情况基本达标之后强化它的竞争能力。

本书定义的组织赋能包括两个方面的工作：第一，有效地匹配组织的基础架构；第二，在组织的基础架构匹配之后建立和健全一套强有力的绩效管理系统。如前所述，本书对强有力的绩效管理系统的典型特征进行了浓缩，将这样的绩效管理系统称为“C3绩效管理系统”。因此，组织赋能的总体构成如图3.2所示。

图3.2　组织赋能

本章下一节将讨论组织赋能的前提——基础架构的有效匹配。接下去的第三节，以及其后的各节，将详细讨论构建C3绩效管理系统的具体操作内容。

| 第二节 |

基础架构有效匹配

一

企业的绩效管理系统是典型的控制系统。一个控制系统试图影响（或称“控制”）的企业活动或职能称为“行为系统”，企业中的运营活动和管理活动都是典型的行为系统，它们是控制系统的“目标”，控制系统通过对行为系统的控制实现组织的意图，如图3.3所示。

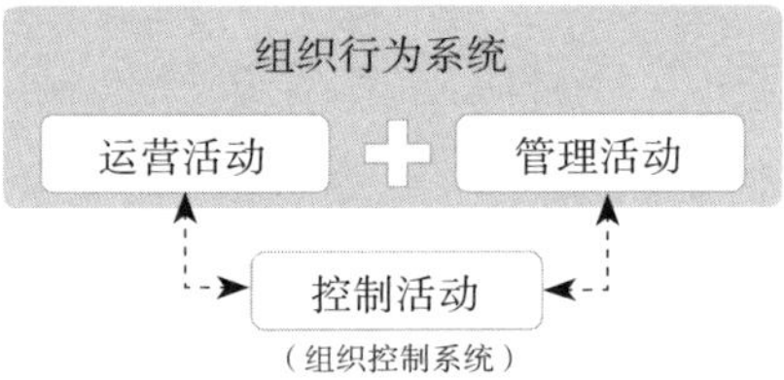

图3.3　控制系统与行为系统

企业的每一项活动都包含了运营和管理两个要素，运营代表了活动的过程，管理代表了对活动过程和结果的控制。对于一个人来说，除非他心智失常或头脑不够清醒，不然他的任何活动都是受到自我约束和控制的。作为处在社会化竞争中的组织实体，企业对自己的每一项活动更是必须进行控制，所有的控制都通过组织系统中的各种架构、设施、工具和手段加以实施。管理系统中的计划、组织和领导是对运营过程进行控制的不同形式，而绩效管理更是专为控制而设的一套比较完备的控制方法和工具的组合。企业的每项活动都必须由运营和管理两种方法来进行推进和约束，运营系统和管理系统是对企业各种活动同时进行推动和约束的两套系统。运营系统是企业创造社会价值的核心，它属于社会价值链的组成部分。企业的管理系统对运营活动创造价值的过程和结果进行控制，以实现企业最大的绩效。

正如我们在第一章第四节中对控制系统所描述的那样，作为一个典型的控制系统，企业的绩效管理系统必须首先获知其所控制的目标的可测量信息（包括预先设定的可衡量的绩效标准和可探测的实际情况信息），然后将探测的信息与标准进行对比鉴定，才能获得鉴定信息并通过绩效管理系统包含的一系列工具和手段对被考核对象实施控制（即通过效应器实施控制）。因此，企业基础架构的有效匹配，其主要目标就是使其中的运营系统和管理系统规范化，达到绩效管理系统可以对其所规范的活动绩效进行识别、衡量和开发的要求。不规范、没有标准的行为系统（这里是运营活动和管理活动）是很难探测，因而也就是很难控制的。

因此，即使企业已经建立了某种相对完备的绩效管理体系，但在实施之前，也必须满足两个重要的前提条件，第一是一定要对组织的使命和战略目标有清楚的了解，第二是对涉及的职责有清楚的了解。这两个前提条件来自企业运营过程中其管理系统的计划系统和组织结构，它们使绩效管理系统获得了进行鉴定活动的绩效标准。如果企业的管理系统未能提供这两个前提条件所要求的信息，那么也就无从将企业的使命和战略目标分解为具体工作流程的具体目标，更无法获得流程过程的检测标准。企业的运营和管理活动分别由其运营系统和管理系统来规范，如果这两个系统与组织发展不匹配，不规范的运营活动和管理活动是很难得到其绩效管理系统的良好控制的。

运营系统和管理系统（也就是基础架构）的有效匹配是构建C3绩效管理系统的前提条件，这一说法乍一听可能会觉得在逻辑上有些自我循环，因为基础架构的有效匹配本身也包含了业已建成了满足控制要求的绩效管理系统。因此在这里我需要强调一下，由于C3绩效管理系统的特殊性，本章因此把绩效管理系统从基础架构中单独抽出来重点讲述，这里所说的“基础架构有效匹配”，主要指的是运营和管理系统中除绩效管理系统之外的其他部分与企业规模的匹配，包括运营系统、计划系统、组织架构和管理培训与企业规模的匹配，衡量标准就是基础架构与企业规模的失衡度必须处于适当的范围之内。在实践中，上述所列的基础架构的那些部分与企业发展的匹配程度规定并且制约了后续C3绩效管理系统所能达到的控制和管理水平。关于这一点，我们将在本章第三节以后详细论述，现在我们首先讨论如何有效匹配企业的基础架构。

二

基础架构的有效匹配，意味着需要对企业基础架构中的运营和管理系统进行开发，以配合企业发展的需要。

先进的运营系统是企业参与社会化竞争的重要武器。在开发运营系统以提升企业的竞争力方面，沃尔玛公司是一个典范。19世纪60年代，在美国零售商总体排行上，西尔斯公司位列第一，凯马特公司第二，而当时总部位于阿肯色州本顿维尔的沃尔玛公司还只是一家小企业。通过分析公司状况和市场竞争形势，沃尔玛的创始人山姆·沃尔顿意识到，虽然自己的企业还不能直接与西尔斯和凯马特竞争，但是通过发展运营系统中最重要的物流和信息系统，沃尔玛就能够强化自身的优势，这种优势甚至能够成为企业未来的主要竞争优势。以后的事情读者都知道了，通过开发出卓越的物流和信息系统，如今的沃尔玛已经超过了西尔斯和凯马特，这要归功于山姆·沃尔顿对加强企业运营系统的极端重视。先进而完备的运营系统不但是竞争的重要武器，也是使企业的绩效管理系统拥有并发挥其最大潜力的基础。

在我国的企业之中，众多物流企业的主要竞争形式就表现在运营系统的竞争上面。互联网的出现极大地改变了物流业的经营方式，如今的物流企业如果不转向使用基于互联网的复杂流程，很快就会面临被市场淘汰的风险。

那些优秀的物流公司与电子商务网站密切合作，使包裹的递送变得十分透明，例如几乎每一个客户都知道自己在网上购买的商品的物流状态，以及送达时间等。

三

企业运营系统的开发，主要指企业流程的开发设计和价值链的重构。

企业的运营系统涉及的是各种流程，这些流程最终需要提供产品及服务。组织的有效运作代表了其基础性日常运营流程的良好运行，这些流程包括生产（或服务提供）、研发、营销、销售、运输、会计、订单管理、回收款项、人员招聘和培训、信息系统及其他相关系统等。从第二章我们知道，运营系统的开发首先就意味着企业要应对其发展使运营系统吃紧的挑战。运营系统本应该推进企业的日常工作，但企业的快速发展通常会使其运营系统被日益加重的工作搞得不堪重负，此时的运营系统不但不能推进企业的日常工作，反而成了企业发展的瓶颈——许多流程已经不能满足发展所产生的新的要求了。流程失效必然造成到处发生“火警”，人们往往忙于“救火”，几乎没有时间考虑事情，也几乎没有任何计划，因为大多数计划很快就过时了（计划也需要运营系统即流程的配合才能完成）。

运营系统的开发，就是设计、改造或再造支持现在和未来业务发展需要的流程，新的流程必须能够通过创造客户价值来实现具体的目标，匹配企业的发展规模，并且还能整合到组织的价值链中。价值链其实就是基于组织内和组织间的流程，它表述的是一个企业内部和外部的各种流程通过各自的转换过程创造价值，创造价值的流程以结构化的形式相互连接，一些流程的输出变成其他流程的输入，流程之间相互影响，构成了一个流程系统，形成了一个价值链。换句话说，价值链就是一个更大的流程。

企业运营系统的开发等同于业务流程的设计与管理，流程的管理本身就包含着流程设计的内容——不断地改进或再造流程。企业流程的设计过程是一个选择的过程，选择就是对流程的输入要素、资源、工作流和方法的选择。例如，在流程设计中对输入要素的选择，就包括决定哪些流程由自己内部承担，哪些流程由外部承担等；对资源的选择涉及流程能力的问题，即人员技能和设备的适当组合，以及人员和设备各完成流程中的哪一部分任务。流程设计和流程管理的工作模式表明，企业对运营系统的开发其实是一个持续不断的活动。

企业运营系统开发的具体内容繁多而复杂，涉及流程设计和价值链组合等方方面面的活动，比如流程分析、流程布局、流程的结构选择、选址与环境合规、流程的顾客参与度、资源的获取及其柔性的选择、纵向整合、资本密集度、流程再造和持续性的流程改造、重构企业价值链等，限于篇幅，本节就不一一讨论了。

四

匹配基础架构的另一重要组成部分就是开发企业的管理系统，这是企业长期成长和发展所必需的另一基础架构组成部分，它包括4个子系统：计划系统、组织结构、管理培训系统和绩效管理系统（即控制系统）。前面已经说过，基础架构其他部分的先行有效匹配是构建C3绩效管理系统的前提和基础，开发企业管理系统首先意味着要先行开发规范可控的计划系统、组织结构和管理培训系统，以便为C3绩效管理系统提供管理和控制的目标和条件。

对于处在创始发展阶段和运营规范阶段的企业来说，其管理系统中的计划系统所采取的是不规范、非正式的计划编制，组织结构也往往存在职位重叠、职责不明的情况，管理培训更是非正式的培训，很可能以在岗培训为主，此时企业的绩效管理系统（控制系统）也不能发挥出它的全部功效，如只能实施局部的非正式的控制，很少使用规范的评估等。若在企业的创始阶段建立C3绩效管理系统，则只能发挥出其部分功效，例如只能达到团队级别的绩效管理水平，运营绩效管理会因为企业运营系统的不完善而难以达到正规有序的控制，更不用说LEP和ERM绩效管理了。在企业发展到运营规范阶段后，C3绩效管理系统的管理触角就会延伸到企业的全面运营活动控制，使企业的运营越来越有效。在企业发展的创始阶段和运营规范阶段，非正式的管理系统可能并不影响企业的繁荣，条件是企业的规模不能大到超越了临界规模。一旦企业规模超过临界水平（例如制造企业销售收入达到7000万元到7亿元左右的时期），尽管会出现专业化和相应的管理系统的完善，但是企业的成长速度经常超过其管理系统完善的速度，由此引发的问题往往会限制某些业务的发展潜力，甚至可能导致企业的崩溃。换句话说，企业规模所造成的对管理系统的压力自然导致企业需要更加规范的管理系统，包括规范的计划、定期召开的会议、明确界定的组织角色和职责、绩效评估系统和绩效管理系统等。企业从此时起的发展重心，就应放在发展可以促进企业健康成长的管理系统上了。当企业通过找回组织、匹配基础架构等手段达到管理规范的水平（即达到管理规范阶段）时，其发展的压力和痛苦将得到一定程度的缓解，发展失衡度也会大大降低，此时将拥有规范、系统化的计划编制体系，组织结构中会有规范明确的角色描述（例如每一角色都是互斥的），管理培训也纳入有计划的范畴，绩效管理系统也变得规范且富于计划性，包括明确的目标、指标、措施、评估和奖励等。若将此时的绩效管理系统优化成C3绩效管理系统，将更好地起到为组织赋能的作用，发挥出控制系统推进企业发展的最大功效。

五

如何发展企业的管理系统？首先需要一个周详的发展计划，因为组织此时着手实施的转变本质上是管理模式的转变，要由原来相对不规范的管理转向更为系统、有计划的管理。这一转变表面看似乎仅仅要应对开发各种管理系统从而使企业管理跨入规范化的技术问题，然而在更深层次上还包含了将以创业者思维方式为特征的企业文化向规范化管理的企业文化转变做准备的哲学问题。面对本章组织赋能的主题，我们在此主要关心和讨论的是管理系统的开发升级，这一转变本质上可视为企业在管理上“质”的变革。

从第二章我们已经知道，持续开发企业的管理系统是企业常态化转型（即找回组织）的一部分，它始于组织评估和审计，然后产生了周详的组织发展计划，计划的重点之一就是对管理系统的持续改进。管理系统的改进过程在后续的执行和监督阶段不断推进，包括对此前规划的审查、修订、扩充和规范等。以运营规范阶段向管理规范阶段迈进的企业为例，在管理系统方面首先应对计划制订过程进行改进并使之系统化，当其发生功效后即可把工作重点放在为企业制订切实可行的财务和非财务目标之上。有了目标如何努力去实现？此时企业就可以将目标设定与绩效评估系统的开发结合起来，并视组织结构的完善程度而将评估指向团队或个人的目标完成情况，例如可将薪酬与团队或员工实现目标的能力和绩效挂钩。在发展组织结构方面，企业需要界定角色，形成书面的角色描述，杜绝职责混淆现象，为规范的绩效管理打下基础。在管理培训方面，应该着手设置规范的管理培训课程，并将课程扩展到部门经理和潜在的管理人员。

六

总之，基础架构的有效匹配涵盖了运营系统和管理系统中的各项内容，基础架构与企业规模的成功匹配对于组织赋能十分重要。因此，要将组织赋能的工作着力点首先放在有效匹配基础架构方面，然后才去构建C3绩效管理系统。

第三节

构建C3绩效管理系统

一

在第一章中我们已经讨论过，企业的绩效管理系统是一个严格要求明确的目标、明确的反馈和明确的激励的正式的“他律”系统。

建立正式绩效管理系统的目的，在于期望以这样的系统更快、更有效地把企业中的团队和个人塑造成为目标明确、能力合格或卓越的企业绩效追求者。

请读者不要被“绩效管理系统”这个很正式的名词唬住，这不是什么难于理解的系统，只要看一看我国任何一所典型的重点中学的考试系统你就会释然：典型中学里的考试系统其实就是一个经典的绩效管理系统，它为实现学校的战略目标——某个升学指标而不停运转着。试让我们看看一所典型的重点中学，它的考试系统——也就是它的绩效管理系统在不知道多么久远的岁月里就已经制定了绩效标准（通常为60分，这是可接受的最低绩效水平），它有许多绩效指标（也就是各科课程的分数），它有持续而明确的绩效反馈和指导（各科小、中、大考分数，以及老师针对全班或个人问题的讲解和辅导等），它有持续的交流过程（例如学生总是提问题），它有持续的绩效开发（学校各种正式课程，以及课外辅导课程等），它有绩效周期（一学期、一年或整个初中、高中时期），它有绩效计划（教学计划，但通常没有细化到学生个人），它管理职责和角色划分（所有学生分理科班和文科班，老师更细分为各科老师），它有激励系统（对老师和学生各种形式的奖励和惩罚，以及学生最终升学到理想的学校等）……总之，从中学的考试体系框架中可以很容易看到一个经典的绩效管理系统的运行概貌。

C3绩效管理系统是成长型的绩效管理系统，它发源于经典的绩效管理系统，它的基础骨架——团队绩效管理模块（或称T模块）是从经典的绩效管理系统改造而来的。C3绩效管理系统的故事是这样的：一开始，我们拿到了经典的绩效管理系统，这是各企业中常见的、往往由人力资源部门牵头主导的绩效评价或绩效管理系统。之后，我们发现这一经典系统并不完善，首先，它很难匹配基础架构还不完善的创业时期的企业，会造成一些企业“做了绩效管理等于找死”的局面。其次，我们发现传统绩效管理体系在设计和执行的时候存在不少问题，这些问题可以集中概括为绩效管理系统不能匹配企业发展。因此，我们改造了经典的绩效管理系统，为它的开发设计制订了指导原则（称为“C3原则”），并专门为其绩效管理流程（或称绩效管理过程）的开始部分规定了被称为“6项工程”的子流程。接着，原始的经典绩效管理系统存在过于宽泛、针对性差的缺陷，不适于强调企业在不同发展阶段的绩效管理需要。为此，我们先把经典绩效管理系统浓缩改造成了T模块（团队绩效管理模块），并以此模块的流程和方法作为基础框架，根据企业基础架构的发展情况，向框架之中添加了其他模块（分别是O模块、L模块和E模块）。这样一来，就形成了具有精神标准（C3原则）和设计标准（6项工程）的C3绩效管理系统，这一系统的成型和发展过程如图3.4所示。

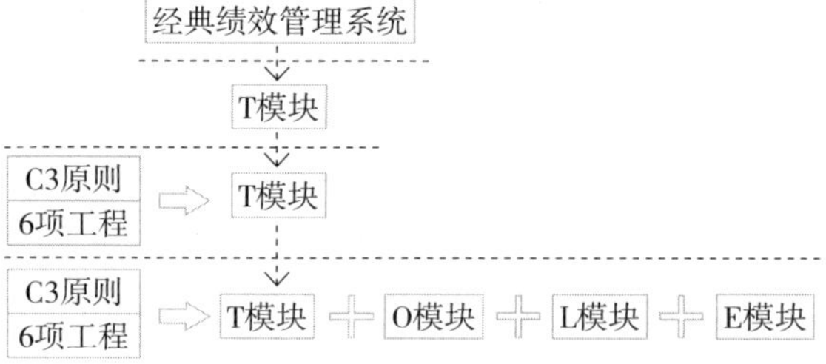

图3.4　C3绩效管理系统的成型与发展过程

图3.4展示了C3绩效管理系统的成型和发展过程，图中的每一个横向虚线表明了C3绩效管理系统的一个阶段。起初，产生了由经典绩效管理系统改造而来的T模块；后来，为T模块添加了“C3原则”和“6项工程”，从而形成了C3绩效管理系统的基础框架；随着企业的发展，C3绩效管理系统又向其框架内逐渐添加了“O模块”“L模块”和“E模块”，从而构成了适合企业不同发展时期的C3绩效管理系统。

因此可以简单地说，C3绩效管理系统由三大部分构成，分别是C3原则、6项工程和4个模块，如图3.5所示。

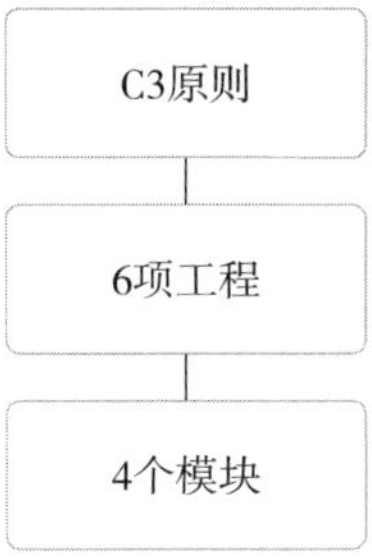

图3.5　C3绩效管理系统构成

C3绩效管理系统有4个模块和6项工程。4个模块中的“O模块”是“运营绩效管理模块”，“L模块”是“LEP绩效管理模块”（可以先简单理解为“领导力绩效管理模块”），“E模块”是ERM绩效管理模块（ERM即企业风险管理）。6项工程的简称分别是基础架构、模块设置、流程布局、任务界定、顾客期望、风险应对。具体到6项工程和4个模块的内容，C3绩效管理系统的模型如图3.6所示。

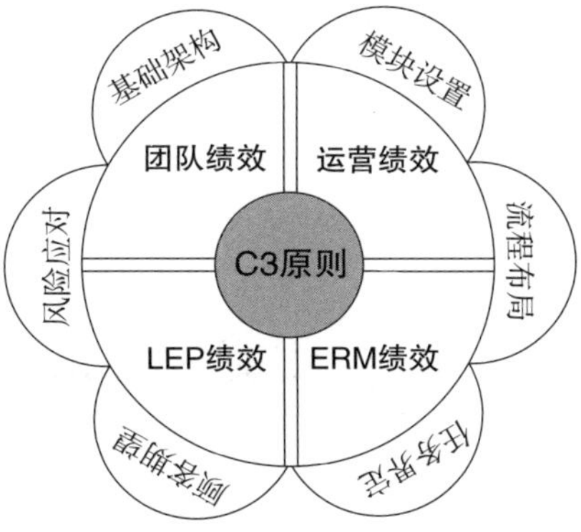

图3.6　C3绩效管理系统模型

这里的“绩效管理模块”其实就是“绩效管理子系统”，其中O模块和L模块都以T模块为基础框架。因此，C3绩效管理系统既可以简单到只管理企业中团队层面的绩效，也可以复杂到对全面的企业绩效——从企业的人员绩效到企业的风险——加以管理。这是一个由C3原则加以推动和指导、由6项工程进行布局、由4个模块加以支撑的绩效管理系统，其所有的设计标准和优越性都来自规划和组成它的三大部分。

C3绩效管理系统的设计、构建和运行需要C3原则推动、指导和规范，其具体的绩效考核与开发内容存在于4个模块之中，6项工程负责对模块进行具体的选择、配置和方法指引。

本节将详细讨论C3原则的具体内容，以及它与6项工程和4个模块的关系。之后的两节则将分别细述6项工程和4个模块。

二

不同于通常的绩效管理系统，C3绩效管理系统的典型特征表现为它是遵循“C3原则”进行设计、构建和运行的。

“C3原则”由两个部分组成，第一部分是“三个考虑”，第二部分是“三个推动”。“三个考虑”概括了绩效管理系统的综合性，指的是绩效管理系统的设计和构建需要“考虑需求”“考虑竞争”和“考虑风险”；“三个推动”概括了绩效管理系统的推动原则，指的是绩效管理系统的设计、构建和运行要由企业的3个C级管理者——CEO、COO和CFO来共同推动，如图3.7所示。

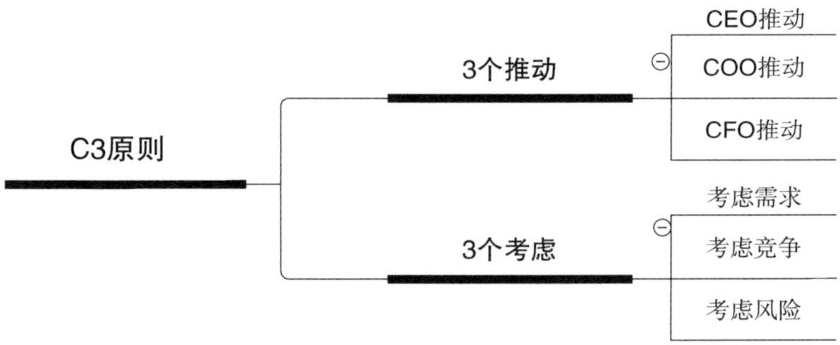

图3.7　C3原则

由于英文中“考虑”（consider）一词的首字母是C（见图3.8），而首席执行官（CEO）、首席运营官（COO）和首席财务官（CFO）的英文首字母也都是C，因此“C3原则”其实反映了两个“3C”，即“三个考虑”的3C和“三个推动”的3C。为简明起见，将两者合并起来统称为“C3”。由此，本书论述的绩效管理系统，就是“遵循C3原则设计、构建和运行的绩效管理系统”，简称为“C3绩效管理系统”。

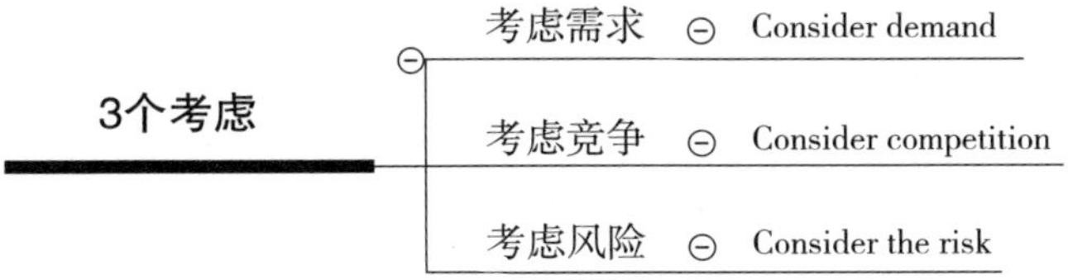

图3.8　“三个考虑”与3C

三

一个组织中绩效管理系统的设计和构建是一个复杂的过程，这个过程首先必须遵从某种指导原则。

C3原则“三个考虑”中的第一个考虑是“考虑需求”，具体考虑的是两大需求——企业的“目标需求”和“管理需求”。这两项考虑在6项工程中的每一项中加以落实。

绩效管理系统要满足企业的目标需求，指的是三个方面：一是企业要有战略目标，二是各绩效单元的目标要与企业的总体战略目标相一致，三是绩效管理系统的设计和运行需要与企业不同发展阶段的不同目标追求相匹配，推动战略的实施。绩效管理系统得以实施的前提之一就是企业拥有明确的战略目标，并在每个绩效周期（通常为一年）开始之前的“前提审查”阶段，要确定企业战略最重视的关键目标，然后在绩效计划阶段将这些目标的实施体现为各绩效单元的绩效管理指标。对战略进行有效规划使企业能够清晰地界定其存在的目的或原因，组织在未来想成为什么样子，想要实现哪些目标以及准备采取哪些战略来实现这些目标。一旦整个组织的目标确定下来，就要在此基础上对目标进行层层分解，使各绩效单元的目标能够支持组织总体使命和目标的实现。对于已经发展到成熟期的企业，这种目标层层分解的过程会一直持续深入下去，直到每位员工都有一套与组织的使命、愿景和战略相适应的目标，绩效管理系统能够根据每位员工明确的职责对其绩效进行有效的管理。对于创始发展阶段或运营规范阶段的企业，目标的层层分解或许只能到达团队的层面。C3绩效管理系统4个模块中的团队绩效管理模块就是从团队层面的绩效管理入手的，并随企业发展扩展到对每位员工的绩效进行管理，以此满足不同发展阶段企业的目标需求。

四

C3绩效管理系统还要满足企业的管理需求，它对于企业自身发展及内部管理必须是适合的和有效的，主要表现在对助力企业发展、辅助日常管理、绩效开发、组织维持、薪酬决策、档案记录和信息传递等方面的适应性。因此，企业期望绩效管理系统满足的管理需求大体可分为促进发展的需求、辅助管理的需求、辅助制定薪酬决策的需求、组织维持的需求、档案记录的需求、信息传递的需求等。在C3绩效管理系统中，这些需求的具体满足是通过6项工程和4个模块落实的。

不同于通常的绩效管理系统，C3绩效管理系统在管理需求方面首要的考虑之一就是企业发展的需求。C3绩效管理系统通过绩效管理模块的匹配来满足这种需求，即针对企业不同的发展阶段匹配不同的绩效管理模块，使绩效管理系统适应不同的企业发展规模和管理水平。

在企业管理实践中，可能会不同程度地运用到具体的绩效管理系统，然而许多流行的绩效管理系统并不都适合处于各个发展阶段的企业。许多流行的绩效管理体系，从设计之初就是为成熟的企业服务。以当今十分流行的、被誉为近75年来世界上最重要的绩效管理工具“平衡计分卡”为例，它最早起源于ADI公司（Analog Device公司）自1987年起进行尝试性实践。成立于1965年的ADI公司是一家半导体公司，主要生产模拟、数字及数模混合信号处理装置，其产品广泛应用于通信、计算机、工业自动化领域。1987年，ADI公司已经进入企业发展的成熟期，其管理体系已经十分规范。该公司每5年进行一次战略方案调整，然而1987年的战略方案调整却与以往不同，公司决策层开始侧重战略的实施，从而衍生出了世界上第一张平衡计分卡的雏形。ADI公司推行了一个名为“质量促进计划”的项目，其间邀请了一部分管理学者参与，哈佛商学院的教授罗伯特·卡普兰（Robert S. Kaplan）就是其中的一位，他在帮助ADI公司的过程中发现了该公司的平衡计分卡，并认识到它的重要价值。此后卡普兰与戴维·诺顿（David P. Norton）又对平衡计分卡做了学术上的深化，并把它推广到全球的企业中。该方法以管理系统业已成熟的企业计划系统为基础，以战略落实为目标，从财务、客户、企业工作流程和员工开发等四个层面展开绩效管理，因此从推出开始，平衡计分卡就面向成熟期企业的绩效管理，这也是许多管理系统还不够成熟的企业在实施它时遇到那么多障碍的原因之一。

与流行的绩效管理系统不同，C3绩效管理系统从设计之初就面向处于各成长阶段的企业，本身自带的模块匹配流程规定了C3绩效管理系统天生就是发展导向的柔性绩效管理系统。C3绩效管理通过“6项工程”（见本章第四节）和不同的“模块设置”（见本章第五节）来使自身精准匹配不同的企业发展阶段，根据企业的不同能力匹配不同的绩效管理模块，这样不但配合了企业的发展，还使绩效管理体系成为推动企业发展和组织变革的一个有效工具。企业可以运用绩效管理使需要变革的绩效要素（如组织文化）与组织目标联系在一起，通过向员工提供必要的技能培训，并根据他们的绩效改进情况提供相应的报酬，最终使员工既有能力又有动力去参与和推进组织的变革。C3绩效管理系统会带来组织文化的变化，因为企业文化创新主要是靠组织的行为植入的。改变企业文化的最有效方法是改变员工每一天的工作方式，企业文化会受到组织实施和强化的各种政策、实践、技能以及程序的指导和影响。

五

企业的许多管理需求是通过绩效管理过程（在6项工程的“流程布局”中设定）来满足的，合理的绩效管理过程能够使管理者对下属有更深入的了解。例如：员工的直接上级和负责对员工的绩效进行评估的其他管理人员，能够通过绩效管理中的评估和反馈过程对被评估者产生更深入的了解，这非常有助于管理人员与下属之间建立起良好的建设性关系。管理人员还能够通过绩效管理过程更好地理解每一位员工对组织作出的贡献。绩效管理的过程中会产生许多信息，管理者的管理实践活动会因这些信息变得更加公平和适宜，这些信息可以作为绩效加薪、晋升、岗位调整以及解雇等活动的依据。通常，好的绩效管理体系可以确保报酬的分配是建立在公平和可信的基础之上的。而建立在一套良好的绩效管理体系基础之上的各种管理决策，反过来又会促进组织内部人际关系的改善，并且增进上下级之间的相互信任。

六

C3原则“三个考虑”中的第二个考虑是“考虑竞争”，指绩效管理系统要有助于提升企业竞争力。在C3绩效管理系统中，“考虑竞争”可在四个方面得到具体的落实：① 在绩效计划阶段界定出与竞争相关的关键任务和与这些关键任务相关的关键绩效指标，这方面在6项工程中的“任务界定”中落实；② 满足顾客期望，这方面在6项工程中的“顾客期望”中落实；③ 开发员工、团队绩效，这方面在6项工程中的“流程布局”中落实到绩效开发计划当中；④ 开发重要工作流程绩效，这方面在6项工程的“流程布局”和4个模块中的“运营绩效”管理模块中落实。以上各项将在之后的两节中相应的部分进行更详细的讨论。

七

“考虑风险”指的是通过绩效管理方法识别并量化关键风险，以将企业总的风险敞口限制在特定的风险偏好之内。这里涉及两个概念，即“风险敞口”和“风险偏好”。风险敞口是指企业经营活动中暴露出来却未经保护的风险。风险偏好是指管理层设定的可以接受的风险敞口的数额。前者是计算值，后者是设定值。C3绩效管理系统6项工程中的“风险应对”和4个模块中的ERM绩效管理模块都是“考虑风险”的具体落实。前者涉及每一个绩效管理模块中的风险如何考量，后者更多地偏重对企业的总体风险进行管理。

把企业风险管理（ERM）纳入绩效管理的范畴是近年来的趋势，这一趋势始于21世纪初。研究一致表明，在企业的战略、经营和财务三大主要风险中，战略和经营风险涵盖了企业绝大多数的关键风险，构成了对企业最大的威胁。企业重大的风险事件按降序依次来源于战略风险、经营风险、财务风险。

每个企业的关键风险因其战略不同而各不相同，而企业的风险缓解资源往往是有限的。由于过去一直缺乏对战略和经营风险的量化方法，因此如何优化配置有限的企业风险缓解资源始终是一个难题，同时也意味着很难把企业风险管理纳入绩效管理的范畴。不过，如今人们已经找到了对各类风险进行量化的方法，这就使得对企业经营和战略规划中所面临的关键风险进行识别、衡量、排序和管理等操作都可以纳入绩效管理的范畴。因此在设计绩效管理系统时对风险进行考虑也就变成了一条必要的原则。

我们将在后面两节中对6项工程中的“风险应对”和4个模块中的ERM绩效管理模块进行更详细的讨论。

八

企业的绩效管理系统是将经营战略转换成经营结果的一个关键工具。无论从战略的实现还是管理层薪酬等各方面考虑，企业的C级管理者（尤其是CEO、COO和CFO）都是绩效管理系统的最大受益者。在一些大公司中，其人力资源团队是全球性跨组织[①]的，其绩效管理系统也是分布式的，设计和实施绩效管理系统的部门更是必须得到C级管理者的支持。如果在企业中存在多个彼此竞争的项目，同时又存在资源缺乏的问题，那么企业很可能就不愿意实施绩效管理系统了，这一方面是因为绩效管理系统需要耗费很多资源（尤其是各级管理者的时间），另一方面是因为企业中的很多员工感觉很难看到绩效管理系统能够给组织绩效带来足够的附加价值，所以不愿将资源投入到绩效管理之中。因此，组织中的C级管理者都必须在资源分配的问题上支持绩效管理系统的推行，因为由C级管理者牵头进行的战略规划，其主要目标就是找到一种能够为组织带来竞争优势的资源分配方式。

绩效管理系统基于企业目标体系，而C级管理者正是企业目标体系的主要贡献者和责任人。例如：企业的预算是其目标系统的重要组成部分，涵盖许多财务指标。企业所有责任中心的预算都要经过预算委员会的审查和批准，而组成预算委员会的成员通常由高级管理层组成，毫无疑问必须包含三个C级管理者。从组织结构的角度看，C级管理者处于组织的相对高层。CEO对公司的整体计划和前进方向负有最终责任，COO的主要职责是以日常运营为基础来执行公司的整体战略规划，CFO的主要职责之一则是负责设计和运作信息与管理控制系统（一般绩效管理系统往往都会内置其中）。从战略上概括地说，CEO负责计划和方向，COO负责具体执行（涵盖绩效管理流程的执行），CFO负责监控、反馈和检查相关绩效。这三个职位可以看成组织中一条单独的绩效管理链，所有处于该条管理链下的高级管理层都要向这三位C级管理者汇报工作和绩效。C3绩效管理系统是企业全员参与的、旨在提升企业整体绩效水平的绩效管理系统，它的设计和构建过程是一个变革的过

① “跨组织”通常有两种解释：一是企业内跨职能、跨部门、跨团队或跨经营单元的，运营、营销、会计、财务、人力资源及管理信息系统部门往往都是此种“跨组织”部门；二是企业间的“跨组织”，企业与外界环境中的其他组织（如上下游厂商、相关企业，甚至是竞争者）间的合作或联系。本处采用第一种解释。

程，只有CEO、COO和CFO才能为这种变革提供最高级别的协调。为使企业从C3绩效管理系统中获得最大的赋能，以C级管理者为主要代表的高级管理团队必须做出承诺，全力投入变革，推动绩效管理系统（特别是其中的关键绩效指标体系）的不断完善，并负责始终。

九

为什么企业的绩效管理体系应该首先由CEO来推动？原因之一在于，成功的绩效管理系统必须内嵌到企业的文化之中，其实施就意味着要对企业文化进行改变，而对企业的战略和文化实施变革的总任务是落在CEO身上的，对企业文化最终负责的人就是CEO本人。在很多企业中，主导设计、改进或实施绩效管理系统的部门是人力资源和相关的其他专业管理部门，但其实这项工作需要企业各部门通力合作，这种合作需要得到CEO的承诺和协调。正常情况下，人力资源部和其他专业管理部门人员会在绩效管理系统的设计阶段以及实施之前与CEO交换意见，了解他对绩效管理系统的期望。CEO和他的领导团队也将负责绩效管理系统在企业内的全面启动，而之后的许多工作也都要得到CEO的支持。另外，对企业关键绩效指标最终负责的人也是CEO。绩效管理系统中每一个关键绩效指标都是一个核心的企业关键成功因素，因此它们都应该得到CEO的持久关注，就像飞机驾驶员需要持久地关注仪表盘一样。理想情况下，CEO经常都要依据关键绩效指标通过各种方式和途径与相关的员工沟通，以在全体员工中树立重视关键绩效指标的观念。当CEO、管理层、员工都关注关键绩效指标时，才表明企业的关键绩效指标真正步入了正轨。总之，CEO对绩效管理的支持和推动是绩效管理系统成功的必要条件。

十

与CEO一样，在企业中，COO处于最高的组织运营层级，他的主要职责是负责企业关键工作流程的运行，即以日常运营为基础来执行公司的整体战略规划。绩效管理流程必须内嵌并融合到企业的关键流程之中，才能发挥出对企业流程最大的赋能作用。COO最关心的就是企业的整体运营结果，他的关键任务几乎就是绩效管理系统重要职能的翻版。正像绩效管理系统的经典职能那样，企业的COO需要同时注重目标（或任务）和人员，其领导的有效性以能够有效地推动人员达成目标或完成任务为标准。具体来说，COO为达成有效领导所需完成的关键任务通常为：① 强调目标；② 促进员工间的协作互动以达成目标；③ 帮助员工了解实现目标的流程或任务；④ 定期给下属提供正面和负面的反馈意见（这种意见往往基于绩效管理指标）；⑤ 对员工绩效进行开发以促进其绩效和个人发展。COO及其他运营管理者必须定期对每一个下属执行以上5项关键任务，因此在面向人员和任务方面，企业的绩效管理系统所发挥的许多职能其实是COO关键任务的系统化延伸，绩效管理系统运作流程中的很大一部分几乎与COO的关键任务是重合的。

十一

企业最终的绩效评判指标一定是财务指标，财务绩效锚的内涵蕴含在所有绩效锚之中，所有绩效锚都会有不同程度的财务绩效评判，因此离不开CFO的参与。CFO的首要职能之一就是设计和运作信息与管理控制系统，而企业的绩效管理系统就内置于其管理控制系统之中，因此CFO对绩效管理系统负有难以推卸的推动职责，当然他可能会更加侧重于负责监控企业的财务绩效。绩效管理系统中的许多指标是财务绩效指标，这些指标都与CFO的职能相关。事实上，绩效管理系统职能中也存在许多财务职能，如CFO要为股东及其他外部第三方编制财务报表和财务报告，为管理者编制和分析业绩报告，分析公司各责任中心的项目和预算建议，并把他们合并为总体年度预算等。

本节中，我们重点描述了C3绩效管理系统的定义、组成和C3原则。接下来的两节，我们将分别讨论C3绩效管理系统的6项工程和4个模块。

丨第四节丨

C3绩效管理系统的6项工程

一

在创业型企业——主要指处于创始发展阶段和运营规范阶段的企业（大多数中小企业处于这个阶段）中，管理者基本上可以只靠个人或运营控制的力量对企业员工的绩效进行非正式、个性化的控制，这种控制往往还能行得通，企业还能正常运转。

然而，当企业规模扩大之后，管理者个人的控制能力受到极大限制，因此企业才发展出了完善的绩效管理系统。此时的绩效管理，才真正是对企业员工的绩效进行系统化管理的开始。

对绩效系统化的管理过程始于计划阶段，企业审查自身进行绩效管理的前提条件，并结合战略目标制订出一个绩效周期（通常为一年）的绩效计划，然后投入执行。

在绩效执行的过程中，既有绩效的开发，也有不断的绩效评估和反馈；待到绩效周期结束前（通常为年终时），还要对整个绩效周期（也就是一年来）的绩效进行评价和激励。在这之后，企业又重新开始了前提审查和绩效计划的制订，通常是在上一个绩效计划的基础上进行一些修订，这样又开始了新的绩效管理过程，周而复始，循环不息（见图3.9）。

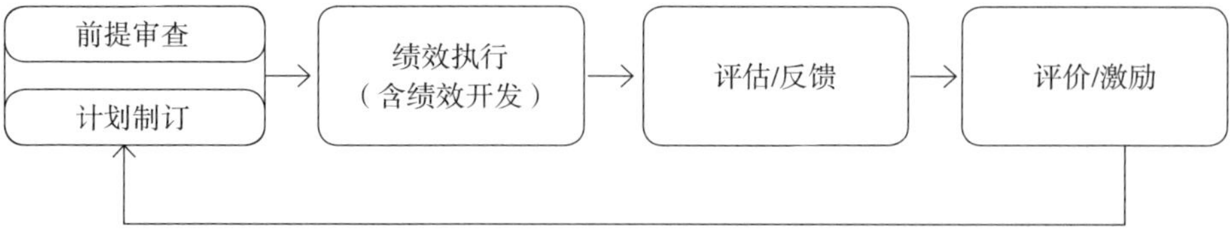

图3.9　绩效管理过程（流程）

C3绩效管理系统的6项工程，是绩效管理过程中前提审查和计划制订阶段的一个子流程，它内嵌于绩效管理过程的前提审查和计划制订阶段的活动之中，并根据“三个考虑”的原则为整个绩效计划审查前提、配置模块并提供指标，如图3.10所示。

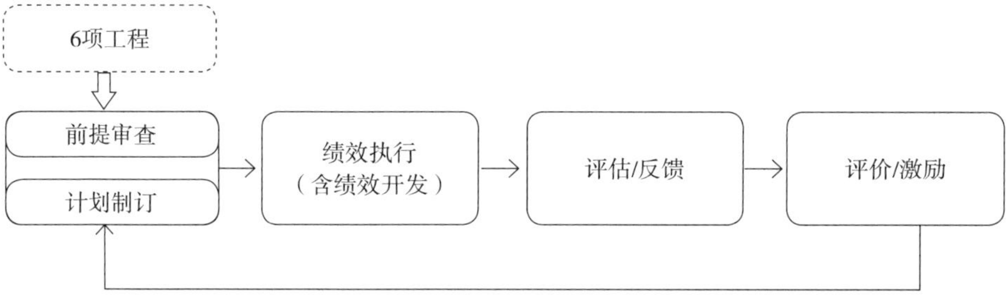

图3.10　6项工程影响下的绩效管理过程

通常，实施绩效管理系统需要两个前提条件：① 对组织的使命和战略目标一定要有清楚的了解；② 对涉及的职责有清楚的了解。然而，这两个前提条件可能是不全面的，例如那些管理尚不规范的企业没有清晰的组织职责界定，但仍然可能进行系统的绩效管理活动（如团队绩效管理）。因此，C3绩效管理系统根据“三个考虑”的原则又添加了一个前提条件——与企业发展阶段相关的基础架构前提。

二

顾名思义，6项工程其实是按线性依次执行的6个步骤，分别涉及企业绩效管理活动的6个方面，即基础架构、模块设置、流程布局、任务界定、顾客期望和风险应对（如图3.11所示）。

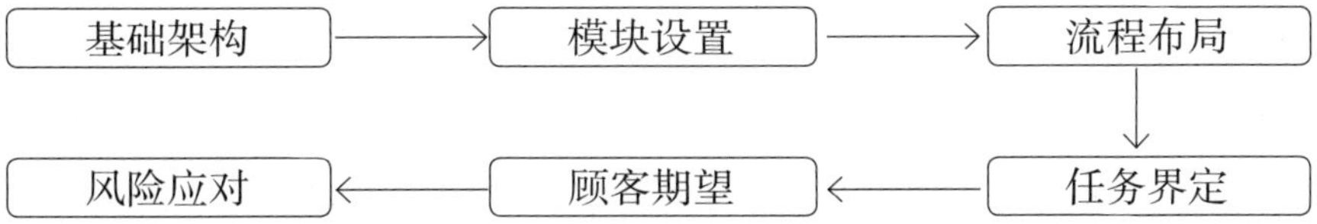

图3.11　C3绩效管理系统的6项工程

图3.11中6项工程的简要内涵如下：

1. 基础架构：检查基础架构，看看它能匹配什么模块。通常，这一步的检查标准，是企业失衡度量化总值不能超过60分，否则说明企业的基础架构与其发展规模严重失衡，难以展开系统化的绩效管理活动。

2. 模块设置：选择具体的模块，即单独或组合使用C3绩效管理系统中4个模块包含的绩效管理子系统。

3. 流程布局：就是确认两种流程，即绩效管理模块的流程和考核对象的工作流程。

4. 任务界定：针对前项“流程布局”工程确认的考核对象的工作流程，对流程中的关键任务加以界定，也就是识别出产生关键绩效的任务，以便使绩效管理系统对关键任务的完成情况加以控制。

5. 顾客期望：针对“流程布局”工程确认的考核对象的工作流程，获取顾客对流程结果的期望，也就是流程必须要满足的客户需求，此后才能从这些需求中得到对结果进行考核的绩效指标。

6. 风险应对：找出流程过程和结果中的关键风险敞口，并定义出企业对这些关键风险的风险偏好，以便在之后的绩效管理过程中将个别关键风险和这些关键风险所汇总的风险控制在企业特定的风险偏好之内。

接下来，我们将详细讨论C3绩效管理系统的6项工程。

三

6项工程中的第1项是“基础架构”，这是审查组织基础架构的工程。对组织的基础架构进行审查的目的，是为了看看企业的绩效管理可以做到什么水平，也就是看看企业的基础架构可以匹配什么样的绩效管理模块。

其实，本书第二章提到的组织评估环节中的许多工作，可以直接当作是对基础架构的审查。企业组织评估活动的目标是考察企业的组织系统在多大程度上满足现在和未来预期发展的需要，因此这项活动的意义远远大于单纯对基础架构本身的审查，实际上它涉及了组织内部所有的绩效要素，即涉及市场、产品/服务、资源、运营和管理系统以及企业文化等各个绩效要素。6项工程中基础架构的审查，只涉及审查企业的运营和管理系统，因此组织评估所得到的这部分信息往往可以引用成为6项工程中“基础架构”这项工程的审查结果。然而，组织评估中有关基础架构的信息是用于找到企业在基础架构方面的强项和弱项的，而这里对基础架构的审查的目标不再是查看组织有哪些弱项，而是要以此作为后续5项工程的前提条件，尤其要作为6项工程中“模块设置”的前提条件，以决定企业的绩效管理能够和应该做到什么水平。

一般情况下，对企业基础架构的审查工作可以由企业的管理层完成，但是很多企业更愿意交给独立的咨询顾问去做这项审查工作，以便获得更加客观的结果，同时也能获得咨询师处理类似问题的经验。

进行基础架构审查往往通过数据分析和同企业员工面谈来收集有关企业基础架构的信息，即企业运营和管理系统的信息。收集基础架构信息的目标集中在考察企业运营和管理系统的实际水平上，它可以通过对运营和管理系统的构成情况和运行状况进行自我评估来完成，也可以通过对组织中的部分或全部员工进行问卷调查来实现。基础架构信息的审查结果应该是对所收集信息的概括，以及对信息的分析，看这些信息表明要在6项工程的下面几步中如何进行模块设置、流程布局等。

对运营系统的审查涉及企业的主要业务和内部运营流程。例如：许多企业最重视的主要业务之一是营销（如电话营销、网络营销等），内部运营流程中容易出问题的部分可能包括计算机和信息系统、生产计划系统等（这里只是简单举例）。在审查基础架构时，还不必考察这些业务和运营流程的具体细节，而是把重点放在识别运营系统的运行情况上，绩效管理系统尤其关心运营流程中需要改善的劣势。至于运营流程的细节部分，那是放在后面的“流程布局”等工程中去做的事情。

在审查管理系统方面，首先要看看企业自身和各绩效单元是不是以目标为导向（考虑目标）。如果还不是，那么就要在接下来的几个工程模块中加入目标导向的内容，这项内容通常是绩效单元与其上级在一起共同设置基于业绩的目标，这些目标还将衍生出几个关键结果领域（KRA）和与之对应的绩效考核指标，以此督促被考核对象关注重要的结果领域并考核其完成业绩的状况，使其关注重点和行为方式与企业的目标和价值观保持一致。

管理系统中另一个要审查的部分是组织结构，看其是否已经被清晰定义，各绩效单元的角色职责是否存在清晰的描述等。绩效管理系统只能考核那些角色和职责已经清晰定义了的对象（员工、团队、责任中心等），后续的“模块设置”工程也要根据这一项来进行设置，例如初创企业往往只能对团队层面而不能对员工层面的绩效进行考核，因为员工的职责还没有被清晰地界定。

管理系统中第三项要审查的部分是员工和管理者的技能水平，这部分主要涉及管理者和员工的绩效开发计划，属于“考虑竞争”原则的范畴，主要考查相关责任人是否具有承担所界定的任务并达成绩效的能力。员工和管理者的开发计划（如培训等）最后将归入绩效管理计划之中，属于6项工程中“流程布局”里绩效管理流程的细节，同时也会涉及6项工程中“任务界定”方面的一些细节。绩效开发计划将在绩效执行过程中加以执行。

四

6项工程中的第2项工程“模块设置”，指的是为企业绩效管理系统配置绩效管理模块，以匹配“基础架构”工程中确认的企业基础架构水平，从而有效发挥绩效管理系统为企业赋能的作用。

前文已经说过，C3绩效管理系统的4个模块分别是团队绩效管理模块、运营绩效管理模块、LEP绩效管理模块和ERM绩效管理模块。

4个模块不一定能够全部出现在企业具体运用的绩效管理系统中，它们中的1个、2个、3个或4个模块将根据企业的发展规模和基础架构的不同水平而被企业所采用。模块设置，就是选择和组合这些模块的过程。

C3绩效管理系统中的“绩效管理模块”，其实就是“绩效管理子系统”。实际上，C3绩效管理系统的四个模块都是可以独立运行的绩效管理子系统，它们在绩效管理运行过程中往往也有着各自的独立性。比如，团队绩效管理模块涵盖了经典的传统绩效管理内容，包含从团队层面到个人层面的绩效管理内容，因此在多数企业中把这个模块就当成了绩效管理系统的全部，往往主要由人力资源部门主导。运营绩效管理模块主要针对企业流程和价值链（在企业中体现为供应链）的绩效进行管理，往往可以由相关的运营管理者主导。LEP绩效管理模块也可以单独运行，它是规范化管理的企业常用的一种绩效管理模式，此时的企业可以开展精细化运营，一切活动都是在规范的预算基础上展开的。这一绩效管理模块内置并依托于相对成熟的企业管理控制系统。ERM绩效管理模块的独立性比较强，往往由风险管理部门（通常以首席风险官为主导）在3个C级管理者的支持和领导下展开。

4个模块的选择和组合就是“模块设置”的内容，这个过程的规则如下：① 模块的选择要参考企业的基础架构量身匹配，遵从“顺序选择”的原则；② 模块的组合要遵从“向前包含”的组合原则。

“顺序选择”意味着选择C3绩效管理系统的4个模块时是按照团队绩效模块、运营绩效模块、LEP绩效模块和ERM绩效模块的顺序来进行的。选择时还包含的“向前包含”的原则，即选择后一个模块就建议应该以已选择的前一个模块为前提。例如：要选择“运营绩效管理模块”的话，则建议以已经选择的“团队绩效管理模块”为前提；要选择“LEP绩效管理模块”，就建议以已经选择的“团队绩效管理模块”和“运营绩效管理模块”为前提。当然，4个模块可以单独选择，但放弃“顺序选择”和“向前包含”原则其实意味着放弃了较为基础的绩效管理模块而选择了较为高级的模块，本书不建议这样做。当遵从“顺序选择”和“向前包含”这两个原则进行模块设置时，对模块的选择本身就代表了模块的组合，因此“选择即组合”。

选择和组合模块如何匹配企业的基础架构？通常以企业的发展阶段为匹配的前提进行选择。也就是说，根据“基础架构”工程对企业基础架构的审查结果，可以判断出企业目前所处的发展阶段。当企业处于创始阶段时，由于企业的基础架构还不健全，因此建议只选择“团队绩效模块”。当企业已经发展到运营规范阶段时，由于管理系统还不健全，因此建议只选择“团队绩效模块”和“运营绩效模块”（向前包含的选择法）。当企业已经发展到管理规范的阶段后，此时就可以选择LEP绩效模块（当然根据向前包含的原则，同时事先还选择了“团队绩效模块”和“运营绩效模块”），以及可以选择全部的4个模块。

“模块配置”还有另一层意思，即“模块内配置”。例如：当选择了“团队绩效模块”后，模块中可以只包含团队层面的绩效管理的内容（针对初创企业往往只能如此），也可以包含个人层面和团队层面的全部内容（管理规范阶段之后的企业可以这样）。相关的内容将在下一节细述。

五

6项工程中第3项“流程布局”，就是确认流程，具体内容是确认两种流程——绩效管理模块的流程和考核对象的工作流程。

第一，每个绩效管理模块的绩效管理流程在原则上都是相同的，它是一个持续的PDCA循环过程，其PDCA与绩效管理活动的对应关系分别是P——绩效标准；D——绩效执行；C——绩效评价；A——绩效改进。这四者持续循环形成绩效管理的过程，C3绩效管理系统4个模块各自的内部过程都遵循这样的循环过程，区别只在于考核对象、识别、衡量和开发绩效方法的不同。绩效管理PDCA循环流程是使任何绩效管理模块真正落地的基础，如图3.12所示。

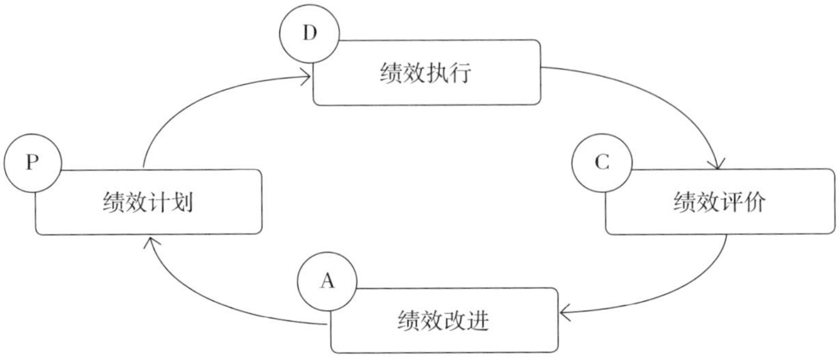

图3.12　绩效管理过程的PDCA循环

其实，由于任何绩效管理模块的流程本质上都是一个控制过程，而第一章中我们就对控制系统的工作过程进行过图示性描述（见图3.13），其控制过程的流程就是对受控实体进行探测、鉴定和控制的过程，因此每种控制系统的流程原型都是一样的。当谈到绩效管理系统时，这里的“受控实体”也就是绩效管理过程中的“考核对象”。后文中凡涉及绩效管理的内容，“受控实体”与“考核对象”的意思是相同的。

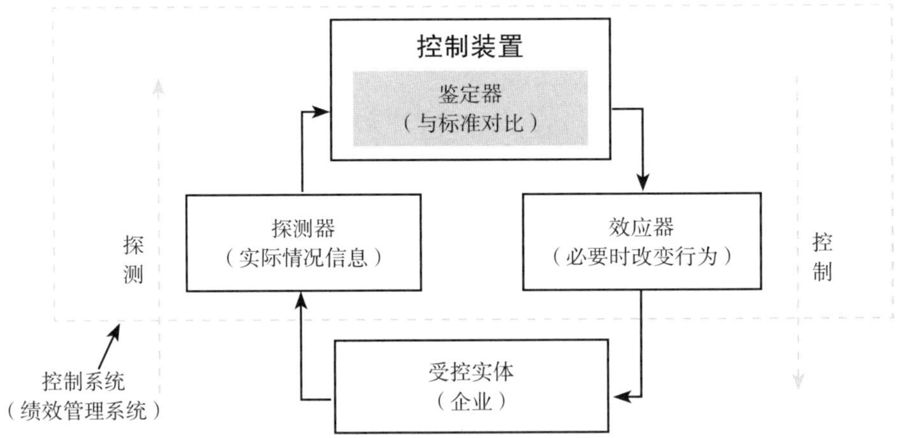

图3.13　控制系统（绩效管理系统）

根据图3.13，在绩效管理系统中，“探测”是对受控实体绩效的“识别”，“鉴定”是对受控实体绩效的“衡量”，“控制”是对受控实体绩效的“开发”。因此，绩效管理系统的控制过程——也就是它的流程可以描述为：“绩效管理是识别、衡量和开发受控实体的绩效，并使这些绩效与企业的战略目标保持一致的持续性过程。”这一描述可以被当成是对绩效管理的一个通用定义。当受控实体是团队或员工个人时，上述绩效管理的通用定义就可以改为：“绩效管理是识别、衡量和开发个人和团队绩效，并且使这些绩效与企业的战略目标保持一致的一个持续性过程。”这就是对“团队绩效模块”的定义。而当受控实体是责任中心时，上述绩效管理的通用定义又可以改为：“绩效管理是识别、衡量和开发企业各责任中心的绩效，并使这些绩效与企业的战略目标保持一致的持续性过程。”这其实就是LEP绩效模块的定义。我们将在下一节讨论C3绩效管理系统的4个模块时，分别讨论4个模块各自的流程细节。

第二，“流程布局”要确认的第2种流程是考核对象的工作流程，这缘于绩效管理过程要对受控实体的绩效进行识别和衡量，而受控实体的绩效是从其工作流程中获得的，或者说是从受控实体的行为过程和行为结果中得来的。没有流程就没有企业的产品和服务，也没有其他的企业内部支持行为过程，因此“流程布局”的第二种要确认的流程就是受控实体——或称考核对象的流程。考核对象的工作流程千差万别，但每一个流程——无论是企业的核心流程还是支持流程都由三部分组成，即输入、转化过程、输出。各种资源输入到流程之中，经行为过程的转化后产生输出的结果，这种结果就是（对外或对内的）产品或服务。受控实体的绩效既可以从流程的结果中识别出来，也可以从流程的转化过程中识别出来。流程的转化过程涉及关键任务，绩效管理系统最重视的绩效之一就来自这样的关键任务，通常以关键绩效指标对关键任务的绩效加以衡量，这一部分将在后面的“任务界定”部分重点关注。流程的结果涉及顾客期望的结果和风险（这里的风险被定义为结果与预期的偏差），顾客期望的结果将在后面“顾客期望”部分重点讨论，流程的风险将在后面“风险应对”中重点关注。由此可知，6项工程中的“流程布局”工程，为后续的3项工程做好了准备。

这里需要说明的是，对受控实体流程布局的了解，目的是以绩效管理系统的考核流程对受控实体的工作流程进行控制，而不是对考核对象的流程进行设计、优化或改造——那是运营人员的职责，他们根据绩效管理系统的考核结果对流程的行为过程和结果进行巩固和改进。同样，在“流程布局”工程中，考核对象的流程细节也是由受控实体——也就是运营管理者提供的。

六

有了“流程布局”确认的考核对象的工作流程，接下来的工作就是对该流程中的关键任务加以界定，以便通过绩效管理过程对完成关键任务的行为和结果加以控制。

“任务界定”其实就是识别出产生关键绩效的任务，以便通过对行为和即时绩效的评估达成对绩效的衡量。在绩效管理系统衡量绩效的方法中，“行为法”就是基于“任务界定”的主要方法（另两种衡量绩效的方法是“结果法”和“特征法”）。“行为法”之所以重要是出于三个原因：① 行为和结果之间的联系不明显（如销售行为、起飞前的例行检查行为等）；② 结果发生在遥远的未来（宇航员在太空中几年的行为就是典型的例子）；③ 造成不良后果的原因不在被评价者的控制范围之内（例如经济萧条等不可抗拒的原因）。

达成一个目标要完成什么样的关键任务呢？哪些事情不去做的话，目标就肯定没办法完成呢？关键任务是工作流程的重要组成部分，流程就是把关键任务整合成有序的操作而形成的。把“流程布局”工程中确认的工作流程中的关键任务识别出来的过程就是“任务界定”工程，这项工作必须得到流程所有者[①]的大力支持，他们知道流程中哪些任务是关键任务，他们更期望绩效管理系统能够满足对这些关键任务加以控制的需求。

任务界定并不复杂。把工作流程的细节罗列出来，即把流程产生结果的转换过程中要做的事情罗列出来，看看里面哪些事情是最关键的，是对产生期望结果至关重要的。不完成这些任务的话，要么期望的流程结果没办法获得，要么流程结果的质量会大打折扣，选出这些关键任务也就完成了任务界定（也就是绩效管理过程中的“识别”）的工作。关键任务产生了流程的阶段目标，阶段目标的完成情况可以用绩效管理指标来衡量，指标通过预测绩效能够完成到什么水平来获得，任务的实际完成情况通过指标表达出来，绩效管理通过这样的方式来对工作流程的过程加以控制。界定出关键任务之后，后续的绩效管理过程需要设定针对这些任务的衡量指标，有了指标就可以对完成关键任务实现的绩效加以衡量，然后才能够对关键任务的完成情况加以控制。

关键任务可能是关键的子流程（也就是“流程中的流程”）。以淘宝网为例，它本质上为店主和客户提供了零售服务的流程。网站中有许多关键的子流程——也就是关键任务，比如支付流程（如客户通过支付宝付款）、下单流程、售后流程和搜索流程等，这些流程都是关键任务，无法完成这些关键任务就无法达到良好的服务。著名的“双十一”就是考验这些关键任务的时段。在这一天的午夜，整个淘宝网的关键任务流程都备受压力。

七

“顾客期望”工程旨在获得顾客对流程结果的期望，也就是流程必须要满足的需求，此后才能从这些需求中得到对结果进行考核的绩效指标。

顾客是企业关键的利益相关者。作为流程结果的接受者，他们受到流

①　流程所有者，是对企业的流程端到端负责的高级管理人员，通常受到更高一级运营管理者的领导。该职位能更好地将企业的责任和义务融入流程管理之中。

程绩效的严重影响。例如：当对员工的绩效进行考核时，经常需要从与员工有密切接触的顾客那里获取信息（在服务业，这种情况就比较多），此时顾客其实可以是掌握员工绩效第一手资料且受员工绩效影响的人。从企业流程的定义中能够知道顾客对流程结果的期望多么重要："流程是一种或一组活动，这些活动利用一个或多个投入要素，对其进行转换并使其增值，向顾客提供一种或多种产出。"企业流程的产出结果就是（内部或外部）顾客得到的产品或服务，流程通过为顾客增加价值的方式达成绩效。麦当劳的顾客会同时期望得到良好的服务和可口的食品。购买华为手机的顾客期望得到好的产品，同时也期望得到优质的保修、维护和更换服务。

在企业中，营销部门能够帮助获取或创造流程必须满足的外部顾客需求，绩效管理系统得到这种需求信息后，才能通过绩效管理过程使企业核心流程的职能重点保持在满足顾客需求上。运营人员也需要获得顾客期望的信息，他们发起的流程改造（往往在运营绩效管理模块的支持下）需要这些信息的帮助来持续寻求为顾客增加价值的途径，例如让顾客参与流程的方式也是为其增加价值的途径之一。

八

在绩效管理过程中考虑应对风险的问题，基于我们对流程风险的定义：流程的风险是流程过程和其结果与预期的偏差。更严格地说，流程风险是流程过程和其结果偏离预期的可能性。从这个定义出发，"风险应对"工程的定义就是找出流程过程和结果中的关键风险敞口，并定义出企业对这些关键风险的风险偏好，以便在之后的绩效管理过程中将个别关键风险和这些关键风险所汇总的风险控制在所规定的风险偏好之内。

这里对上面的文字进行一些解释。首先，风险是与预期的偏差，包括流程结果与预期结果的偏差，以及流程过程（及其中间结果）与预期过程的偏差。从这个定义出发，流程的风险可能不仅仅是损失的可能性，即不仅

仅是针对预期的“下行波动”，它还包括所谓的“上行风险”，即“上行波动”。这里的“上行波动”就是各种可能的上行风险事件，而“下行波动”就是各种可能的下行风险事件。以流程的结果为例，其结果高于或低于预期结果都是与预期的偏差，因此都是风险。例如：预期盈利9.5%的投资活动，无论最终结果是高于还是低于9.5%的收益，都属于发生了风险事件。说穿了，风险就是一种偏离预期的不确定性。

需要稍作解释的是，之所以严格地将风险定义为与预期的偏差，并将上行波动也纳入风险的定义之中，一是因为流程过程和结果中的上行风险和下行风险可能相互抵消，二是因为存在上行风险往往就预示着系统的不稳定性。而在系统不稳定的情况下，发生上行风险和下行风险的可能性是同时存在的。

“风险应对”主要考虑受控实体流程的风险管理，即将其风险管理指标——风险敞口和风险偏好方面的指标纳入绩效管理系统的范畴。至于针对整个企业的风险管理，那其实是包含在ERM绩效管理模块之中的。

第五节

C3绩效管理系统的4个模块

一

C3绩效管理系统的4个模块分别是团队绩效管理模块（T模块）、运营绩效管理模块（O模块）、LEP绩效管理模块（L模块）和ERM绩效管理模块（E模块）。这4个模块是根据企业中的各种关键结果领域（KRA，Key Result Area）划分的，如图3.14所示。

图3.14　依据关键结果领域划分模块

图3.14中，T模块面向企业中众多团队和个人的各种关键结果领域。由于企业中不同的团队和个人都有自己的关键结果领域集，因此T模块面向企业中团队和个人层面所有关键结果领域。正是从这个角度讲，T模块才是经典绩效管理系统的传承与发展，因为它是一个通用绩效管理框架模块，对什么样的关键结果领域都可以加以管理。

相对于T模块这一“通用”框架模块，其他三个模块都是“专用模块”，它们各自汇集某类企业级的专项关键结果领域（KRA），将这些KRA赋予企业中那些跨组织的被考核者——跨组织的团队或个人，以期使企业级的关键绩效与组织目标保持一致。这些以特别方式呈现的绩效管理模块具有很强的针对性和科学性，在实施中效果也十分明显。O模块针对的关键结果领域是“流程”与“价值链”，这是企业中两个特别重要的关键结果领域。L模块针对的是企业“管理控制”[①]这一关键结果领域，E模块针对的是企业“风险管理”这一关键结果领域。

什么是关键结果领域（KRA）？以企业为例，如果企业某个领域的绩效对完成整个企业的使命具有重大影响，那么它就属于关键结果领域。例如：企业的六大绩效要素（市场、产品/服务、资源、运营系统、管理系统、文化）其实是企业的6个关键结果领域。

由于企业财务结果（财务绩效锚）对企业的基础重要性，因此财务其实是所有企业的基础关键结果领域。

一个企业的关键结果领域通常有多个。例如：德鲁克认为企业应当关注8个关键结果领域，即市场、创新、生产率、资产、利润、管理者的表现和培养、员工的表现和态度、公共责任感等。平衡计分卡的倡导者罗伯特·卡普兰强调企业最重要的关键结果领域有4个，分别是财务、客户、内部运营、学习与成长。在企业内部，部门、团队、员工等都有各自的关键结果领域。例如：对于一个规模以上企业来说，人力资源部确定的关键结果领域可能包括招聘、员工培训、薪酬和津贴管理、人事信息系统管理、人员流动控制、员工关系、规章制度、企业文化和组织发展支持、人员计划等；对于企业的总裁，其关键结果领域可能包括战略规划、赢利管理、新业务开发、监控、外部关系以及组织发展等。

---

① 管理控制是指管理者通过影响组织的其他成员来实施组织战略的过程，它运用管理会计的方法和手段来展开绩效管理活动，试图有效实现“领导力—执行力—生产力”三力的相互促进。

关键结果领域是一类活动，它因组织形式不同而有不同的层次，如整个企业、经营单元、部门、团队和员工个人等不同组织层次都有各自的关键结果领域。

在企业中，每个层次的关键结果领域都不止一个，但通常也不应该超过9个（以5~9个为宜），否则会造成资源分散。

由于每个组织层次的关键结果领域都不止一个，因此每个组织层次都有其关键结果领域集合（简称为“KRA集合”）。由于平衡计分卡的流行，许多组织就将其KRA集合称为平衡计分卡或计分卡。在这样的组织当中，各组织层次的平衡计分卡内容（即KRA集合中的KRA）往往是一样的，但各组织层次从其计分卡内各KRA中提炼出来的目标、绩效标准和指标却是不同的。

从本质上说，本书中的三种绩效锚其实是概括了企业的三种KRA集合。由于竞争绩效锚涵盖了财务绩效锚的内容，卓越绩效锚又涵盖了竞争绩效锚的内容，因此，企业的发展实际上代表了其KRA集合的不断扩展，这表明企业的能力越强，所关注的关键结果领域就越多。C3绩效管理系统强调了一点，即在企业层次的KRA集合里，流程与价值链（及企业间的供应链）、管理控制和风险管理是三个不容忽视的关键结果领域，构成了提升企业竞争能力的特定KRA集合，因此才在C3绩效管理系统中专门安排了针对这三个关键结果领域的绩效管理模块。

企业内各组织层次的KRA集合可能是不一样的，然而各个KRA的落地都应该通过绩效管理模块来实现，因此除了属于O模块、L模块和E模块的KRA外，其他所有KRA都落到了C3绩效管理系统的T模块之中。从这个意义上讲，T模块承担着重大的绩效管理职责，它在本质上其实是把所有个人或团队的关键结果领域都囊括在内了。

二

企业的众多关键结果领域与企业的绩效管理系统有何关系呢？

简单地说，企业（及其中的团队和员工个人）从各关键结果领域获得具体的目标、指标，并形成一定的绩效标准。绩效标准就是各项指标要达到的最低可接受数值，许多时候它就是不同级别的目标（例如：对于销售部门来说，60万销售额是所有销售人员的绩效标准，同时还是多数销售人员的目标。然而，对于高级销售人员来说，100万销售额才是他们的目标）。绩效管理系统借助绩效指标、绩效标准和目标对考核对象实施绩效管理，通过一系列绩效管理流程把绩效管理渗透到企业中的每一个团队和个人，如图3.15所示。

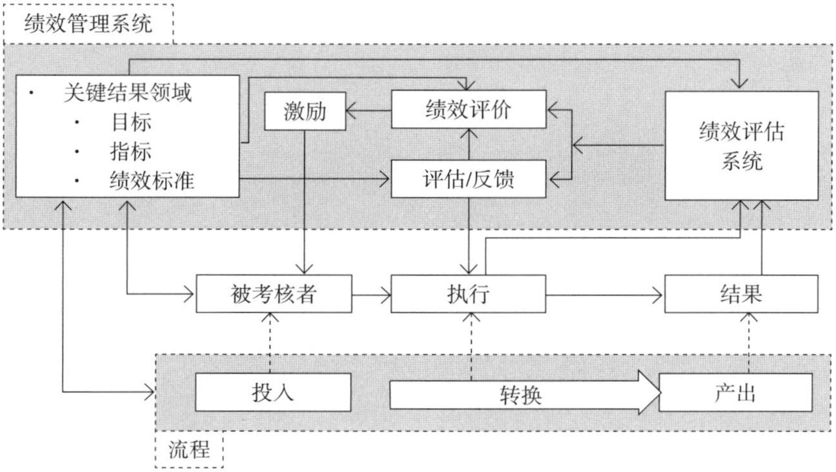

图3.15　企业绩效管理系统模型

图3.15中，企业的绩效管理系统（图上部大方框内）从被考核者和其工作流程中获得其关键结果领域和目标，对目标的量化形成了指标和绩效标准（有些目标天然就是量化的，例如绝大多数财务目标），然后在被考核者的绩效执行期间将其行为和结果纳入绩效评估系统进行评估，绩效评估系统进行评估的依据就来自关键结果领域的指标、目标和绩效标准。

为了使企业有效开发和运用绩效管理系统（以及其他管理控制系统），需要在企业、经营单元、部门、团队和个人层次界定关键结果领域。企业的绩效管理系统其实是一套机制，用来提高员工在特定的关键结果领域按实现组织目标的方式实现其绩效的可能性。或者通俗地说，绩效管理系统是用来控制某些类型的组织活动的，比如销售、生产或工程设计等。在管理规范的企业中，各组织层级的关键结果领域都在其职责中进行了清晰地描述，例如每一个员工的职位描述中就应该描述其职责、关键结果领域和目标。关键结果领域对整个企业和各层级的组织单元都很重要，除非将它以某种形式结合到各类绩效单元之中，否则企业中就会出现一种倾向——为了支持其他看起来更紧要的任务而忽视了那些关键的活动。

|第六节|

团队绩效管理模块（T模块）

一

世界上如果存在一个通用的绩效管理系统的话，那就是T模块，也就是团队绩效管理模块。

为什么是团队，而不是个人、部门、经营单元或企业呢？这是因为，第一，只面向个人的绩效管理系统没有通用性，它无法针对初创企业或新建的团队中的个人实施系统化的绩效管理。刚刚创立的企业大多很像一个成长中的团队，它有时像IT团队那样是开放型的团队，更多时候则像比较传统的、有清晰命令链的等级型团队。随着企业的发展壮大，企业内又分解出了各种团队，而任何类型的团队——无论是否是在成熟企业中建立的团队——都要成长发育一段时间才能在内部有明确的职责和角色分工，只有此时，绩效管理的系统性方法才能深入到个人。因此，面向个人的绩效管理对企业的基础架构的要求比面向团队的绩效管理要高，团队绩效管理对企业基础架构的要求是最低的。第二，个人是最原始的绩效单元，团队本质上是个人能力的延伸和扩展，它是最具代表性的绩效单元，是所有大于它的绩效单元的“前身”。更大的绩效单元，都是由个人经由团队构成的，团队是个人和其他级别绩效单元之间的桥梁。对于目前所有绩效管理系统都围绕可衡量目标和指标的通用运行模式来说，团队是一个适合的绩效管理组织单元上限，大于团队的组织单元（如经营单元或企业本身），针对它们的考核指标在实际的绩效管理操作中都直接或间接地还原到了团队或个人的绩效指标。例如：企业的年度销售目标将被分解到团队或个人的头上变成具体的指标，只有这样才能使绩效管理系统有效运转。因此，要对大于团队的绩效单元进行绩效管理，势必要将考核对象经由团队还原到个人。

二

本质上，作为通用绩效管理模块的T模块是企业中众多面向团队和个人的关键结果领域（KRA）的容器。

企业中最适合T模块管理的KRA都是团队和个人层次的KRA，企业和经营单元层次的KRA必定分解到团队或个人层次的KRA，才能纳入绩效管理系统加以具体管理。

在企业中，每个人的KRA数量通常为5~9个，超过这个数量的KRA不适于单个人类个体的能力，因此需要分解到更多的人身上。团队也是如此，它往往也只面对有限的几个KRA，专家型团队的目标性则更强，所面对的KRA数量也更有限。

当我们从宏观的视角俯视一家企业时，会看到一个“KRA的海洋”，其中的每个“水分子”都是个人或团队的KRA，这些KRA汇聚成了更大绩效单元的KRA，并最终汇聚成几个企业层次的KRA——市场、产品/服务、资源、运营系统、管理系统、文化、创新、公共责任等。企业的绩效管理系统是KRA的容器，纳入其中的KRA越多，企业的绩效管理水平就越高。一个企业伴随着基础架构成型过程打造了以T模块为基础框架的绩效管理系统，这个不断接收KRA的容器随着自身管理能力的增加而接纳了企业中团队和个人越来越多的KRA，如图3.16所示。

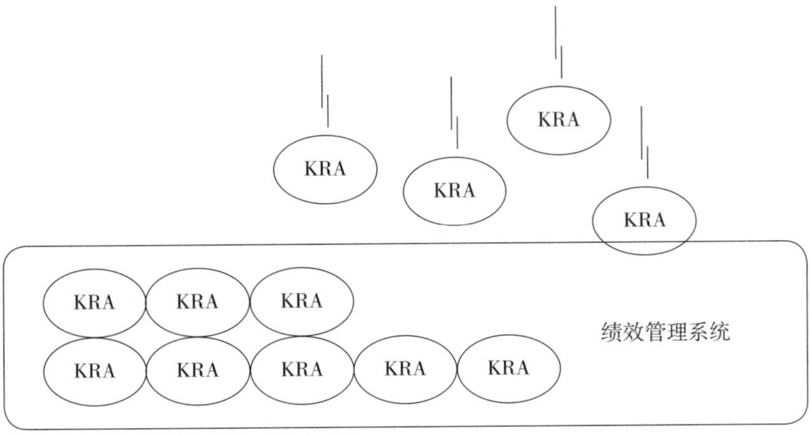

图3.16 绩效管理系统是企业众多KRA的容器

企业的发展以绩效锚的更新为绩效提升的标志。在这个过程之中，企业绩效管理系统也经历了一个从最初的创建到逐渐发展成熟的过程。企业能力提升的本质之一就是其绩效管理系统随自身管理能力的增加而接纳了越来越多的KRA并加以管理。当企业处于初创阶段时，通常只能把团队KRA纳入绩效管理系统，原因在于此时的企业还没有确定个人的角色和职责，因此企业中的个人大多还没有自己相对固定的KRA，因此其KRA及由KRA衍生的目标、指标等无法纳入绩效管理系统加以管理。当企业发展到运营规范阶段之后，与企业流程相关的KRA集合就可以以打包的方式——O模块纳入绩效管理体系了。O模块的存在并不代表此前的T模块之中不包含流程或价值链方面的KRA和相关指标，这个模块之所以作为一个KRA打包模块，是为了强调企业在发展到运营规范阶段之后，就应该集中精力注意流程和价值链为企业竞争力所作的贡献。当企业发展到管理规范阶段之后，更多的团队（以责任中心的形式出现）和个人KRA被纳入绩效管理体系之中，原始的T模块此时就完成了向经典绩效管理系统的过渡，开始面向企业中所有个人和团队的KRA。此时，绩效管理系统已经发展到这样的阶段，它已经有能力将企业中各责任中心与管理控制相关因素的KRA以打包的方式——L模块纳入绩效管理系统之中。随后，其他的一些企业层次的KRA也会开始打包纳入绩效管理系统之中，这其中最典型的一个KRA集合就是E模块——企业风险管理模块。企业中的KRA都可以打包。例如：所有团队的KRA可以打包成为“团队KRA集合”；所有的个人KRA可以打包成为“个人KRA集合”；其他KRA则可以打包成O模块、L模块、E模块；等等。不含有任何KRA的绩效管理系统是不存在的，因此抽离了所有KRA的绩效管理系统只能算作是一个“绩效管理过程框架”。C3绩效管理系统就有一个最原始的过程框架，它是从经典绩效管理系统中抽取出来的。之后，我们先向这个过程框架之中添加最容易添加的“团队KRA集合”，从而形成最基础的T模块（T模块涵盖了绩效管理过程框架本身），因此它是C3绩效管理系统的原始雏形。之后，随着企业的发展，我们依次向之前的绩效管理过程框架中添加O模块、L模块、E模块等，使C3绩效管理系统越来越丰满。需要注意的是，个人KRA集合并不是添加了团队KRA集合之后随即添加的，而是随企业组织系统的发展而在企业发展的过程中逐渐添加的。E模块并不是最后一个要被纳入C3绩效管理系统的KRA集合，企业在以后的巩固组织阶段还会将更多的与社会责任相关的KRA纳入绩效管理系统之中来。不过，当E模块被纳入绩效管理系统之中后，C3绩效管理系统也就已经完全成型了，如图3.17所示。

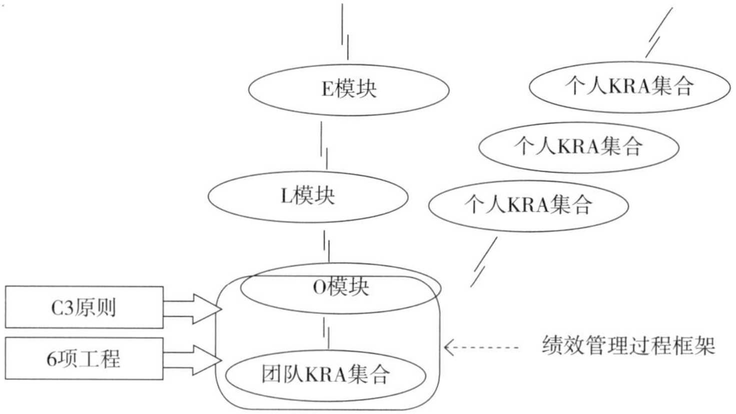

图3.17　C3绩效管理系统的成型过程

作为对比，经典绩效管理的情况则是如图3.18所示。

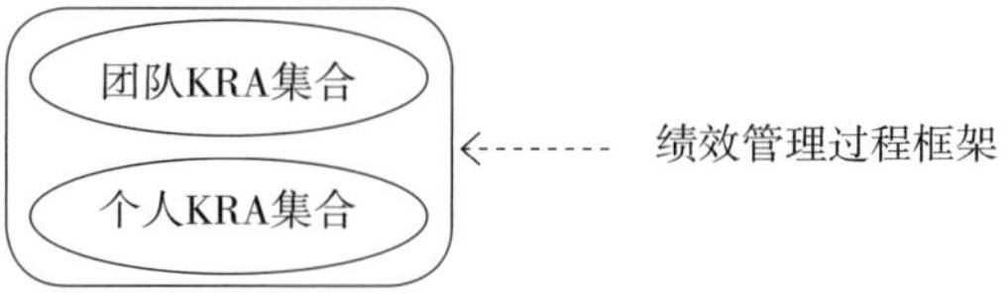

图3.18　经典绩效管理系统

对比图3.17和图3.18可知，经典绩效管理系统是以个人KRA集合为基础的，此后才在这个基础上扩展到了团队的绩效管理。因此，经典绩效管理从一开始就面向拥有完善基础架构的成熟企业，其KRA集合是以个人和团队为单位而纳入的，以这样的方式无重点地涵盖了企业全部的关键结果领域（KRA）。C3绩效管理系统则不同，它主要考虑了企业发展和竞争的需要，所以才要根据绩效管理系统从易到难的构建过程首先向绩效管理的框架中放入团队KRA集合。之所以称为“C3绩效管理系统”，是因为任何KRA在进入该系统时都经过“三个考虑”和“6项工程”的加工，这是一个把目标和指标系统向竞争绩效锚优化的过程，以此强化绩效管理系统对企业的赋能作用。

三

图3.17和图3.18中都涉及了绩效管理的过程框架，这一框架是绩效管理系统的基础，没有它的话，企业的绩效管理就无法落地。

C3绩效管理系统的基础过程框架来自经典的绩效管理系统，首先通过T模块打造通用版框架流程。这是一个跨越整个绩效周期（企业中通常为一年，短期项目——如建一座楼——则可能是几个月，大、中、小学校中有可能是一个学期）的绩效管理过程，其实是一个复杂的绩效管理流程。C3绩效管理的基础框架过程的简化版流程由以下5个嵌套流程组成：前提审查、绩效计划、绩效执行、绩效评估和反馈与绩效评价和激励，如图3.19所示。

图3.19 T模块绩效管理流程

图3.19中，如果没有“前提审查”这一子流程，整个绩效管理过程就只是一个无内容的过程框架。前提审查为绩效系统获取了KRA等内容，有了这些内容，绩效管理活动才能在具体的被考核者实际的绩效执行过程中发生。因此，上面的简图与实际的绩效管理系统又存在图3.20中标明的对应关系。

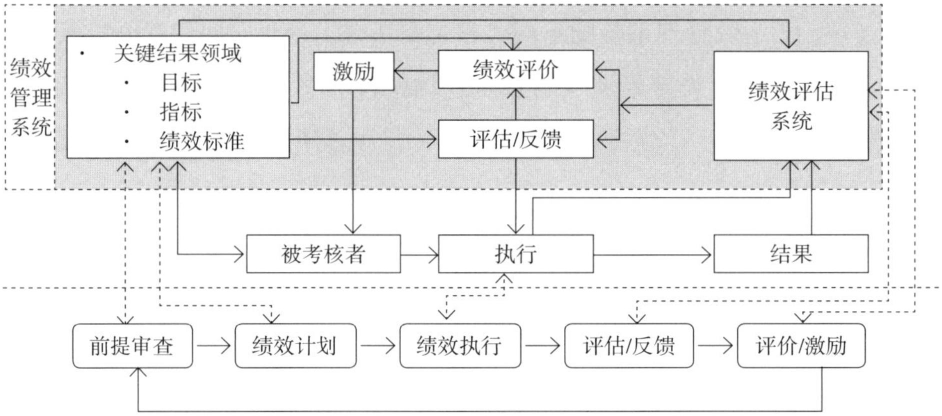

图3.20 绩效管理系统模型与T模块的对应关系

图3.20中，虚线上方是普通的绩效管理系统的运行模型，虚线下方是这个T模块运行的简化过程。图中，连接上下的虚线是对应关系虚线，表明了T模块绩效管理过程在绩效管理系统模型中发生的部位。

要想理解绩效管理系统的复杂性，首先就要把上图中的被考核者仅仅理解成一个单一的个人，或者理解为一个单一的团队。从这个角度出发我们就可以看出，企业的绩效管理系统为企业中每一个单一的个人或单一的团队分派了一个绩效管理子过程（子流程），这一子过程对任何一个员工个体或团队都是个性化的。每个员工（或团队）都有专门针对他（她、它）的前提审查、绩效计划、绩效执行、绩效评估/反馈，以及最终的绩效评价/激励过程，因此我们可以想象，企业把多少个团队和个人纳入它的绩效管理系统，也就等于从其绩效管理系统中派生出了专门针对某个员工或团队的多少个个性化的绩效管理子流程。在大中型企业中，千千万万个人参与着千千万万个绩效管理子流程，这些子流程汇集成流向高度混杂的企业绩效管理总流程。正是由于绩效管理系统这种天然的复杂性，才要求我们在设计绩效管理系统的时候必须考虑企业基础架构的承受能力。当企业的组织系统还不成熟时，员工往往都没有自己固定的角色描述和职责，这势必会给面向员工个人的绩效管理造成前提审查阶段的巨大工作量和混乱。正是基于这个原因，C3绩效管理系统才首先建造T模块，同时首先尝试把针对团队的绩效管理纳入T模块的绩效管理流程之中。显然，在初创阶段的企业和运营规范阶段的企业中，团队的数量要远远少于员工个体的数量，团队的目标和职责大多也比员工个体的目标和职责更加明确。因此我们才说，发展初期的企业首先把团队纳入其绩效管理体系是最现实的。

把图3.20中的被考核者理解为整个企业是行得通的，前提是这种概念化的抽象理解只适于我们以简化的方式去理解企业绩效管理的宏观过程。在实际操作中，对绩效管理系统的这种理解却是错误的，因为并不存在一个能够受到绩效管理系统控制的、被称作“企业”的、有行为能力的实体。如果企业的某些关键结果领域（KRA）或目标没有分解到企业中的某个员工或团队的话，那么这样的关键结果领域或目标就属于CEO本人。为企业总体目标负责的CEO，必须将他本人不能完成的目标分派或分解下去，直到这一目标被分派或分解到能够完成它的团队或个人为止。此后企业的绩效管理系统才能派上用场，因为真正能够对绩效管理系统大显身手的被考核者就是团队或者个人。

四

正如图3.21所示，企业的绩效管理流程内嵌于企业的工作流程之中，因为企业所有的绩效都是由其工作流程的转换过程带来的。见图3.21。

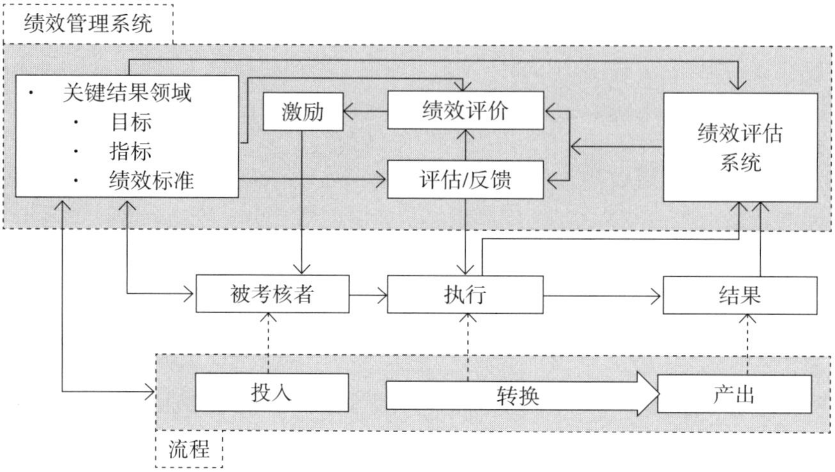

图3.21 企业绩效管理系统模型

图3.21中，下方的灰色方框中是考核对象的工作流程，此处请仍将考核对象理解为单个的个人或团队。

典型的流程有其投入、转换过程和产出。被考核者的绩效执行过程（也就是他的工作过程）与其工作流程形成了对应关系。第一，被考核者参与流程的投入和转换过程，他本人（或团队）作为人力资源本身就是流程的一种投入（其他投入还有企业的财务资源和物质资源等），所投入的资源是其身体资源、心理资源（知识、智力、技能和动机）和时间资源。绩效管理系统的目标，就是把人力资源约束到实现流程产出的转换过程之中，它所要识别、衡量和开发的绩效都来自有被考核者参与的流程转换过程。这里要强调的一点是，绩效并不来源于流程的产出（即不来源于绩效执行的结果）。绩效管理系统之所以经常衡量流程的产出（同时也是图3.21中绩效执行的结果），原因就在于绩效管理系统首先关心目标结果。第二，许多时候被考核者的行为绩效无法直接测量（例如销售行为、思考行为或学习行为等），因此只能通过衡量结果来间接衡量其行为绩效（如衡量销售额、衡量通过思考所设计出的产品，或衡量学习后考试的分数等）。绩效管理过程占用了被考核者的不少资源（以时间资源为最），从而获得被考核者的KRA、目标、绩效标准、指标等，并为被考核者制订绩效计划。之后，在整个绩效周期之中，被考核者在绩效执行的过程中还要花不少时间进行绩效交流、接收反馈和指导、提供绩效信息、获取绩效开发等。这样一来，千千万万个绩效管理子流程就内嵌到了千千万万个被考核者的工作流程之中，宏观上就等于企业的绩效管理流程内嵌到了企业的价值链中，如图3.22所示。

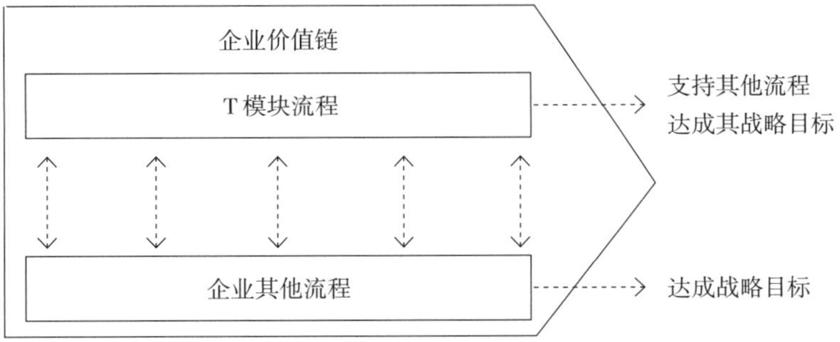

图3.22 处于企业价值链中的T模块流程

图3.22中的T模块，就是我们正在讨论的绩效管理系统。T模块的绩效管理过程（即流程）通过PDCA循环的方式持续运行，不断影响着考核对象——员工和团队的行为绩效，以这种方式使考核对象的绩效不偏离达成企业战略目标的方向，并期望考核对象最终达成其目标集中的所有目标。从T模块的视角向外看，可以把企业价值链中的所有流程分为“T模块流程”和“其他流程”两种，T模块流程对接到所有其他流程中，去影响其中的团队和员工绩效，并以这样的方式为企业赋能，促成企业达成其战略目标。

五

T模块绩效管理流程的第一步是前提审查，其目的是为后续的绩效管理过程提供不可缺少的前提。

绩效管理过程可以概述为“识别、衡量和开发个人和团队的绩效，并使这些绩效与组织的目标保持一致”。“前提审查”这一步的目标主要在于“识别”，具体来说就是获取考核对象以下三个方面的信息：KRA、目标和职责。这三方面的信息将传送到绩效管理流程的下一阶段——绩效计划，在绩效计划阶段，将从这三个方面的信息中获取考核指标和绩效标准，以便为后续的绩效管理过程做好准备，如图3.23所示。

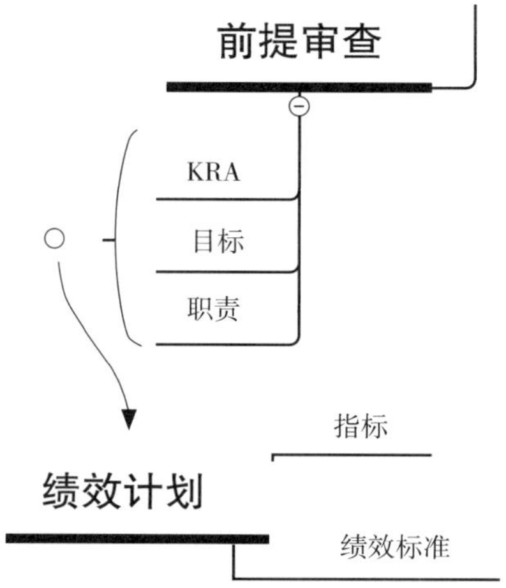

图3.23 前提审查

绩效考核指标可以来自考核对象的KRA、目标和职责。例如：ENSR跨国公司的绩效管理系统把员工的绩效与公司的5年愿景直接挂钩，制成了与其愿景中6项内容相关的KRA集合（该公司称为“记分卡”），其6项KRA内容包括健康与安全、员工承诺度、客户忠诚度、成本管理、盈利能力和收入增长。该公司将这6项内容依据职责不同分解成面向员工或团队的个性化KRA、目标、绩效指标和绩效标准，然后运用这些指标在绩效执行过程中的数据来评估员工个人及其团队的绩效情况。由于全公司使用统一的KRA集合获取各种指标和绩效标准，因此员工或团队的所有绩效都直接或间接地与ENSR公司愿景目标相联系。ENSR公司绩效管理系统将企业产生绩效的资源（通过约束人力资源——员工的时间、智力和体力资源的方式）约束在公司的6个关键结果领域之内，这就是ENSR公司实施的一个完备的T模块。

T模块的“前提审查”这一步主要是定义或获取团队或个人的KRA、目标和职责。KRA概括指明绩效活动的类别，目标指导绩效活动聚焦在相对明确的方向上，职责则汇总了个人或团队更加具体的细分任务，因此所有主要工作职责都要纳入绩效考核。员工的职责通常写在其职位描述书中，里面概括了该特定职位所承担的主要工作职责，任职者需要具备的知识、技能、能力以及相应的工作条件等信息。由于对职责结果方面的要求其实是更加具体化的KRA，因此绩效计划或员工的职位描述中可能会包含“关键职责”或“关键职责领域”这样的部分，而关键职责领域其实就是关键结果领域的另一个名称。与个人类似，团队也有自己的关键职责、要完成的目标以及KRA等。个人和团队层次的KRA往往与更高层次的KRA（如企业、经营单元或大学分院的KRA）不同，通常是更加具体的KRA，而个人或团队的目标则是KRA的进一步细化。

T模块“前提审查”子流程所做的事情，实际上是在向企业的管理系统索取企业的愿景、战略目标和关键结果领域。个人和团队的目标往往由企业的战略目标分解而来。以我国高等教育为例，大学每个部门都可以被视为一个团队，各教研单位（教研室）就是最典型的团队。一所采用绩效管理系统的典型大学或其分院的每一个部门，在绩效周期开始之前，第一项任务就是从T模块的“前提审查”入手，制订与大学的总体使命有清晰联系的本院系的使命陈述，这一过程使团队（例如每一个教研室）中的每一位成员都清楚地了解大学的总体使命是什么。当每个院系的使命确定下来后，校方即可开始讨论团队和员工的职责描述，重点放在将职责与（大学、分院、部门或团队的）使命联系在一起。对于个人来说，职责描述中包括任职者为达成个人绩效和部门绩效所需具备的知识、技能和能力。

在涉及员工个人承担的职位时，可以通过职位分析来确定某一特定职位的职责描述：该职位需要完成的工作任务是什么，如何来完成，需要任职者具备什么样的知识、技能和能力等。团队的职责也是以类似方法确立的，即需要知道一个团队要做什么以及如何去做。由于对个人的职位分析流程比较烦琐复杂，在管理系统还不成熟的企业中又存在大量职位和责任不清的人员，因此不适宜进行面向个人的绩效管理。所以，处在创始阶段的企业，T模块比较适合对团队层面的绩效进行管理，而且在许多时候，企业是在对目标的层层分解过程中建立团队的。例如：网络解决方案这家跨国公司绩效管理系统的设计小组在设计新的绩效管理系统时，先创建了一个商业案例，从而证明如果将组织战略分解为各个团队需要完成的目标，再将团队需要作出的贡献通过团队转化为员工个人的目标，企业的经营战略就能够实现。因此在该绩效管理系统的前提审查阶段，第一步就是目标的层层分解和团队的建立，目标分解与团队的建立是联系在一起的。

六

“绩效计划”阶段要做的事情是为被考核对象——员工或团队制订一份书面的“绩效计划”。

与通常理解的“计划”不同，绩效计划不是一份行动步骤计划，而是一份罗列了诸多目标和标准的计划，这些目标和标准是员工或团队在接下来的绩效周期中需要达到的。

绩效计划必须是书面的，这种书面计划固化了考核对象要达到的目标和绩效标准，其正式性代表了考核对象的正式承诺，“白纸黑字”“立了字据”“签了合同”，因此它本身就能够强化员工或团队完成工作的动力，此外还能在上级管理者与员工或团队共同制订绩效计划的过程中使管理者对下属员工或团队有更深入的了解，同时也强化了员工的自我认知和自我开发。书面的绩效计划更加清晰地界定了考核对象的工作内容及其所需要达到的目标和绩效标准，这使组织的目标更加清晰地体现在考核对象的绩效计划之中，同时还有助于达到企业的一些档案记录目的。书面的绩效计划往往会体现为某种形式的电子文档，这非常有助于组织中的信息传递，还为人力资源规划提供了规范且经常更新的信息。因此在每一个绩效周期开始时，上级和下属员工或团队都应当会面讨论，就需要做什么以及如何去做达成共识，形成书面的绩效计划。

一份绩效计划通常包括三个方面的内容：结果、行为、开发计划（见图3.24）。

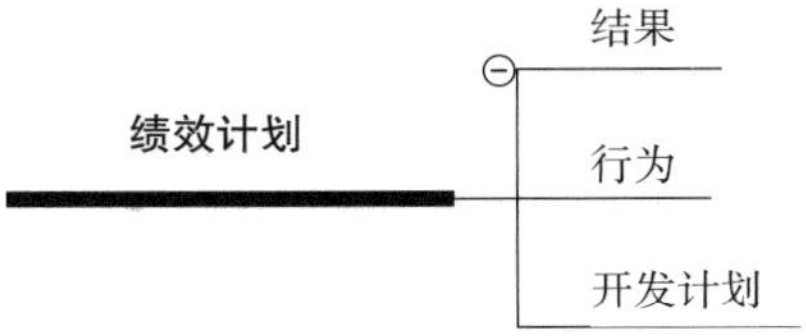

图3.24　绩效计划的三项内容

七

“结果”类的内容概括了考核对象所有需要完成的工作和必须取得的成果，是一个目标和绩效标准的集合，如图3.25所示。

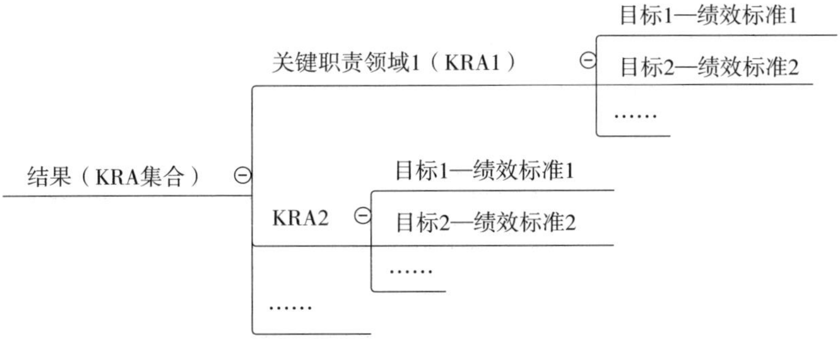

图3.25　绩效计划中的“结果”类内容

绩效考核的内容来自考核对象的职责，关键职责领域就是关键结果领域（KRA），也就是员工或团队需要对产出成果负责的那些领域。在制订绩效计划时，对结果的讨论应当具体到包括考核对象在完成每一项职责时需要达成的一些具体目标（图3.25中的目标1、目标2等），这些目标在绩效计划中可以是一些关于重要的、可衡量的成果的陈述，可衡量意味着目标表达为某种指标数值（如销售额达到100万，VIP卡达到1000张等）。此外，对结果的讨论同时也意味着对绩效标准的讨论——绩效标准是用来评价考核对象在达成每一项目标方面能够被接受的最低标准，也就是指标的及格标准（如销售额达到60万，办理VIP卡600张，考试取得60分等）。没有达到绩效标准的话，表明考核对象的绩效水平是不能接受的。

八

真正的绩效来自考核对象的行为过程。绩效管理系统虽然包含对行为（考核对象做了什么）和结果两方面因素的衡量，然而“绩效”从其定义来说，本身却并不包括考核对象的行为带来的结果，而只包括他们的行为。绩效是关于行为或者考核对象做了些什么的概念，而不是关于考核对象创造了什么或他们的工作取得了怎样的结果的概念（实践中一般不会如此细分）。

在绩效计划中，对行为的考核是通过对“胜任能力”的考核实施的。胜任能力，是指那些对于结果的达成至关重要且可衡量的知识、技能和能力。请注意这里的“可衡量”要求，因为不能被衡量的行为和目标（结果）无法被纳入绩效管理系统，而每个胜任能力也是通过一系列行为指标衡量的。图3.26列出了绩效计划中对胜任能力进行考核的一个实例。

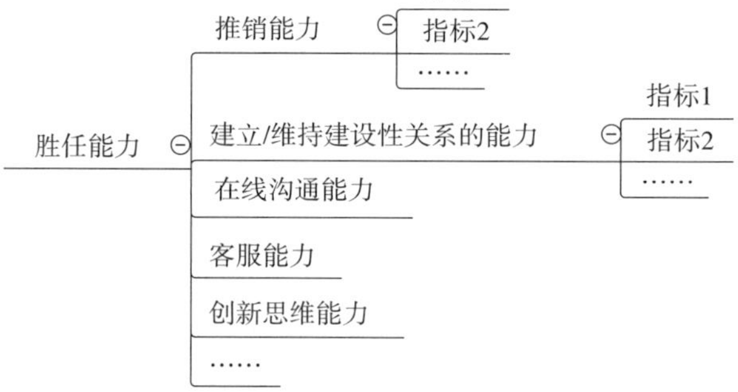

图3.26　绩效计划中的“行为”类内容

任何一个胜任能力，其实都是一系列可衡量行为的集合，这也正是所有的胜任能力全部落到绩效计划中“行为”类内容的原因。图3.26中，任何一项胜任能力都是通过“行为指标”衡量的，每个指标都是一种可观察到的行为，这些行为能够为绩效管理系统提供关于这种胜任能力的信息。换言之，对胜任能力并不能直接衡量，而是通过那些能够揭示考核对象是否具备这种胜任能力的行为指标来衡量的。

其实，在绩效考核系统中衡量胜任能力的方法有很多种，图3.26显示的只是其中的一种。一起来看看“行为核查清单法”，如图3.27所示。

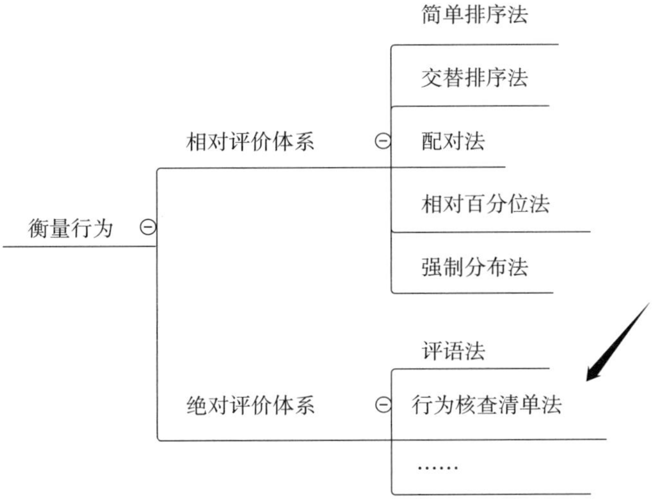

图3.27　行为核查清单法

从图3.26可以看到，每一种胜任能力都可以用几个行为指标表示，一个指标就是一种行为，如果考核对象表现出这种行为，就表明他（他们）具备这种胜任能力。以定义优秀领导力的一种胜任能力——体谅他人为例，这种胜任能力主要是指关心下属的总体福利状况的程度，而工作建构能力则是指领导者能够将工作任务合理地安排给下属的程度。图3.28显示了衡量“谅解他人胜任能力”的行为指标。

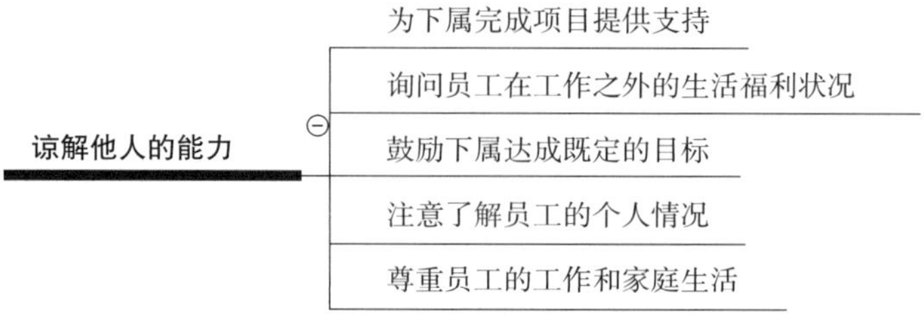

图3.28　谅解他人胜任能力的行为指标

因此，绩效计划中对各种胜任能力也进行了定义，这种定义很大程度上来源于衡量这种胜任能力的各项指标（使用行为核查清单法）。例如：谅解他人的胜任能力定义是“一位领导者关心和尊重其下属、关注他们的福利，并且对下属表示赞赏和提供支持的程度”。从定义中我们可以看出这种胜任能力与其行为指标的关系。

为什么绩效计划需要包括对行为的考核？因为尽管衡量结果或目标很重要，但是如果仅仅关注结果，则有可能导致对员工的绩效评价产生偏差或不完整，因为对有些工作来说，我们可能很难制定出精确的目标和标准，而对另一些工作来说，虽然员工可以控制自己完成工作的方式，但不能控制自己的行为产生的结果。例如：对于一位销售人员来说，最终完成的销售数字可能更多地受到事先分配给他的销售区域的影响，而对于在网络上教学的教师来说，其教学绩效可能会因不同学生网络条件的不同而受到巨大限制。因此，对于那些不能控制其结果的情况，只衡量结果的绩效计划就会在绩效评价阶段产生偏差。

九

理解了绩效中要考核的结果和行为两部分后，就很容易理解为什么绩效计划中要包含开发计划了。开发计划的目的就是要对被考核者需要改进的绩效领域进行改进，这些领域包括结果领域和行为领域，如图3.29所示。

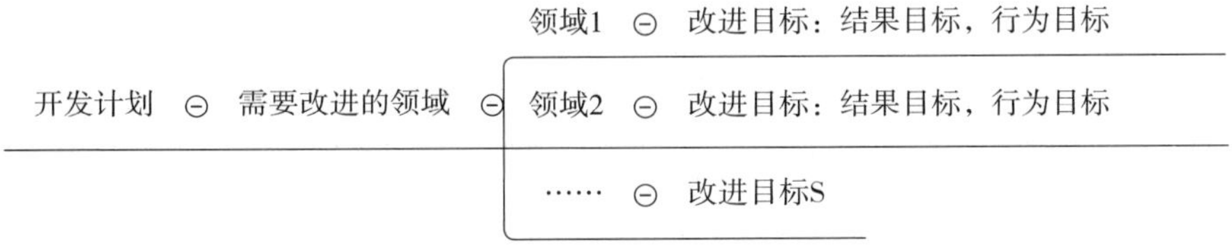

图3.29　开发计划中需要改进（开发）的领域

因此，制订绩效计划的最后一个重要步骤，就是制订计划的双方——管理者和被考核者应当就被考核者的开发计划达成共识。开发计划中至少应该包括找出需要改进的领域以及确定在每一个领域中需要达成的改进目标，改进目标可能是结果目标，也可能是行为目标。开发计划这一主题涉及的具体内容较多，本处暂不赘述。

十

“前提审查”和“绩效计划”都是绩效周期开始之前的准备工作。一旦绩效周期启动，管理者和被考核者就都会投身于绩效执行当中。被考核者必须努力去实现绩效计划中的目标，并且展示出绩效计划中的那些行为，同时满足开发计划提出的各项要求。

本部分中我们假定被考核者是某个员工个体。对于团队来说，绩效执行其实是一个类似的过程。

表面上看，绩效执行阶段的主要行为者是员工。然而很明显，绩效管理系统存在的原因就在于，员工在绩效执行的过程中需要持续不断地与绩效管理系统互动，这样才能受到绩效管理系统的影响。现实当中，员工与绩效管理系统互动的方式，往往是与他的管理者——那个熟知员工绩效计划内容并对员工的绩效负有责任的人互动，正因如此，监控下属员工的绩效已经成为管理者的一种关键的管理胜任能力。因此在绩效执行阶段，主动的行为者其实是两个——员工和管理者，两者各有需要承担的责任，如图3.30所示。

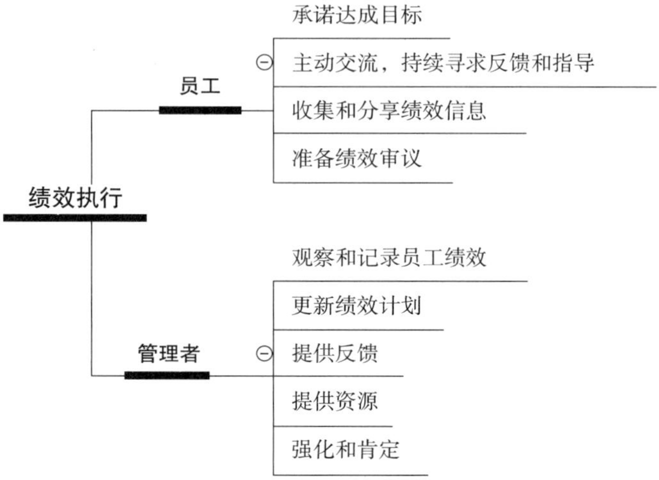

图3.30　绩效执行过程中员工与管理者的责任

下面对图3.30中员工和管理者在绩效执行阶段的责任进行解释。

员工方面的责任如下：

1．承诺达成绩效中结果与行为方面的目标。其实，员工按照绩效计划去实现目标，本身就是与绩效管理系统的互动。员工在绩效周期开始之前一直参与到前提审查和绩效计划阶段的过程之中本身就能够强化员工对完成绩效的承诺，员工在这一过程的参与会增强他们对绩效管理系统的认同感和承诺度，绩效管理系统能够发生作用的重要原因之一就是员工对这一系统的认同。以前面提到过的ENSR公司为例，员工承诺度是其公司记分卡中的六项内容的第三项，因此每个员工对目标的承诺是企业实现其愿景和目标的重要保障。

2．主动交流，持续寻求反馈和指导。员工与绩效管理系统的主要互动方式，就是与其上级管理者进行互动。员工有责任主动与自己的上级进行坦率而经常性的沟通，并持续从管理者那里获得绩效的反馈和指导，因为管理者往往总是忙于应付各种事务。员工不一定非要等到绩效评价结束时才能获得绩效反馈，同时，也不能等到出现严重问题时才去寻求上级的指导。

3．收集和分享绩效信息。这是员工第二项责任的延续，即他应该经常向自己的上级汇报关于绩效目标实现程度的最新进展情况，汇报的内容当然要包括绩效计划中三方面的情况，即行为、结果和绩效开发方面的情况。

4．准备绩效审议。绩效审议是绩效管理过程的最后一步，它提供了一个让员工接受针对自己的绩效反馈的正式场合，而这种最终反馈还会影响到他能够得到的各种激励。由于绩效审议的重要性，员工不应该一直等到绩效周期结束时才准备绩效审议，而应该在工作过程中坚持做出持续性的、现实性的自我评价，以在必要时及时采取相关的纠正行动。

绩效执行过程中上级管理者需要承担的责任如下：

1．观察和记录员工绩效。虽然员工的有些绩效是员工自己主动汇报给上级管理者的，但管理者自己也必须每天观察和记录员工的绩效。保持对员工的优良绩效和不良绩效事例的记录是一件非常重要的事情，其记录最终将以某种结构化的方式进入绩效管理系统。

2．更新绩效计划。企业的目标可能会发生变化，所以不断更新和修订当初在绩效计划中制订的关键职责、目标、标准和胜任能力是非常重要的，这种更新要及时向员工反馈，并得到员工自愿的承诺。

3．向员工提供反馈。在整个绩效周期中，上级管理者必须经常向员工提供他们在实现目标方面取得的进展状况的反馈，同时，还应当针对员工的不良绩效提供反馈，让他们知道应当如何改进已经发现的这些问题，同时向他们提供绩效改善方面的指导。一旦发现有绩效问题存在，就必须及早进行诊断，并采取适当的措施及时解决。

4．提供资源。上级管理者应当向员工提供各种资源，他有责任确保员工获得有助于他们完成工作的各种支持性资源以及财务资源，例如资金、物质条件、参加开发活动的机会（时间资源）等。领导者应当鼓励（和推动）员工参与培训、上课以及参加一些特殊的工作安排。

5．强化和肯定。对员工正确行为和在目标方面的成绩加以强化和肯定是一种激励性的反馈，实践证明正面反馈比负面反馈在提升绩效方面的作用更大。管理者必须通过强化员工的有效行为以及在实现目标方面取得的进步，让员工们知道他们的突出绩效已经受到上级的关注，因此巩固正确的行为并获得更强的绩效动力。

十一

绩效评估和反馈其实是一个考核者（往往是上级领导）和被考核者坐下来讨论并填写绩效评估表格的过程。这种表格对提升被考核者以及整个企业的绩效非常有用，因为在企业的绩效周期中，各种报告——财务报表、成本报告、业绩报告等——不断为各级管理者和其他人提供企业运作成果信息，而这些报告中的许多信息都来自被考核者的绩效评估表格。另一方面，绩效评估表格也类似于企业中的各种报告，它是考核者（往往是管理者）和被考核者之间以相对正式的方式进行的交流和反馈。绩效评估表格的内容对团队和个人都是一种记录在案的正式反馈，以使他们了解相对目标而言已经实现的绩效水平。

绩效评估这种相对正式的反馈，对于被考核者绩效的提升是很重要的。例如：在某家公司里，销售人员没有办法真正监控自己在实现销售目标的道路上取得了怎样的进步，因为他们的上级所提供的绩效反馈无非就是重复一遍他们每个月实际完成销售目标的情况——也就是他们报告的结果信息。由于没有绩效评估表格，因此上下级之间所进行的讨论也没有被记录下来。由于这种缺乏反馈的情况一直持续，所以虽然制订了绩效计划后的几个月里销售人员的销售定额都完成了，但是经销商同时也收到了顾客对于他们获得的服务质量太差所发出的抱怨，这说明他们的销售行为出现了问题。紧接着，销售额开始下滑。不仅如此，订单还常常出错，顾客不得不将商品退回给该公司。

在流程上，“绩效评估和反馈”虽然在整个绩效管理过程的流程图里是放在“绩效执行”后面的，但其实，它与绩效执行在时间上有重叠，所有的绩效评估都在绩效周期之内发生。换句话说，“绩效评估和反馈”是在“绩效执行”的过程中发生的，如图3.31所示。

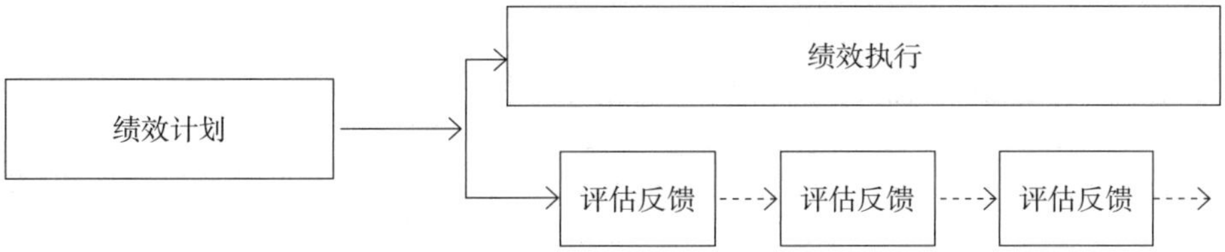

图3.31　绩效评估是在绩效执行过程中发生的

在进行绩效评估时，员工（这里仅以员工个人为例）及其上级管理人员需要共同完成评估表格的填写过程，评估的内容就是绩效计划中关于结果、行为和开发计划的内容，即企业期望员工达成的那些结果是否已经达成，达成到了什么程度，员工在多大程度上展现出企业期望的那些行为，以及开发计划中制定的那些目标在多大程度上已经达成。

绩效评估信息虽然可以通过许多途径（如同事、下属、客户等）获得，但在大部分情况下，还是把直接上级作为提供绩效信息的人。员工及其上级管理者共同完成评估过程是非常重要的，当员工及其上级都积极参与评估过程时，这些信息在将来得到建设性使用的可能性就会变得更大，绩效评估表格以正式的方式连接了员工和绩效管理系统。

十二

绩效评价在绩效周期的最后进行，此时团队和个人的绩效目标很可能已经完成。这是一个系统化过程，它为团队或员工个人提供绩效计划中既定目标完成程度的信息，并提供了一个让团队或员工接受针对自己的绩效反馈以及后续（可能的）激励的正式场合。与绩效评估类似，绩效评价阶段同样需要员工（在此仅以员工为例，团队的评价过程也类似）及其上级面对面地坐下来，共同对员工的绩效进行评价。在形式上，企业通常仍然采用表格的形式——绩效评价表——给员工提供针对其目标所取得绩效的信息反馈。通过评价，企业将决定如何奖励员工。奖励（或称“激励”）是员工按绩效计划的承诺行事所期望得到的结果。企业提供各种不同的奖励方式，包括金钱方面的奖励（诸如补贴和奖金）以及表扬和提升。不管激励的形式如何，其作用都是巩固优秀的绩效并促进修正较差的绩效。

十三

在“绩效评价和激励”阶段结束之后，T模块（以及整个企业）就经历并完成了一个绩效周期，并开始启动下一个绩效周期同样的流程，正如图3.32所示。

图3.32　T模块绩效管理过程

新的过程虽然与上一绩效周期的过程相似，但企业经过一个绩效周期的发展，其基础架构、关键结果领域可能已经发生了变化，因此“前提审查”的内容会改变，“绩效计划”的内容也需要修订。从本质上说，由于绩效管理过程是一个PDCA循环过程，因此前提审查和绩效计划的更新和重新签订需要运用在前一绩效周期其他几个绩效管理阶段中发现的问题以及获得的信息。例如：由于出现了重大的自然灾害（如新型冠状病毒）使得国民经济受到了影响，原来制定的一些目标可能变得不切实际了，这就导致在制定下一个绩效管理周期的绩效目标时会设定一个稍低一些的目标。此外，即使经济未受影响，但市场会出现变化，客户的偏好和需求会出现变化，产品也会出现变化，这就需要对各种前提条件加以持续监控，从而使绩效计划以及随后的各个阶段都与适应新情况的企业战略目标保持一致。

|第七节|

运营绩效管理模块（O模块）

一

T模块为C3绩效管理系统打造了一个从“前提审查”到“绩效评价和激励”的绩效管理过程框架。在这个基础上，其他的绩效管理模块——例如本节要讨论的O模块只要把打包好的KRA集合放入这个过程框架，那么相应的被考核者就纳入C3绩效管理系统里了。

O模块是“运营绩效管理模块”的简称，它是为提升企业的运营绩效而设置的专用绩效管理模块。

总体来说，O模块打包了两大KRA——流程和供应链，如图3.33所示。

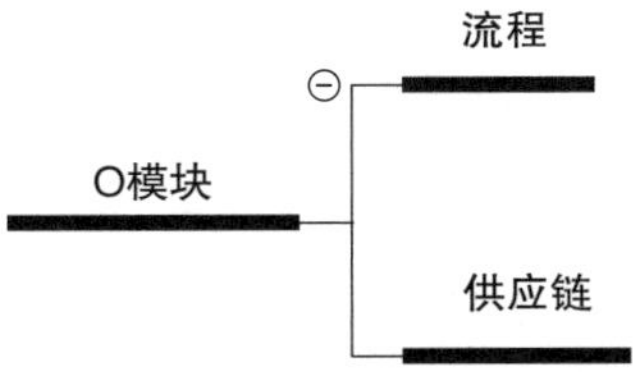

图3.33 O模块的KRA

由于O模块所涉及的内容，我们不得不对流程和供应链进行一些最基础的讨论。然而，考虑到这个话题所涉及的内容过于宏大，本节的讨论只能止步于最基础且涉及流程绩效的范畴之内，因此我假设读者对企业的流程和供应链（以及价值链）已经有了足够的知识了。

二

广义上说，任何旨在追求某种特定结果或目标的活动过程都是流程。在企业或任何一个组织中，流程被定义为“一种或一组活动，这些活动利用一个或多个投入要素，对其进行转换并使其增值，向顾客提供一种或多种产出”。

图3.34　流程

从本质上讲，图3.34中只有中间的“转换”过程属于流程，因为只有这个转换过程才是“一种或一组活动”。然而当我们在讨论流程的时候，又不得不把“投入”和“产出”考虑在内，否则对流程的定义就会失效。

在一个组织中，许多小的流程可以汇集成大的流程，再加上其他一些框架因素（如设施或规章制度等）就形成了“系统”。在企业中，绩效管理系统本身就包含一个极其复杂的流程（如T模块的过程框架），而这个流程又是企业支持流程中的一个子流程，它是一个“考核其他流程绩效”的流程。

企业的绩效来自其核心流程和支持流程的绩效，最终体现为企业的总产出，因此企业的产出实际上是由许多流程汇集而成的整体结果，它产生绩效的价值链由许多流程组成，必须对这些流程进行协调，才能为外部顾客提供其所期望的整体价值，如图3.35所示。

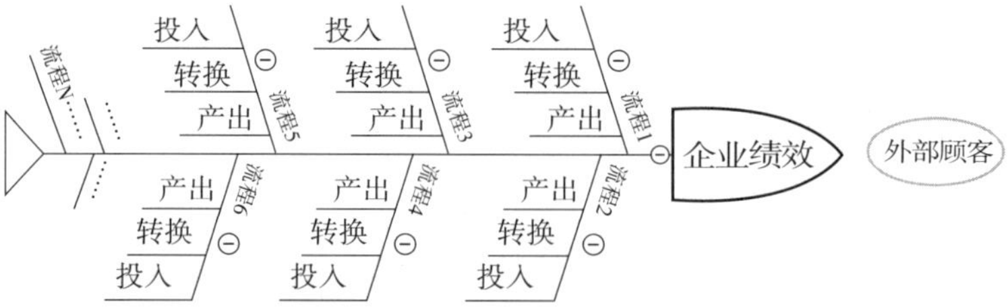

图3.35　企业绩效由企业流程汇集而成

那么，企业的供应链又是什么呢？

企业中的流程分为核心流程和支持流程，供应链是由三个核心流程组成的更大的流程，它包括企业的客户关系流程、订单履行流程和供应商关系流程，还包括这些流程与企业外服务流、物流和信息流的交互，如图3.36所示。

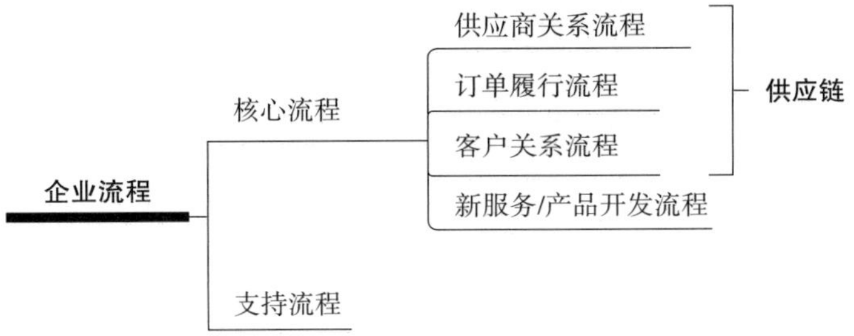

图3.36　企业流程与供应链

企业的供应链流程是如何工作的？以一个典型的制造企业为例，它与供应商和客户间的供应链关系可以简化为图3.37的样子。

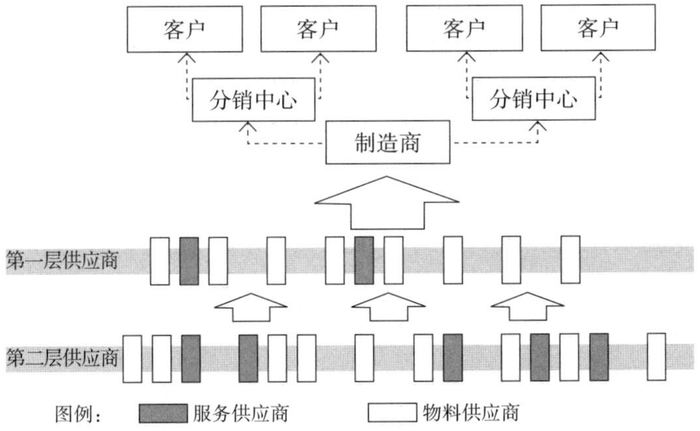

图3.37　一个制造企业的供应链

企业（图中的制造商）既要与上游的供应商打交道（主要与图中的第一层供应商打交道），也要与下游的客户打交道，还要进行向客户提交产品的活动，这三种活动形成了企业供应链的三大核心流程。三大流程在供应链中所处的位置如图3.38所示。

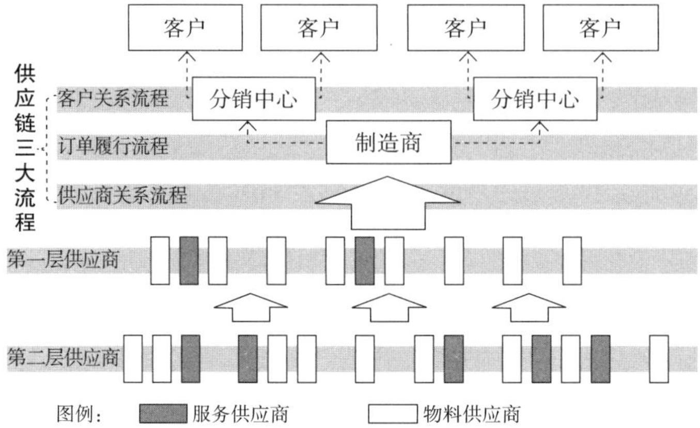

图3.38　供应链三大流程

从图3.38中我们看到，供应商关系流程是专门与企业上游供应商打交道的流程，它包括的子流程有采购流程、谈判流程、外包流程、协作设计流程和信息交换流程等。客户关系流程则是企业与客户打交道的流程，它包括的子流程有市场营销流程、订单提交流程等。其实，人们对客户关系流程中的订单提交流程都很熟悉，因为我们在淘宝、京东、途牛上面选购产品或服务并下单的流程就是典型的订单提交流程。此外，企业的订单履行流程是向客户提交产品或服务的流程，这样的流程随企业业务的不同而不同，如制造企业中的制造流程，服务行业中的服务流程等，都是最为典型而且传统的订单履行流程。

结合图3.35和图3.36就可以知道，企业的绩效来自其核心流程和支持流程的绩效，而三个核心流程的绩效又汇总成了供应链的绩效。对于供应链来说，联系其三大核心流程的是企业的库存。企业库存保存和占用大量资源，制造业供应链流程必须以持有原料和产成品库存的形式来应对顾客需求的不稳定性，服务业供应链流程也需要储存其输入要素，例如医院需要保持药品供应和医院流程运营所需的日常医疗材料的库存。企业中的库存控制负责人需要直接向运营主管负责，企业库存还与资源和财务规划密切相关，因此O模块的KRA来源就包含了三大部分：企业的流程、供应链和库存（见

图3.39），各种指标也来源于这三大KRA。接下来，我们就要考虑从技术上如何把这些KRA和指标纳入C3绩效管理系统的过程框架之中了。

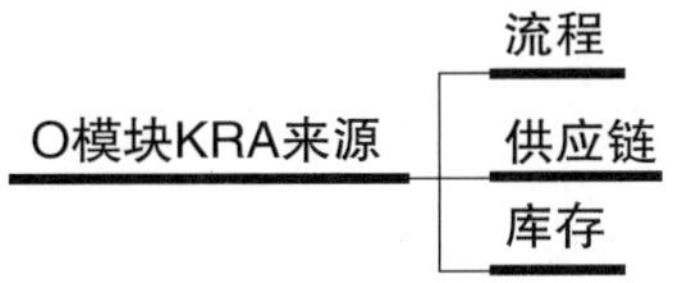

图3.39　O模块打包的KRA（和指标来源）

三

在T模块中，个人或团队都是一个“绩效单元”（或称“被考核者”），他们——个人或团队——在绩效管理系统中是作为一个流程单元被考核的，考核的方式就是从流程的转换过程和产出获取指标数值，然后再对被考核者提供绩效反馈。

由于经典绩效管理过程的细节原因，T模块最适合管理的绩效单元是个人或团队。然而，这并不等于说其他的流程单元就不是绩效单元了，只是那样的流程单元或许不太适合依照经典绩效管理系统的特性来对其绩效加以管理而已。

当绩效管理系统要介入流程绩效的考核时，被考核的“绩效单元”就不再是T模块或经典绩效管理系统中的“个人和团队”了，它变成了“流程”，此时由流程——而不是团队或个人——为绩效考核系统提供KRA，这种KRA往往超越了个人或团队的绩效边界，因为企业中的许多流程其实是跨组织的，例如是跨团队和跨部门的，如图3.40所示。

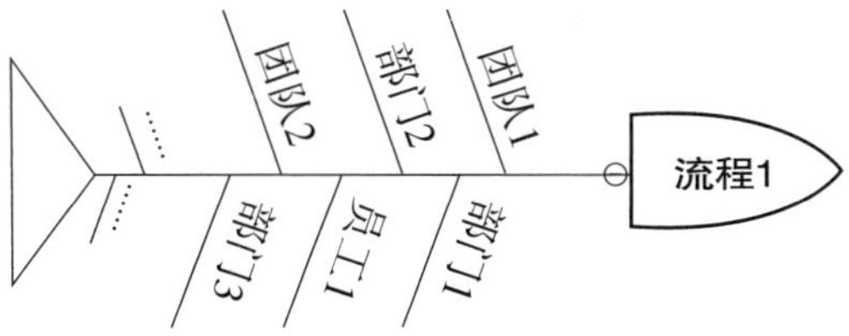

图3.40　有些流程跨越了团队和个人的边界

对制造型企业来说，其订单履行流程——主要是实际的生产流程——可能由许多团队、部门和个人参与。服务型企业也类似，例如所谓的“一条龙服务”，指的往往就是跨越多个部门或团队的流程（流程在这里被称为“一条龙”）。医院中每个病人的“看病流程”就是一个典型，病人要与医院中多个团队、部门及个人打交道，才能完成从挂号到诊断、接受治疗等一系列活动。与医院类似，接受航空或铁路服务的旅客也是在接受跨组织服务，例如飞机旅客要经历售票、货运、机场地面、空中等多流程的服务，其满意度取决于这些服务的集合。

从本质上讲，企业中的流程有着跨越个人和团队边界的天然属性，因为从流程的视角去看，个人和团队的工作行为实际上就代表了一段流程，这段流程可能只是不能独立满足较大目标要求的一小段子流程，因此必须与其他子流程一起汇聚成更大的流程。企业中的流程都是这样从小到大汇集而来的，大的流程（例如制造汽车）还要跨越整个组织的边界，此时的流程就被称为价值链或供应链了。

通过上面的简单讨论我们可以看到T模块（以及经典绩效管理系统）的一个问题，即T模块是从个人或团队的视角去观察、理解和管理企业绩效的。这是一个受限的视角，因为T模块获取KRA的方式以个人和团队的KRA为天然边界，这样就限制了它管理超越个人和团队边界的KRA，也就限制了T模块为企业赋能的能力，因为许多绩效（例如一个流程的绩效）必须超越个人或团队的边界才能看到并加以管理。T模块（以及经典绩效管理系统）假设任何大于团队边界的KRA（如订单履行流程KRA）都可以分解成团队和个人的KRA，然后经由经典的绩效管理过程实现原来大于团队边界的KRA目标。在实践中，许多流程的KRA无法在不损害其原始内涵的情况下分解成团队或个人的KRA，许多跨组织的流程指标也不能作为某种“汇总指标”而分解成不损害原指标含意的指标集。例如：以客户视角设计的指标（如客户满意度）都是面向整个流程的，这种指标分解成流程中各团队和个人的指标后会有些“变味儿”，有时甚至不能分解，就有点像初创企业中团队的KRA无法分解到个人一样，或者像每个“盲人摸象”的片段信息无法汇总成一头完整大象的信息一样。

那么问题来了，如何让只能管理“小KRA”的绩效管理系统管理“大KRA”呢？或者更具体地说，假设绩效管理系统的过程框架从其经典的运行方式出发只能对个人和团队的绩效进行有效管理；我们又要把不能分解的跨组织的流程和供应链KRA纳入绩效管理系统之中，以借助绩效管理系统对流程绩效进行提升，那我们该怎么办呢？

其实，在技术上解决这个问题并不难，但在组织上需要获得C3原则的支持。从技术上讲，当T模块还不能管理需要大部分员工个人协同工作的绩效时，跨越个人边界的团队KRA，其实是面向团队领导者的，他是在团队内跨越个人边界的“协调者”，因此能够承担整个团队的KRA和目标。O模块也一样，可以把跨组织的流程KRA分配给同样拥有跨组织身份的“协调者”，该“协调者”通常是所谓的“流程所有者”，也就是流程端到端的管理者或负责人，他（们）可能是个人，也可能是团队，而T模块可以接受针对团队和个人的绩效管理。这样一来，跨组织的流程KRA也就同样可以接受T模块的管理了。企业其实有很多这样的跨组织型“协调者”，如运营部门、会计部门、财务部门、人力资源部门、IT部门、营销部门、流程管理者和设计者、供应链设计者、流程所有者、跨部门委员会等，最高层的协调者则是企业最顶层的管理团队，以及3个C层管理者——CEO、COO和CFO，这就是C3绩效管理系统需要“3C推动”的原因。通过把跨组织的流程KRA分配给“协调者”角色的个人或团队负责（如果没有这样的“协调者”角色就要设立该角色，例如“流程所有者”），C3绩效管理系统就可以管理大于团队和个人的KRA了。本质上，这等于是C3绩效管理系统通过管理流程所有者中个人或团队的绩效，间接管理了更大的绩效单元——流程或供应链的绩效。

图3.41展示了O模块的绩效考核原理。O模块的直接被考核者是人，但真正的被考核者其实是流程。O模块在运行时虽然对接的是被考核的人（个人或团队），但本质上却是面向人所管理或参与的流程（见图3.41中指向被考核者的虚线和实线）。它从流程获取行为（即转换过程）和结果（即流程产出）的指标数值，再通过直接面向人的绩效执行过程，将流程绩效的信息传达给人，人再去优化流程，从而间接地把对绩效的考核指向被考核者负责的流程。

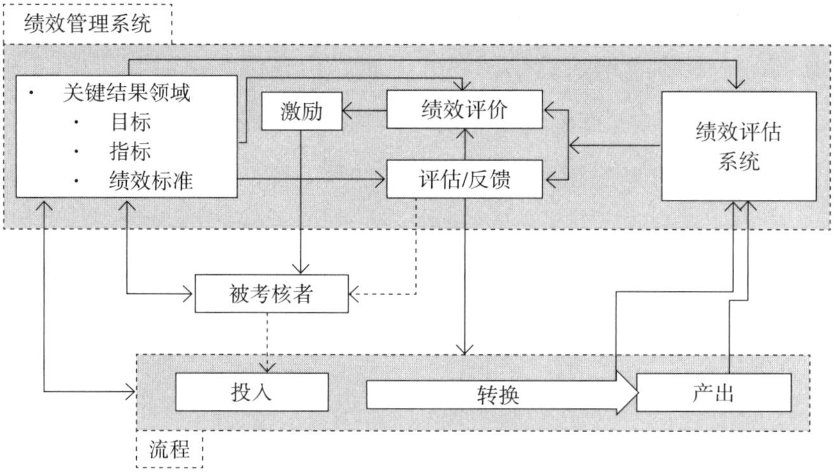

图3.41　O模块绩效考核原理

四

O模块不是单纯汇集企业流程KRA的模块，它是为企业“顾客驱动的运营战略”服务的绩效管理模块，它所汇集的KRA都代表着企业战略和顾客需求所要求的流程核心竞争力，因此这些KRA也称为“核心竞争力KRA”。图3.42表明企业战略是如何演化为企业的核心竞争力KRA、进而又如何变成企业竞争能力的。

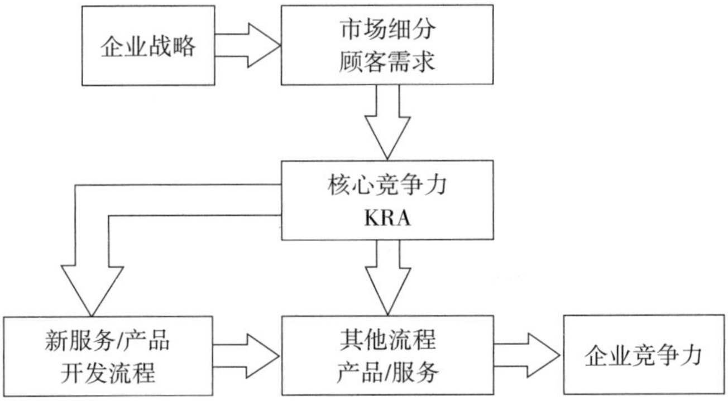

图3.42　流程核心竞争力KRA

企业战略是制定顾客驱动的运营战略的基础，它使企业的总体目标与核心流程之间达到协调和统一。在企业战略的基础上，通过市场分析对企业的顾客进行分类，识别这些顾客的需求，再利用这些市场分析信息来确定企业的“核心竞争力KRA”，这些KRA是企业中流程必须拥有的关键绩效维度，可以帮助管理人员开发在市场竞争中所需要的服务、产品以及流程。企业依赖各流程中KRA所包含的目标的实现来使其内部和外部顾客满意。

O模块所注重的，是企业核心竞争力KRA在绩效管理系统中的汇集，它将与企业流程相关的核心竞争力KRA（及其派生的指标）进行了打包。在图3.42的框架下，运营战略将企业长期和短期运营决策与企业战略衔接起来，这些运营决策在企业核心竞争力KRA指导下进行企业流程的设计与运行。

企业中的流程可能涉及许多KRA，“风险管理”就是企业中各流程的主要KRA之一。然而O模块只打包与企业竞争战略密切相关的KRA。根据企业竞争战略的不同，企业中各流程所要包含的核心竞争力KRA一般有以下内容：① 低成本运营；② 顶级质量；③ 一致性质量；④ 交付速度；⑤ 准时交付；⑥ 开发速度；⑦ 客户化；⑧ 多样性；⑨ 批量柔性。如图3.43所示。

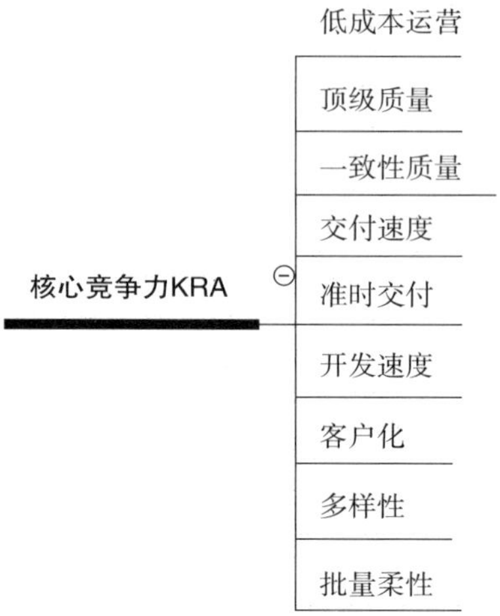

图3.43　核心竞争力KRA

核心竞争力KRA是为一个流程或一组流程而规划的，但不一定是已经实现的。各流程的目标是将其KRA的承诺表现出来，以此保持或增加市场份额，或使其他内部流程成功运行。为了与企业战略相衔接，管理层将所选择的核心竞争力KRA分配到每个流程（或流程组），使其与当前及将来的外部顾客和内部顾客需求相适应。这样，管理层将与每个流程特定能力开发相对应的重要程度传达到所有部门（见图3.44）。

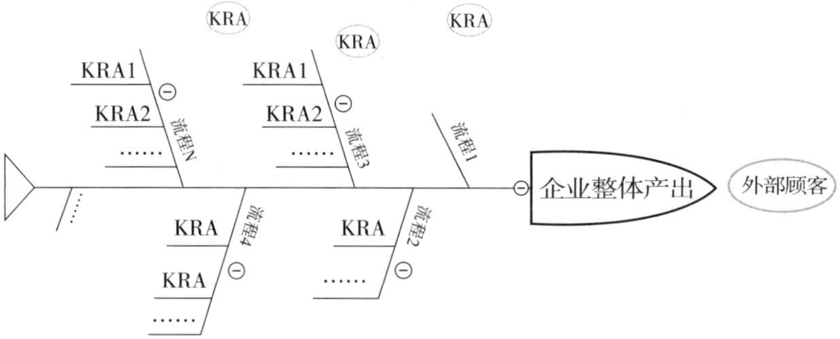

图3.44　将KRA分配到每个流程

O模块的本质在于，将企业的战略目标转换为实际完成工作的流程层次的目标，并对这些目标进行绩效管理。

正如图3.43表示的那样，对一个特定的流程来说，并非所有的9个核心竞争力KRA都是关键的或需要的。以麦当劳为例（肯德基也一样），其供应链中的主要流程——供应商关系流程、订单履行流程和客户关系流程并不重视“顶级质量”这个KRA，“客户化”“批量柔性”“开发速度”等也不是重点，但对其他KRA则是比较重视的，尤其对“一致性质量”这个KRA极其重视，这是连锁餐饮行业都需要的KRA。无论我们走到世界的哪里，都能感到麦当劳“一致性质量”KRA的力量，麦当劳以其承诺的产品一致性质量满足顾客需求而著称——巨无霸汉堡在世界上任何地方味道都一样。“顶级质量”不是麦当劳核心流程的KRA，全世界比麦当劳质量好的汉堡多得是，麦当劳从不追求汉堡的顶级质量。

当O模块被纳入C3绩效管理系统之后，相关人员（如流程所有者）应根据流程的具体情况开发出满足流程核心竞争力KRA的具体指标集。例如对于“低成本运营”这个KRA，服务流程和制造流程所开发出的指标可能是不一样的，图3.45是一个简化的示例。

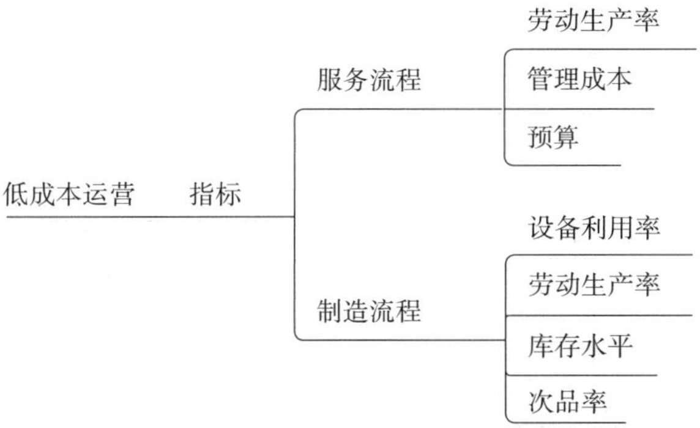

图3.45　低成本运营KRA派生出的不同指标

不同的指标将衍生出不同的绩效标准。在图3.45中，服务流程通过高劳动生产率、低管理成本、满足预算要求等绩效标准来实现流程的低成本运营KRA。同样的KRA，制造流程则是通过高设备利用率、高劳动生产率、低库存水平和低次品率来实现的。因此，对于企业中的每个流程来说，都是根据其提供的具体产品或服务来开发绩效指标和绩效标准的。

图3.45演示了同一核心竞争力KRA会根据不同流程派生出不同的指标。另一方面，不同的核心竞争力KRA有时会共用相同的指标。例如："低成本运营"与"一致性质量"这两个核心竞争力KRA都涉及较少的返工和较低的废品这两个指标，因此两个KRA共用返工率和废品率这两个指标。

前面已经说过，O模块中所包含的流程指标的另一个来源是企业供应链的现成流程指标集，如图3.46所示。

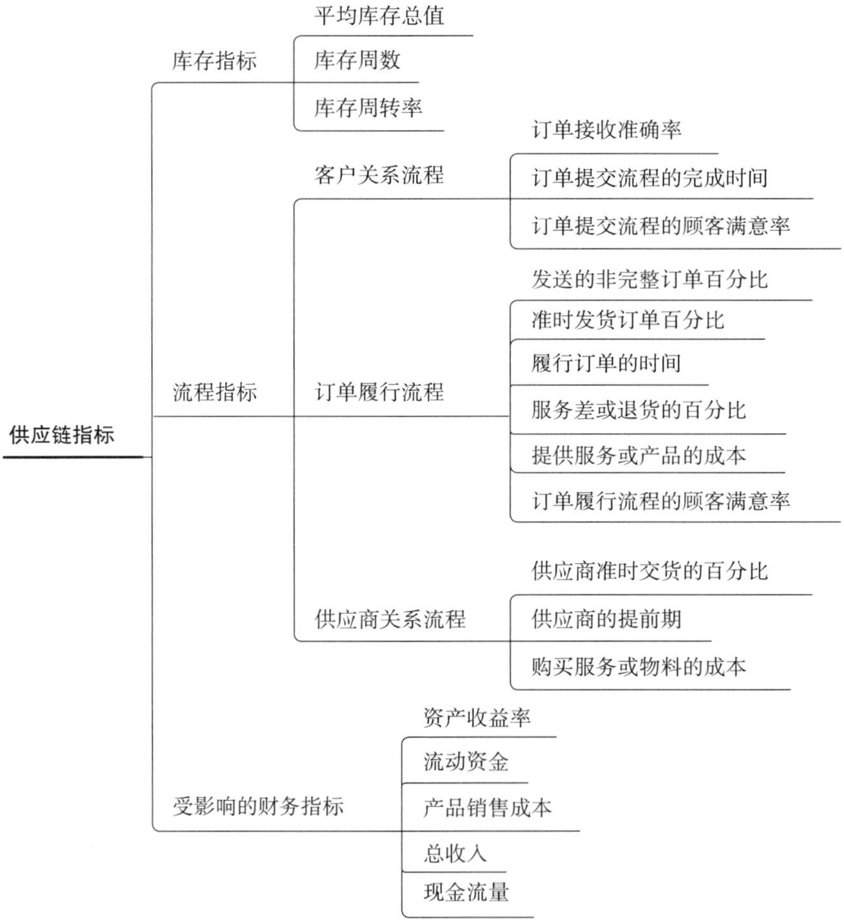

图3.46　供应链相关指标

限于篇幅，本处对图3.46及其中的指标不做详细解释。这里只强调，有效的供应链管理对一个企业的总体绩效至关重要，对其财务状况有着重要的影响。例如：库存是为未来使用所准备的，可看成是一种投资的资产，但库存占用了资金，对供应链进行管理以减少总库存投资，一个重要的财务指标就是资产收益率（当然还有其他指标），因此对供应链和企业流程的管理是一个整体。本节所介绍的O模块，也正是在这个基础上对影响企业竞争能力的流程类KRA进行打包的。

第八节

LEP绩效管理模块（L模块）

一

LEP绩效管理模块简称“L模块”。

如果说T模块的宗旨是“向员工和团队要绩效”、O模块的宗旨是“向流程和供应链要绩效”的话，那么，L模块的宗旨就是“向精细化管理方式要绩效”。

本节中，我们先简单介绍L模块的框架结构和内涵，然后再讨论L模块的绩效管理过程原理。

二

作为一个绩效管理模块，L模块考核的是企业中各责任中心的“领导力”（Leadership）。

责任中心（RC，Responsibility Center），指的是由一个管理者领导并负责其活动的组织单元。它是从管理控制视角看待的绩效单元，是L模块绩效管理活动发生的环境。责任中心在企业中一般可划分为收入中心、费用中心（其又可分为技术性费用中心和酌量性费用中心）、利润中心及投资中心四类，其细节我们后面详细讨论。

在绩效执行期间，企业各责任中心的“领导力”产生相应水平的绩效，或称“生产力”（Productivity）。绩效管理系统定期从领导者所在责任中心的“生产力”中获取绩效考核数据，并进行评估、反馈和评价。这是一个业绩计量过程，也是一个“以生产力考核领导力”的过程，如图3.47所示。

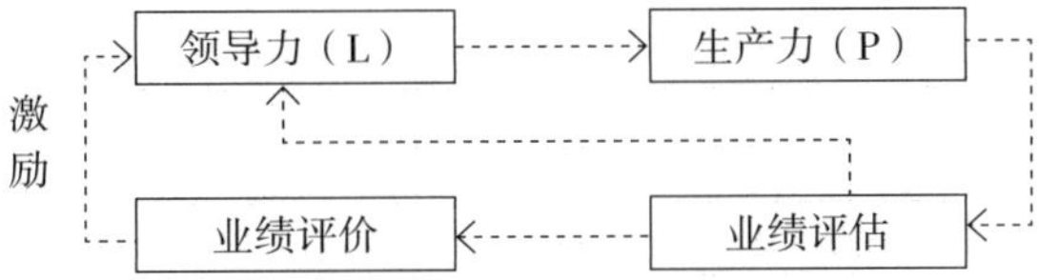

图3.47　L模块中的“领导力”考核简图

图3.47以极简的形式演示了L模块对领导力的考核方式。

图3.47中的“领导力”又可分为“战略领导力”和“运营领导力”，而“运营领导力”又可以称为“执行力（Exicutive）”（如图3.48）。

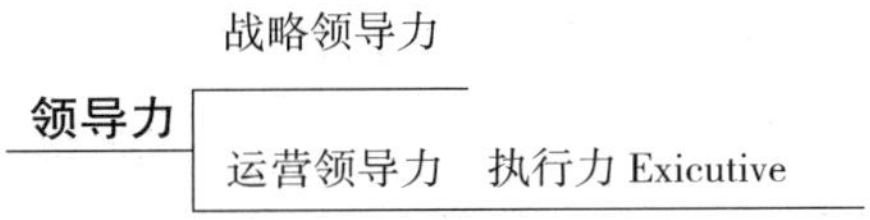

图3.48　战略领导力和运营领导力

企业中各责任中心若要创造绩效，首先需要来自“战略领导力”制订的目标和计划，之后“运营领导力”对计划目标加以执行，产生了绩效（即“生产力”），然后，L模块对绩效进行评估并反馈回到各级“领导力”和“执行力”，三者的循环互动促进了领导力绩效的提升，即“以生产力考核并提升领导力和执行力”，这就是L模块绩效管理的简化版原理，如图3.49所示。

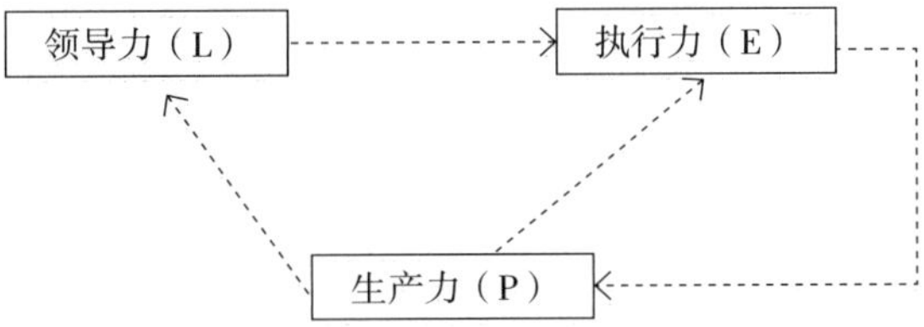

图3.49　L模块以生产力考核促进领导力和执行力

L模块之所以称为LEP绩效管理模块，正是要表达图3.49中“三力互动”的绩效管理内涵。这里的LEP，指的是战略领导力（L）、执行力（E，或称“运营领导力”）和生产力（P）。

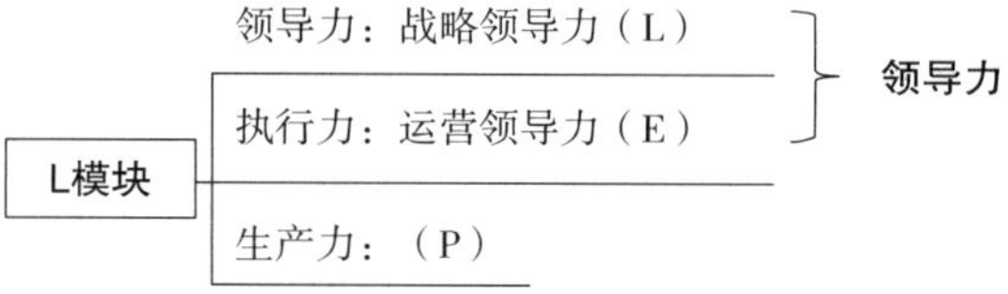

图3.50　L模块

在后续讨论管理控制过程时我们将看到，图3.50中的“生产力”将表现为对实施企业战略起到关键作用的各种关键结果领域（KRA）的绩效——财务和非财务指标值。

企业的战略领导力（L）有3项关键任务：建立战略愿景、组织发展（需要在实践中领导管理的转型）和管理组织文化。企业的执行力（E）是由运营级管理者做的事情，主要有5项关键任务：设定并专注于目标、促进团队和员工的协作与互动、促进具体工作完成、提供绩效反馈支持、帮助员工获得未来发展。

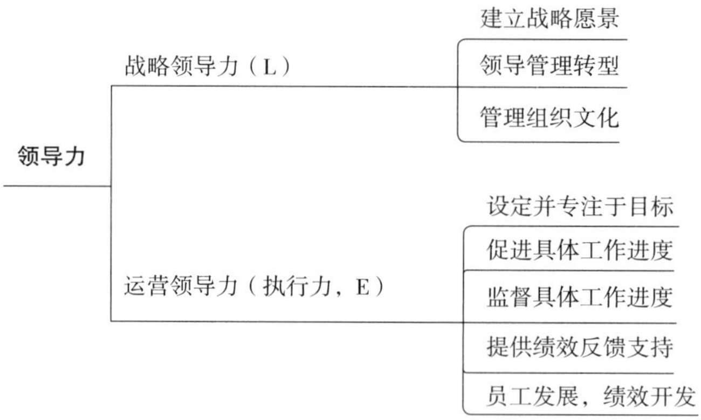

图3.51　领导力

从图3.51可以看出为什么运营领导力又称为“执行力”，因为其关键任务都与执行紧密相关。密切关注下属的绩效执行是运营领导者的主要职责，这一点可以从其关键任务与T模块绩效管理流程的对应关系中看出来。

图3.52表达了一种关系，即L模块两种领导力的关键任务交织在T模块绩效管理的全过程当中，因此L模块是对T模块绩效管理过程在领导力方面最有效的补充。这一点其实可以反过来理解，即T模块是L模块的基础和把责任落实到最基层的有效方式，因为企业通过L模块把绩效责任（含财务责任）分配并传达到各责任中心，责任中心的领导者又通过T模块将绩效责任分解到他的每个下属（含团队）头上，见图3.52。

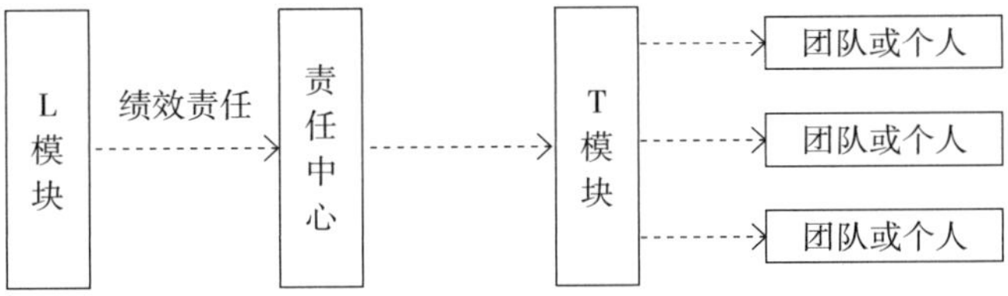

图3.52　责任中心通过T模块分解绩效责任

责任中心的管理者其实是天然的T模块使用者，这一点可以通过其管理控制的主观活动看出来，见图3.53。

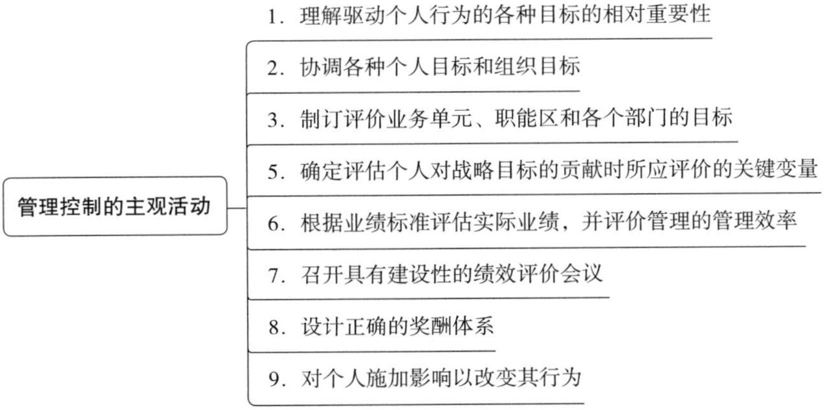

图3.53　管理控制的主观活动

一个企业的组织方式越完善，T模块就越能有效地将责任中心管理者的绩效责任分解到其下属，并加以有效的管理。这一分解和管理绩效的过程

（在某种意义上）就是LEP绩效管理模块这一管理控制过程的延伸。换句话说，在T模块中，与被考核者互动的上级管理者的活动就是一种实质上的管理控制活动，而L模块正要考核这些控制活动。因此，虽然L模块可以独立运行，但如果没有T模块作为基础，L模块运行起来后也并不能发挥出最强的管理控制效力，因为责任中心的管理者没有提升绩效的基础工具——T模块，所以无法使责任中心的绩效达到极致。

其实，员工个人和团队也是责任中心，但通常不将其称为“责任中心”的原因，在于企业的财务部门并没有通过预算文本将财务责任正式地分派到他们头上，这也是“责任中心”这个词的来源——被正式分配了财务责任的组织单元。

三

LEP绩效管理模块对应的KRA是“管理控制”。

企业的管理控制过程，其实是面向责任中心的绩效管理过程。

L模块的绩效单元是“责任中心”，这与O模块形成了有趣的对比，后者的绩效单元是“流程”。L模块以责任中心的绩效对其管理者加以考核，与O模块以流程的绩效对流程所有者进行考核类似。

因此，我们要更深入一些去讨论责任中心。

前面已经说过，责任中心（RC）是指由一个管理者领导并负责其活动的组织单元。大到经营单元甚至整个企业，小到部门、团队、班组甚至某些员工个人，都是责任中心。换句话说，责任中心就是人们通常理解的企业内部的各个单元。组织结构图中的每一个方框都代表一个责任中心，大的责任中心可以由小的责任中心组成，组织结构成熟的企业其实是由众多的责任中心汇集而成的，企业是责任中心的总和，如图3.54所示（图中的“RC”代表“责任中心”）。

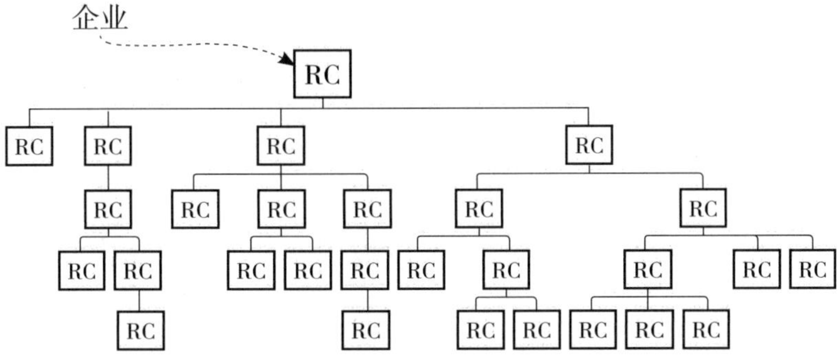

图3.54　企业是责任中心（RC）的总和

图3.54显示了职能型组织中的责任中心集合。分部型、矩阵型以及各种混合型的组织结构图都代表了组织中责任中心的管理控制传递关系，因此企业中的责任中心构成了一个等级制度。

大到企业本身，小到某些员工个人，企业中每个责任中心都有其目标，各责任中心的目标是从企业的大目标分解而来的（见图3.55）。责任中心也各有其KRA（关键结果领域），从而也各有基于其KRA的绩效，企业的总绩效是各责任中心绩效的总和，因此责任中心是管理控制过程——L模块绩效管理过程的核心组织单元，是管理控制发生的地方，也是企业向其分配财务和非财务绩效责任的组织单元。

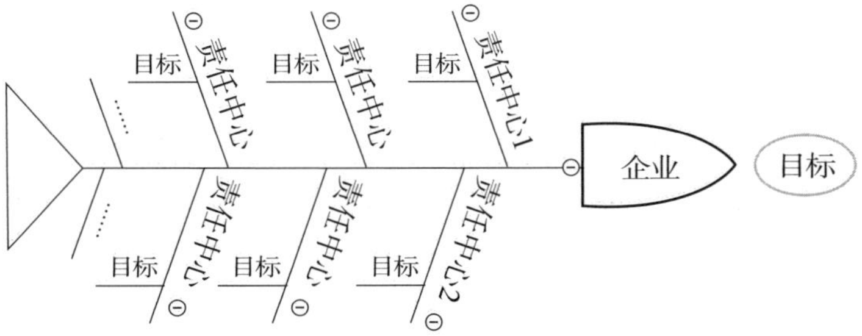

图3.55　企业中各责任中心都有自己的目标

四

L模块的绩效管理过程又称为“管理控制过程”，这一过程发生在各责任中心之中，责任中心的绩效又纳入L模块的业绩评价系统。在现实中，管理控制过程是一个正式与非正式管理交互展开的过程，管理者通过两种方式实施管理控制，一种是非正式的，另一种则是正式的，如图3.56所示。

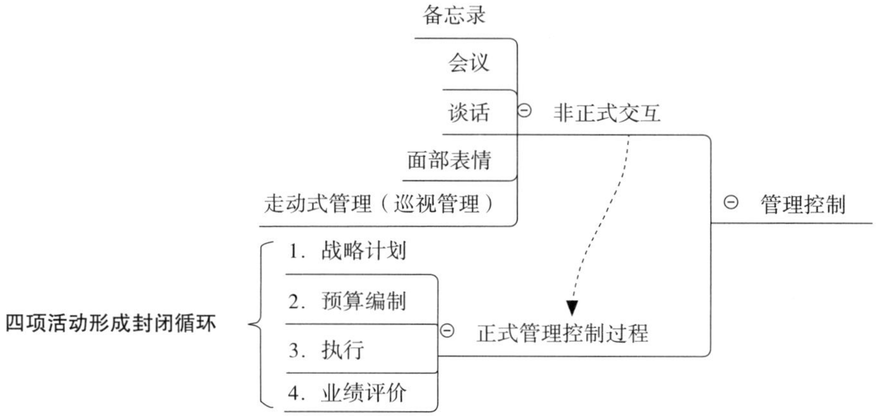

图3.56　正式和非正式的管理控制活动

非正式的管理控制活动不是本节的重点，但这样的活动其实非常重要，因为它与正式的管理过程是交互的：非正式交互活动发生在正式的计划和控制系统之中。

正式的管理控制系统包括下列活动：① 战略计划；② 预算编制；③ 执行；④ 业绩评价。每一项活动都会影响下一项活动，4项活动共同构成了一个封闭循环。

正式管理控制系统——L模块区别于T模块和O模块的重要特征，就在于其“预算编制”步骤，以及“业绩评价”步骤中涉及财务业绩分析报告的子步骤，如图3.57所示。

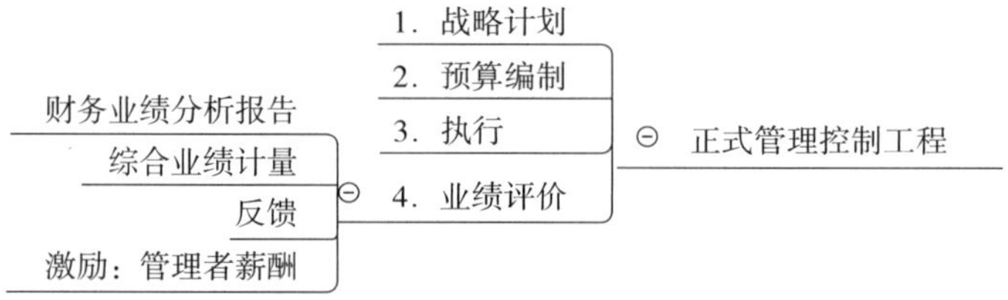

图3.57　L模块流程细节

因此，管理控制过程（L模块）较全面一些的流程图如图3.58所示（其实仍然是简化的）。

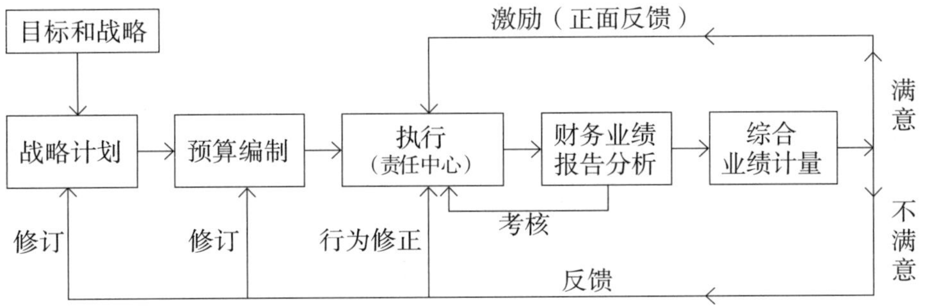

图3.58　L模块管理控制过程

在详细讨论图3.58所示的管理控制过程之前，我们先将该图与T模块的通用绩效管理过程框架作一下对比，如图3.59所示。

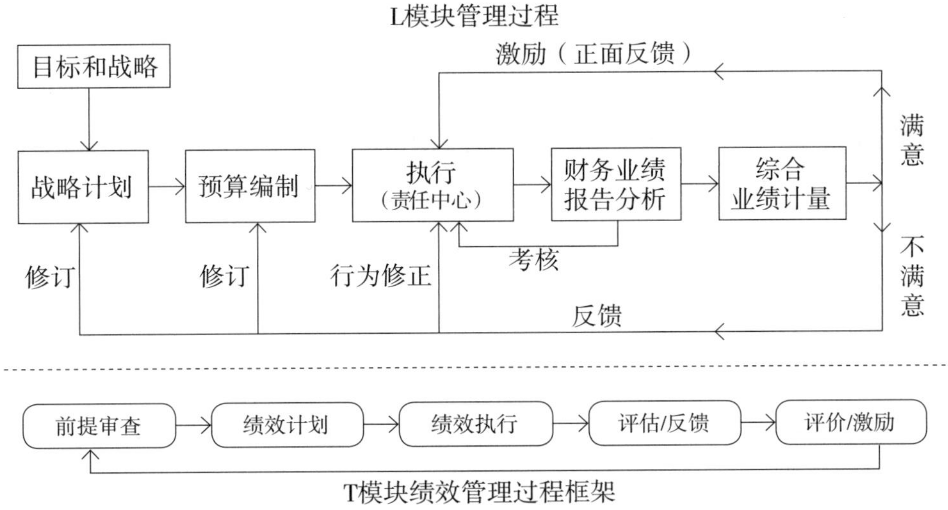

图3.59　T模块与L模块绩效管理过程对比

从图3.59的对比中我们可以看出，L模块的绩效管理过程与T模块的绩效管理过程是一脉相承的，只是在细节上进行了一些改变。这种相承关系有助于我们深入理解L模块的绩效管理过程，我们将在本节接下来的叙述中分别讨论L模块管理控制过程的每个步骤。

五

L模块的管理控制过程，是从相互紧密配合的“战略计划”和“预算编制”两步开始的。

第一步是“战略计划”，它为企业未来3~5年的战略实施确定了计划项目和资源分配方案。第二步是“预算编制”，它在战略计划书的框架下制订出一年（少数企业是半年）的短期计划，同时把绩效责任细化到各责任中心。

预算编制过程制订出的预算，相当于T模块中的“绩效计划”，是责任中心管理者的一种管理承诺，表明管理者同意为实现预算目标承担责任。

此外，“战略计划”和“预算编制”这两步还为整个L模块的后续过程准备了用于业绩计量的指标集，而这一综合了财务和非财务指标的指标集是业绩计量系统的基础，也是各种关键结果领域（KRA）的具体体现，它是L模块为企业提升战略实施成功率的基础。

C3绩效管理系统以及其中的子系统（例如L模块等）都是企业实施预期战略的工具之一。企业战略还可以通过组织结构、企业文化、人力资源和其他资源管理来实施，如图3.60所示。

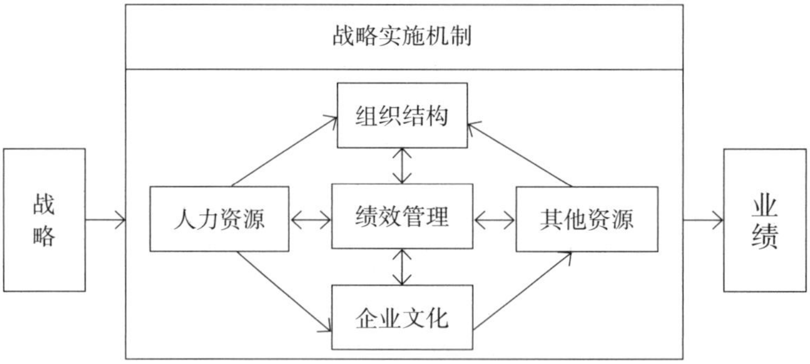

图3.60　企业战略实施机制

绩效管理系统对战略实施是有效的，因此企业才建立正式的绩效管理系统，用它来对所重视的战略目标进行计量和监控。业绩计量系统是绩效管理系统的一个子系统，绩效管理系统以及L模块本身就内嵌了一个“业绩计量系统”（见图3.58“财务业绩报告分析”和“综合业绩计量”部分）。业绩计量系统的思想基础和设计框架如图3.61所示。

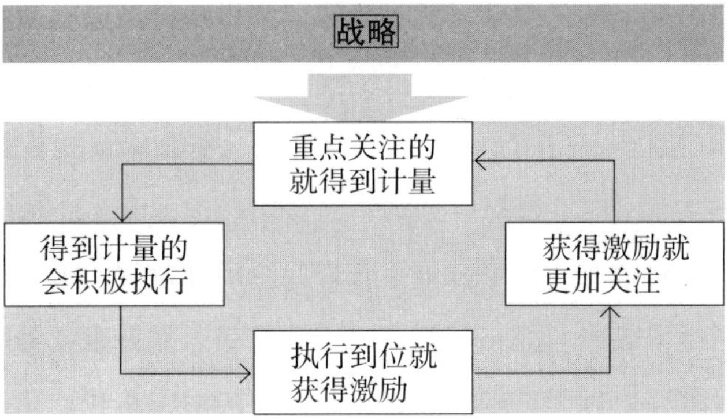

图3.61　业绩计量系统设计框架

若要对业绩进行计量，要有一系列计量业绩的指标。要理解业绩计量系统其实很简单，它就像汽车的仪表盘，上面每个仪表都反映着某个指标的数值。从本质上说，业绩计量系统就是集合了一批最能反映企业战略的指标集，各指标的数值是从绩效管理过程中获得的。企业管理者就像“司机”，他们根据“仪表盘”——业绩计量系统——上各种指标的数值决定采取什么样的行动，以使企业的战略实施获得成功。

业绩计量系统是综合了企业财务指标和非财务指标的“仪表盘”，它其实就是一个企业的指标系统，其目标是协助绩效管理系统（本节中是L模块）促进企业战略的实施。因此，L模块的有效运行就要求首先选择最能反映企业战略的指标。在各责任中心绩效执行的过程中，如果指标数值达到了特定标准，就说明企业的战略成功了。因此，这些对战略目标最重要的指标，又被视为企业现在和未来的“关键成功因素”。所以我们看到，是企业战略目标定义了企业的关键成功因素，战略计划本身也围绕着这些关键成功因素。管理实践中，关键成功因素往往需要关键结果领域（KRA）来加以表达，并抽取一定的绩效指标予以考量。例如在1956—2005年间，艾默生电气在近50年的时间里遵循了一项成本领先战略，该战略使其企业保持了利润的持续增长。该公司每年的计划文件，都集中在四个关键指标上，即自由现金流量、资本收益率、新产品销售收入百分比和利润边际，这四个指标都是艾默生电气成功因素中的关键结果领域指标。如果评价这些因素（也就是指标集），并给予奖励，就会激励人们去实现它们。

六

管理控制过程中的“战略计划”代表一个活动过程，可以理解为一个制订战略计划文件（或称“战略计划书”）的过程。如果企业采用历年法作为财年度，则战略计划过程一般在预算年度前一年的春季或夏季进行，因此它在各责任中心绩效执行之前就已经进行了，届时将制定决策，并考虑自制订上一个战略计划以来，战略所发生的任何变化。

企业的“战略”和“战略计划”不同，后者决定如何实施先期确定的战略，并产生书面的计划文件——战略计划书。

每个企业都有自己的目标和战略，这些目标和战略蕴含了企业的关键成功因素，从而可以定义其关键结果领域（KRA）——L模块业绩计量系统的指标集。

战略计划负责实施企业的目标和战略，实施过程中可以定期（例如一个月）计量重要的指标值，并据此对责任中心的运营活动、战略计划、预算编制等进行调整。

管理层利用所有内部和外部信息制订战略计划，战略计划又被转化为“年度预算”，因此L模块的“战略计划”和“预算编制”不但为绩效单元准备了绩效计划，还为业绩计量系统准备了必要的财务和非财务指标集。有了这些指标，再把这些指标纳入企业的管理系统，L模块的业绩计量系统就已经基本就位了，因为它的4步实施步骤已经完成3步（见图3.62）。

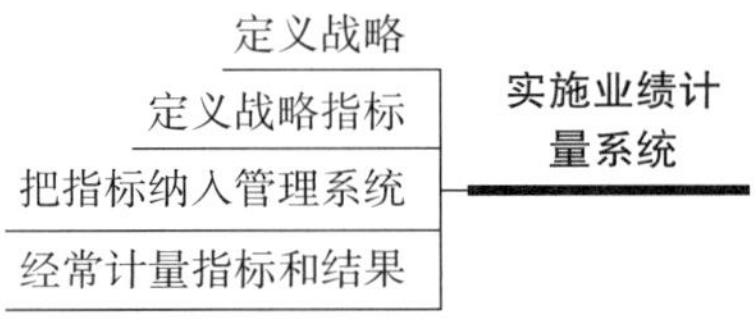

图3.62　业绩计量系统实施步骤

七

L模块的“战略计划”为下一步编制年度预算提供了框架。经营预算要求在下一年占用资源。考虑图3.63的情况，如果企业没有战略计划过程，就要在预算编制阶段考虑太多的战略问题（4项战略选择都要考虑），这可能会导致预算信息超载。

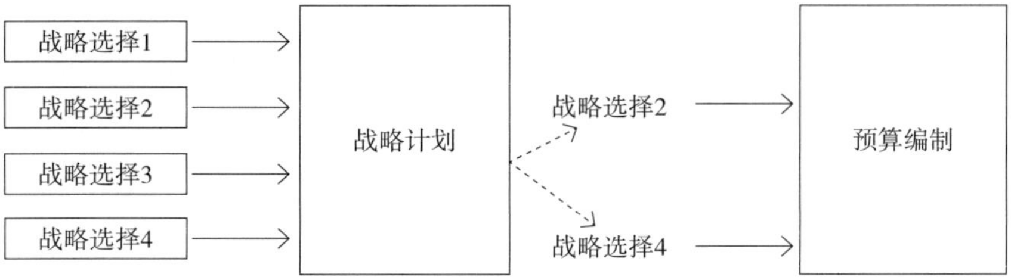

图3.63　战略计划为预算编制提供方便

战略计划是按产品线或其他计划项目构建的，其计划项目远远没有抵达各基层责任中心，如图3.64所示。

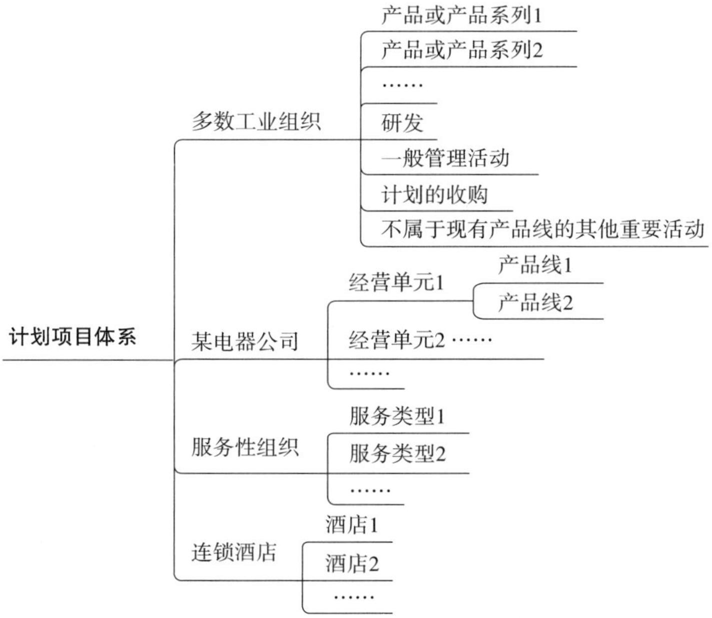

图3.64　战略计划项目体系

把战略计划落实到责任中心需要编制预算，预算是按责任中心构建的，它与负责执行预算的责任中心相对应。企业将利用预算在事前影响管理者的业绩，在事后评价管理者的业绩。

由于预算编制细节超出了本节的范围，此处不再细述。

八

L模块管理控制过程的后面3步，其实是一个包含了两方面活动的混合过程，这两方面的活动是“绩效执行”和“业绩计量”。在这个过程中，上述两种活动是同时进行，而不是先后进行的。业绩计量在整个绩效执行的过程中发挥作用，通过对各种业绩指标的计量来促进绩效。因此，L模块管理控制过程的后3步是一个运营系统和业绩计量系统“双系统并行运行”的过程，而好的业绩计量系统需要对运营活动中财务和非财务的信息都进行计量，像是一个综合了财务指标和非财务指标的“仪表盘”。平衡计分卡就是业绩计量系统的一个很好的例子，它为经营单元找到了关键结果领域（KRA），并确定了目标类别，然后从四个角度对业绩予以评价，如图3.65所示。

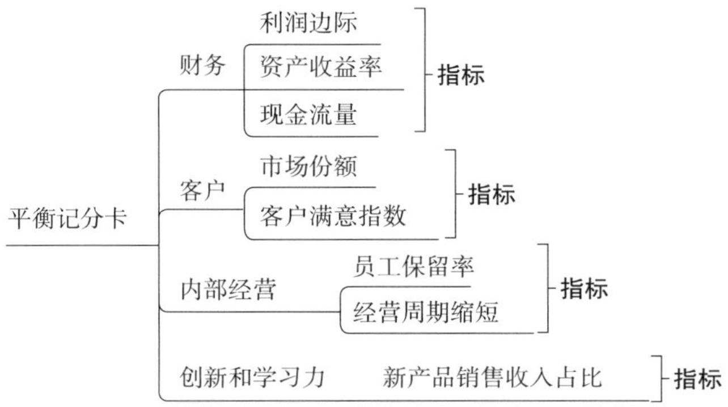

图3.65　平衡计分卡

图3.65中所列平衡计分卡的各项财务和非财务指标只是简单的范例，用以表明一个好的业绩计量系统需要包含财务和非财务指标。然而，包含财务和非财务指标只是业绩计量系统指标设置的考量之一。业绩计量系统对指标

的选择还有另外的考虑，如结果与动因指标、内部与外部指标、驱动变化的指标等。图3.66罗列了业绩计量系统指标组合的考虑因素，并对各种指标进行了简要的说明和举例。

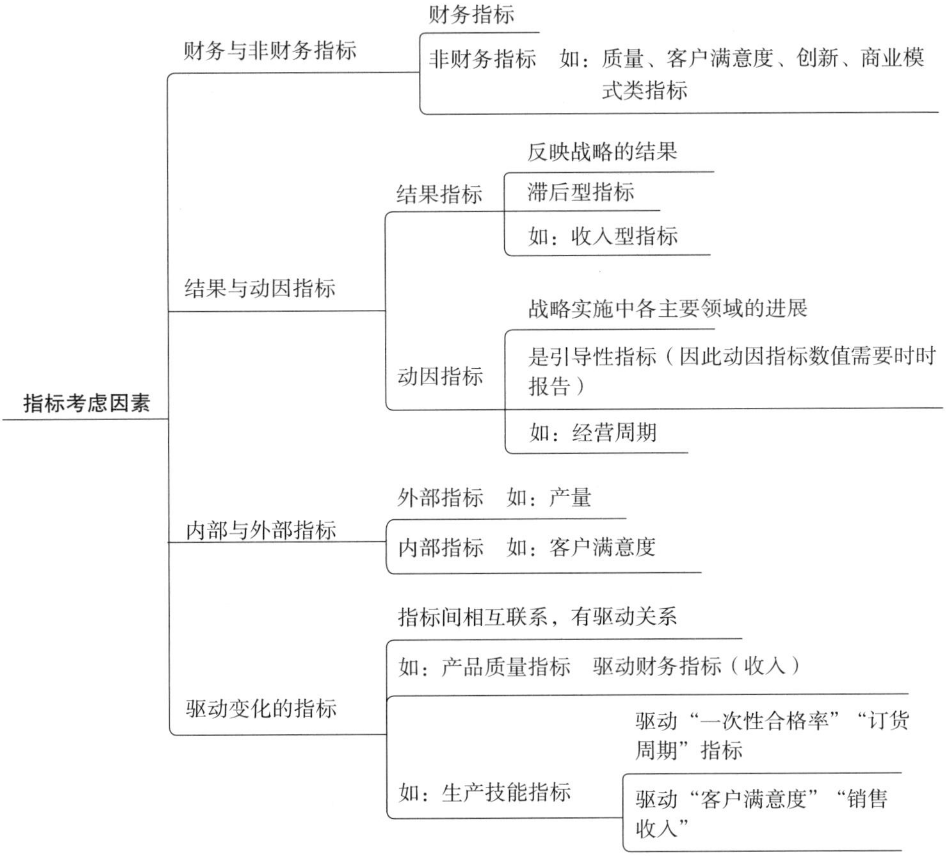

图3.66　业绩计量系统指标

综合来看，建立业绩计量系统的基本假设是：经营一个组织仅靠财务指标是不够的，必须特别注意制订复杂的、非财务的指标。均衡的业绩计量系统（如平衡计分卡）采用各种不同类型的指标，包括结果指标与动因指标、财务指标与非财务指标、内部指标与外部指标等。其背后的主导思想是：如果组织以综合的方式遵循所计量的全部指标，那么评价就能驱动企业战略的实施。

九

当考虑对财务业绩和非财务业绩进行计量时，比较实际财务业绩与预算财务业绩的报告就是一种典型的计量财务业绩的方法，这也就是L模块管理控制过程中第4步的内容，它为综合性的业绩计量准备了财务指标数据和信息。

L模块的第4步是以经营单元或企业为组织单位进行的，经营单元下面才是各责任中心。在这一步骤中，经营单元经理定期向高级管理层报告各自的财务业绩（假设某企业有好几个经营单元），通常是每月一次。正式报告包括比较实际与预算收入和费用的情况，实际与预算之间的差额可以按不同的详略程度分析，以便确定造成与预算差异的原因，以及归因于每个原因的金额。因此，差异分析是一个强有力的工具，但它却存在重大的局限，这其实也是财务绩效锚的局限。例如：尽管差异分析能明确哪里存在差异，但却不能表明为什么会产生差异，也不能表明该对它采取什么措施。比如报告可能表明营销费用中存在重大不利差异，还可能表明这项差异是因促销费用高而造成的。但是，它不能解释为什么促销费用高，也不能说明应该采取什么行动。正是基于这样的原因，业绩计量系统才需要综合考察财务和非财务的指标信息，以便获得奖励业绩、改进运营、修订战略和预算等的各种反馈信息。经营单元的信息其实是从各责任中心的报告中获取并综合而来的，业绩计量所需的综合信息其实在很大程度上已经反映在责任中心的报告之中，如图3.67所示。

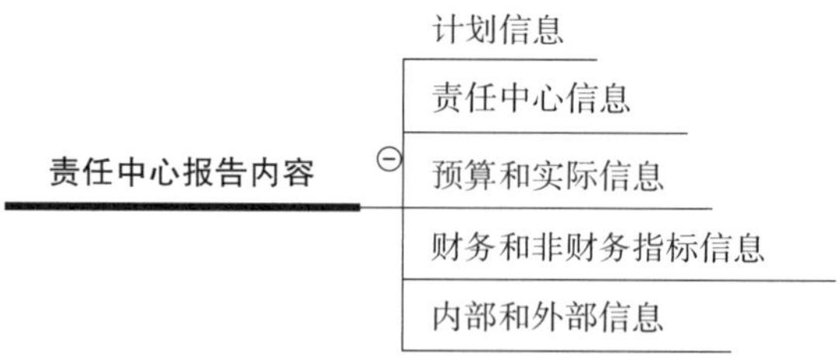

图3.67　责任中心报告的大概内容

在绩效执行期间（通常是一年中），责任中心管理者要执行他们所负责的计划或部分计划，并报告在履行职责中发生了什么。与T模块不同的是，管理者需要自己提供报告，而不是上级进行业绩观察并加以书面评估。在理想状态下（见图3.67），编制报告应该既能提供关于计划的信息，又能提供关于责任中心的信息。关于责任中心的报告可以反映预算和实际信息、财务和非财务指标信息、内部和外部信息等。这些报告会同其他途径获取的财务和非财务指标，可以让更高层的管理者了解其掌管的各项计划的状态，还有助于确保各责任中心之间的相互协调。

而上述所有的管理控制活动都是在绩效执行阶段发生的。

至此，读者应该已经对L模块（LEP绩效管理模块）的整个运行过程有一个大概的了解了。

第九节

ERM绩效管理模块（E模块）

一

近些年来，国内外出现了绩效管理与风险管理走向专业化融合的趋势，这是随风险量化技术的发展而兴旺起来的。

此前，人们早就认识到了任何企业都是在一个被风险包裹着的环境里求生存、谋发展的。无论一个企业在绩效周期之前的战略多么雄心勃勃或切合实际，企业的期终绩效，却都是其预期绩效在绩效周期中历经大大小小风险事件冲击劫后余生的结果（如图3.68所示）。

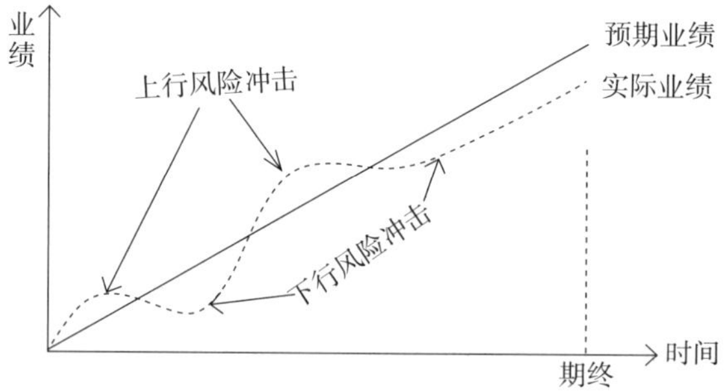

图3.68　风险是与预期的偏差

随着企业的发展和经营活动的增加，企业面对的风险数量和风险的严重程度随之扩大，其中往往以战略和经营风险为主，这两类风险占到企业所有风险的80%以上。这种情况给企业的绩效管理带来了巨大的挑战，因为绩效管理系统的目标就是辅助企业战略的成功实施。人们已经充分认识到，如果一个企业的绩效管理系统不能在充满风险的环境中有效地运行，或者说，如果绩效管理系统不能对风险进行有效管理的话，那么这个绩效管理系统就是有缺陷的。然而我们也知道，绩效管理系统的运行是以对绩效的成功衡量为基础的，如果不能对风险进行准确的衡量，绩效管理系统也就没办法根据其经典方式对风险进行管理。

近些年来，在强大的信息化系统的辅助之下，对企业风险进行量化的技术得到了巨大的发展，从技术上已经可以对各种风险进行量化了。正因为如此，把“考虑风险”的指导原则和进行实际风险管理的E模块纳入C3绩效管理系统之内才成为可能。有了E模块之后，在实施绩效管理的过程中，企业就能够不仅仅在口头上强调风险意识，还能在绩效执行当中管理风险，从而为企业实现预期绩效保驾护航。

在介绍E模块的运行框架和原理之前，我们先从战略和绩效的角度对企业风险进行初步的讨论。

二

在图3.68中，预期业绩（图中实线）反映了企业基于战略的预期绩效。它在财务上可以部分地反映在企业的预算指标之中，是企业管理层作出的内部预测，例如可以表示为未来3~5年预期可供分配现金流的现值。这样的预期业绩本质上是企业绩效在没有意外的情况下100%按照计划充分发挥后的预测结果。对于上市公司的股东来说，预期业绩反映在当前的市值之中，是市场对企业价值的估计，也就是当股东相信管理层能够完全执行战略规划，且企业的各项业务按照预期进行时，他们现在需要付出的价值。

为方便起见，预期业绩在图中画成了直线，但它很可能是曲线，表明企业对不同时期业绩增长的预测是不同的。

任何时候，一件事情准确地按照预期发生的可能性肯定是小于100%的。用我们的话说，就是“计划赶不上变化”，“计划必遇变化”，“计划总有意外”，这说明绩效计划是在风险环境之中被执行的。因此在企业绩效管理的环境下，风险被定义为一种不确定性，这种不确定性最终表现为实际业绩与预期业绩的偏差。换句话说，我们将风险定义为“任何使实际绩效偏离预期绩效的假设情境发生的可能性”，或者简单地说，风险是预期的偏差。对于绩效管理来说，绩效没有按照预期完成的可能性就是风险，必须对这种风险加以管理，并把这种管理纳入绩效管理的框架之内。

三

通常，人们把风险理解为对预期的威胁，然而这对于绩效管理系统来说是不全面的，因为风险具有双重性，它对预期绩效的影响可能是正面的，也可能是负面的。如果只把风险理解成是对预期绩效的负面影响，将不利于计算蕴藏于风险之中的预期收益，也不利于企业对一项战略的风险与收益进行全面衡量。

风险包括上行波动（如图3.68高于预期业绩的部分所示），即获得一项意外收益的可能性。在E模块中，我们将高于预期的风险称为“上行风险”，将低于预期的风险称为“下行风险”。一方面，企业愿意追求“上行风险”（即收益），对这样的风险采取的是“增大风险”和“保留风险”的应对措施。另一方面，企业厌恶并试图缓解和规避“下行风险”，对这样的风险经过评估后，所采取的措施可以是“规避风险”、“保留风险”（在风险可容忍时）、“分担风险”、“消除风险源”、“改变可能性”和“改变后果”等几种。

把上行风险包含在风险概念之中并不仅仅出于在衡量风险时希望对收益和风险使用统一计算框架的原因，更在于上行风险与下行风险实际上共享着同样的属性，这对风险管理有三点重要性：① 考虑风险驱动因素的同时需要考虑价值驱动因素；② 上行风险是有成本的；③ 上行与下行风险的相互抵消作用。

第一，企业经营需要考虑价值驱动因素，即经营要以产生价值为目的，或者更简单地说就是功利主义，绩效驱动。价值驱动的概念认为，做一件事情不能仅仅考虑它的下行风险而去缓解或不做它，还必须考虑它的上行风险——带来价值或绩效的可能性——而去实现它。当仅仅考虑下行风险时，容易“前怕狼后怕虎”，会造成许多有价值但却要冒一定下行风险的机会被放弃掉。对于一个企业来说，不存在没有风险的战略目标，因此上行风险与下行风险是并存的。企业冒着什么样的风险，就将获得什么样的价值。经典的绩效管理只考虑了绩效驱动（即价值驱动），但却没有考虑风险驱动因素。E模块把风险和收益同时考虑进去，即同时考虑了风险驱动因素和绩效驱动因素。例如：企业的股票在市场上的波动是最常见的风险情境，股票市场可能会增加企业价值，也可能降低企业价值。企业不可能完全排除下行风险，因为许多事情不仅包含了上行风险因素，同时还包含了下行风险因素。

第二，之所以把上行风险也包括在风险的定义里，是因为上行风险是有成本的。即使在上行风险大于下行风险的情况下，过大的上行波动也会由于增加了资金成本而降低了上行风险的价值。换句话说，并不是所有的上行业绩波动都一定是好事情，因为它可能同时也伴随着更多的下行业绩波动。

第三，上行风险与下行风险互有抵消作用。例如：一个风险事件对一个业务部门来说是下行风险事件，而对另一个业务部门来说可能是上行风险事件。一个看似是下行风险的事件可能最终会被证明为一个上行风险事件（因祸得福）。此外，多个风险事件有可能会同时发生，这些风险事件既包括下行风险事件，也包括上行风险事件。在这种情况下，绩效管理需要测量所有风险事件组合的净影响。如果这些上行和下行风险事件的净影响为0，那么它们就相互抵消了。在进行企业风险管理时，需要将所有关键风险汇总（即风险聚合）后衡量它们对预期绩效的总影响，汇总后的风险就是企业的总风险敞口。

四

利用绩效管理的框架对风险进行管理，需要能够衡量的绩效指标。最基础的指标就是企业的风险敞口和风险偏好指标。

“风险敞口”的正式名称（按照ISO31000标准）是“风险暴露”（risk exposure），“风险敞口”是借用金融界的说法，但比较流行。按照通常的定义，风险敞口是“未加保护的风险”，企业中未采取应对措施的那些风险就属于此列。然而，流行的定义是不全面的，这等于只有企业的“风险容忍”（指企业或利益相关方为达成其目标在风险应对后愿意承受的风险）才算做风险敞口，那些采取了应对措施的不算（参考公式：$R_{容忍}=R_{固有}-R_{应对}$）。其实，企业的风险敞口应该是企业所有固有风险的聚合风险（汇总风险），无论企业对这些风险中的关键风险是否进行了应对。也就是说，正像ISO31000标准定义的那样，风险敞口应该是“一个组织和/或利益相关方受一个风险事件影响的程度”。

风险偏好是什么呢？它是企业期望的风险敞口水平。更确切地说（按照ISO31000标准），风险偏好是组织“愿意追求或保留的风险的数量和种类”。ISO的定义有两层意思。第一，风险包括上行风险，也就是企业愿意“追求”（pursue）的风险。第二，风险是可计量的，否则企业无法决定保留或“容忍”哪些风险。

为了更好地理解风险偏好，我们需要理解“风险带”的概念。

企业在进行风险评价时，常常把识别出来的风险按“风险带”进行划分（按照ISO31000标准），划分的基准线通常使用两条线：“风险容忍线”和“风险接受线”，如图3.69中的$R_{容忍}$线和$R_{接受}$线所示。

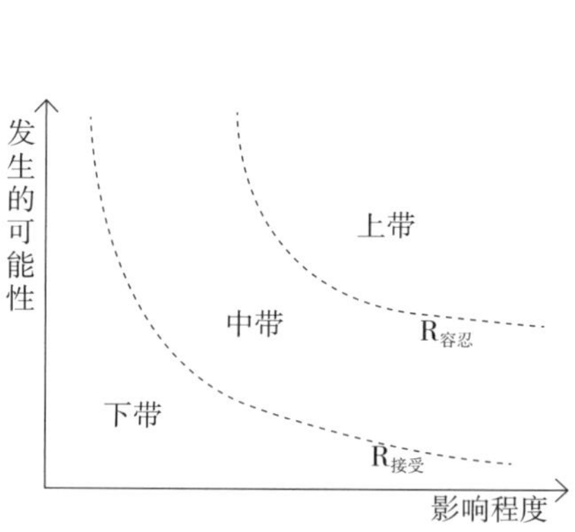

图3.69 企业的“风险带”图

图3.69原本是风险分布图，企业把定性或定量识别出来的风险按“发生的可能性”和“影响程度”在图中标上一个点（图3.69中未标出）。此后，人们把这张图划分为三个风险带来归类风险，其中在风险容忍线之上的部分被称为上带，在风险接受线之下的部分被称为下带，位于两者之间的部分被称为中带，这就形成了“风险带”图。

“风险带”图用于评价风险，以便企业决定应对哪些风险。此前，人们使用最简单的风险评价方式，即仅将风险分为两种——需要处理的与无须处理的。这样的处理方式虽然简单易行，但是其结果通常难以反映出风险评估时的不确定性因素，因此后来“风险带”图就变成了常用的方法，它将风险划分为三个等级段，即上、中、下带，对处于三个带中的风险处理方式如下：

- 上带的风险值都超过可容忍的风险等级，无论目标活动能带来哪些利益，其风险等级都是无法容忍的，因此，必须不惜代价进行风险应对（例如规避风险或放弃机会）。

- 下带的风险都是风险值很小的风险，一般无须采取风险应对措施，保持监测即可。但这里要注意两种极端情况：一是后果的影响程度很高，但其发生的可能性极低；二是后果的影响程度很低，但发生的可能性很高。对这两种极端情况就不能只采取监测手段进行管理了。

- 中带区域的风险，一般要考虑实施风险应对的成本与收益，并权衡机遇与潜在结果对目标的影响。对这部分风险的管理是风险管理的核心任务之一。

理解了“风险带”图后，我们就容易理解企业的风险偏好了。可以把“风险带”图变换一下，只分为两个风险带——上带和下带。无论是汇总风险还是分散风险，处于下带的风险就形成了企业的风险偏好，如图3.70所示。

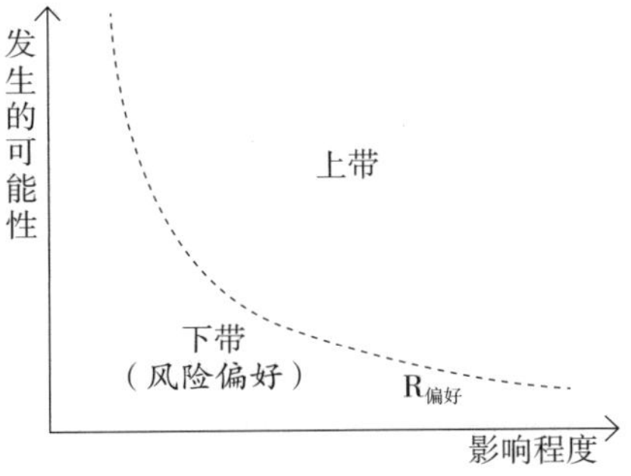

图3.70 企业风险偏好

图3.70中，企业的风险（汇总风险以及分散风险）应该落在下带的风险偏好区域。如果企业的汇总风险落在上带区域，那么就要采取各种风险应对措施，要么规避风险（甚至放弃机会），要么通过各种风险应对措施把风险“拉”到下带的风险偏好区域。

五

国际标准化组织（ISO）提议了7种风险应对方式，分别是规避风险、增大风险、消除风险源、改变可能性、改变后果、分担风险和保留风险。这7种方式会对企业的战略和风险管理策略产生影响。例如：当规避某种风险而不惜放弃机会时，往往意味着战略的调整或改变。

表3.1对以上7种风险进行了汇总，其中标明了各种风险应对方式对企业战略和风险管理策略的影响。

表3.1　风险应对方式表

序号	风险应对方式	描述	战略影响
1	规避风险	通过不参与或不继续导致风险的活动来实现对风险的回避。这种方式适合规避那些对组织目标达成有特别重大影响的负面风险	有
2	增大风险	这是对有正面影响的风险而言的。对机会风险，组织可以通过增大后果或增大发生可能性来实现	有
3	消除风险源	该方式适用于负面风险。它是一种彻底的治本方式，在安全生产、食品安全等领域经常要求采用这种方式	有
4	改变可能性	降低下行风险发生的可能性，或提高上行风险发生的可能性	有
5	改变后果	改变风险后果对组织的影响程度，即降低下行风险的破坏程度，或提高上行风险的效益程度。此方式并不改变后果的性质	有
6	分担风险	不改变风险自身的大小和性质，只是通过改变风险的承受主体来实现对风险的分担	无

（续表）

序号	风险应对方式	描述	战略影响
7	保留风险	这种方式适合应对那些经风险评估后组织认为可接受或可容忍的风险，也适用于组织目前尚无资源和能力应对的风险。对后者而言，相当于赌博，它对应于风险偏好强的决策	无

企业的战略是企业风险的“发生器”和“过滤器”，绝大多数的企业风险来源于其战略（据统计约占65%以上），这一点我们从自己的生活经验中就可以理解——大部分的风险来源于我们计划要做的事情，而不是那些主动找上门来的天灾人祸。

在表3.1的7种风险应对方式中，有5种涉及企业的战略。以规避风险为例，其定义是“通过不参与或不继续导致风险的活动来实现对风险的回避”。这种方式适合规避那些对企业目标达成有特别重大影响的负面风险，换句话说就是企业要改变战略，不再参与或继续那些（在战略计划中）导致风险的活动，以规避这些风险。

企业的风险管理策略是对企业战略的补充。如果将企业的战略计划称为核心战略的话，那么企业的风险管理策略就是辅助战略，它是企业战略的子集，其中主要描述了企业在战略上如何对风险实施应对。在表3.1中，分担风险和保留风险两种方式不会改变企业的战略，等于把这两种方式包含在了企业的战略子集——风险管理策略之中了。其他5项风险应对措施都会影响到企业的战略，尤其是“增大风险”这一项，往往导致企业战略的调整。换言之，任何风险应对方式都影响到了企业的战略——不是影响到了核心战略，就是影响到了辅助战略，或者兼而有之。

然而事情还有它的另一面——企业应对其风险的活动本身就导致这种活动无法停止。究其原因，仍然是源于企业的战略是企业风险的“发生器”和“过滤器”。一旦企业的风险应对措施导致企业的战略调整，那就等于企业风险的“发生器”改变了。如果企业战略发生了改变，一是可能会产生新的风险，二是会改变原有风险的性质、影响或发生的可能性，此时企业就要重新识别和衡量各种风险并进行风险应对了，也就是企业的风险应对活动又导致了它的再次发生。这种似乎不间断的循环一直伴随着企业的经营活动持续着，形成了企业的风险管理循环（如图3.71所示）。

图3.71　企业风险管理循环（ERM循环）

E模块的运行过程就是企业风险管理不断循环的过程。这一过程的基本目标，就是将企业的风险敞口限制在企业的风险偏好之内（如图3.72所示），并最大限度地追求上行风险以增加企业绩效（如图3.73所示）。

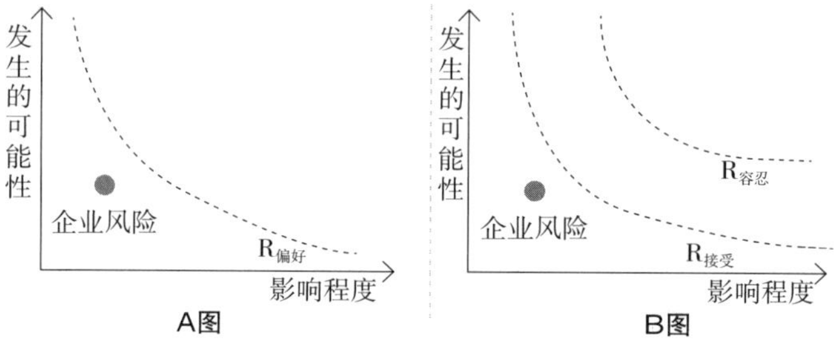

图3.72　把风险敞口控制在企业风险偏好之内

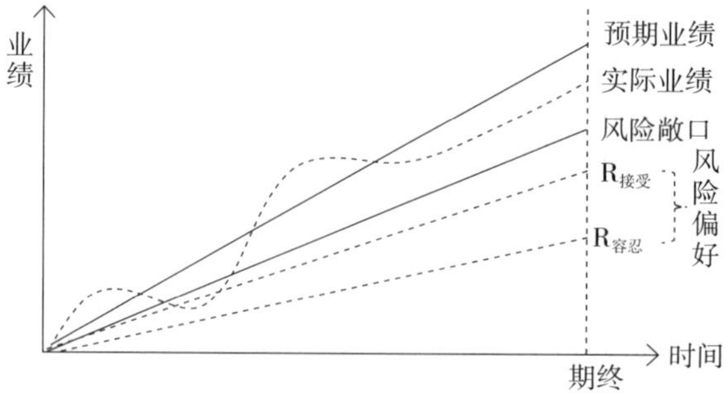

图3.73　把风险敞口控制在企业风险偏好之内

图3.72反映了企业的静态风险治理目标，企业的诸多风险经聚合后汇总成了一个风险——企业风险，这个风险体现了企业的总体风险敞口，它位于企业的风险偏好之内。

风险偏好其实是一个企业定义的而不是计算的可接受风险敞口，它的简单表达如图3.72的A图，而实际上它有一个范围，见图3.72的B图。$R_{容忍}$线以下的风险带都是企业风险偏好区域，但企业风险最好不要位于中带。

企业风险偏好一定来源于某一指标，这一指标可以从某一个侧面间接代表企业的预期绩效，例如可分配现金流、收入增长率、每股收入增长率、企业评级等。图3.73结合企业的预期绩效反映了企业如何把风险敞口控制在其风险偏好之内，表现了一个动态的风险治理过程。该图应与图3.72的B图对比查看。在风险管理框架——E模块的辅助下，企业的实际业绩在$R_{接受}$线上方波动，偶尔向下突破了$R_{接受}$线时就会引起企业的警觉，而下行风险的波动突破了$R_{容忍}$线时企业就不能容忍了。也就是说，$R_{容忍}$是风险偏好的最大上限，不能超过这个上限。那些破产的公司，绝大多数都突破了这个上限，造成了很差的业绩。$R_{接受}$是在绩效执行期间偶尔可以超过的限度，它起到警示器的作用，需要给予它足够的重视、密切的监控，并最终将企业风险敞口降低至$R_{接受}$的界限之内。

需要注意的是，“把风险限制在企业风险偏好之内”这句话并不意味着企业要限制上行风险的波动，因为企业是追求而不是回避上行风险的，虽然企业通常不喜欢业绩的巨大波动。风险管理过程是动态的循环过程，目标之一就是要把企业的风险敞口（见图3.73中“风险敞口”线）限制在企业的风险偏好之内。

六

现在让我们再回到前面的图3.71。图中的ERM循环可以与T模块的绩效管理定义进行对比，后者将绩效管理过程定义为“识别、衡量和开发个人和团队的绩效，并使这些绩效与企业的战略目标保持一致的过程”。对比图3.71可知，图中的“风险识别”“风险衡量”与T模块的“绩效识别”和“绩效衡量”一一对应，而“风险应对”则对应于T模块中的“绩效开发”部分，这其实也是天衣无缝的对应关系，因为“风险应对”本质上就是在风险环境中开发企业绩效，同样是一个动态的开发过程。绩效管理的总过程，本质上就是通过识别和衡量获得的绩效信息去开发绩效。当E模块与T模块等其他三个模块结合时，C3绩效管理系统形成了对企业绩效全面彻底的开发。

正如图3.74所示，E模块绩效管理过程是围绕企业的预期绩效（或称“基准绩效”）进行的，其对风险的识别、衡量和应对，都围绕着企业的基准绩效（见图3.74），这就是E模块的基本绩效管理过程框架。

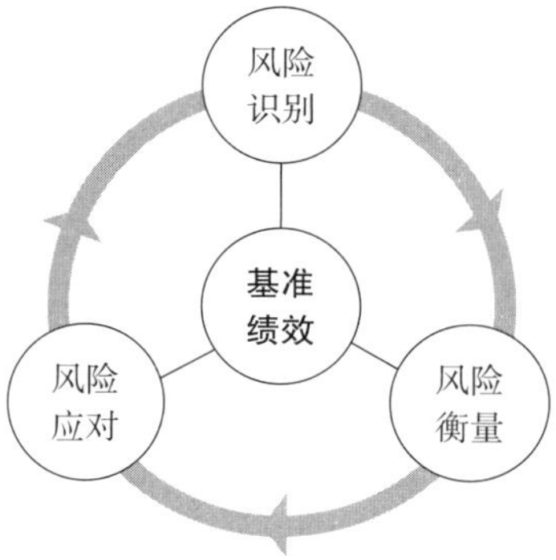

图3.74　E模块绩效管理循环

在图3.74的E模块运行框架中，我们可以把风险管理的过程理解为一个不断循环的流程，这个大流程里面包含着三个子流程——风险识别、风险衡量和风险应对，每个子流程都有自己的输入和输出，每个子流程的输出都直接或间接地成为下一子流程输入的一部分，每一个子流程的输出都包含绩效管理信息，这些信息（尤其是风险应对的信息）将影响企业的行为（即绩效）。

E模块的绩效管理流程并不是完全闭合的，其输入和输出都要与外界（主要是企业及其环境）交换信息，否则就起不到绩效管理的作用。

在接下去的讨论中，我们只要理解了三个子流程各自有什么输入、转换过程和输出，就完成了对整个E模块的理解。

任何流程都有自己对输入的转换过程。宏观地说，E模块中“风险识别”子流程的转换过程，可以描述为“以人类自己的脑力来评估和鉴别风险”；“风险衡量”子流程则可以描述为“以计算机的算力来评估和量化风险”；“风险应对”子流程的转换过程则是根据电脑的量化结果采取风险应对措施，这些措施无论如何都会直接或间接地影响到企业的战略。至于ERM循环中每一子流程的输入、转换和输出细节，我们接下来详细讨论。

七

企业确定了其愿景之后将展开全面的追求行动，追求行动中会产生各种风险，这些风险按其发生的可能性和对企业整体绩效的影响程度可分为三类，分别是战略风险、经营风险和财务风险。企业的风险成百上千，它们按照各自的性质分布在前面讨论过的三个“风险带”中，如图3.75所示。

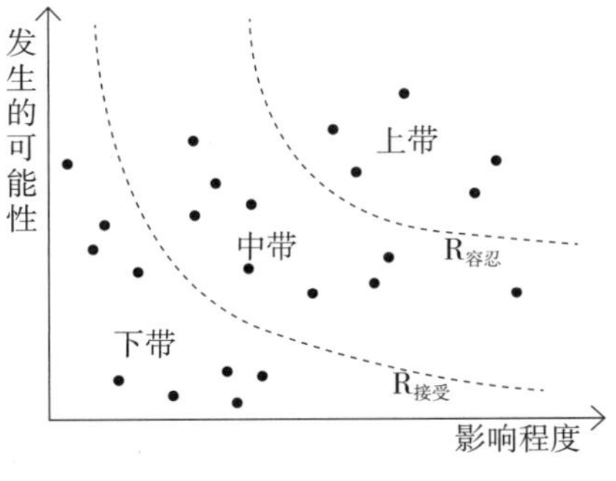

图3.75　企业风险分布图

最初，企业可以依其环境、战略、经营和财务方面的信息罗列出许多与企业自身相关的风险，这是一个风险清单，但此时人们还没办法把这些风险标示在如图3.75的“风险带”图中，原因是还没有一一评估这些风险发生的可能性和影响程度，致使每个风险都没有其借以定位于图中的坐标。

另外，当企业刚刚开始风险管理时，管理者也还没有定义出企业的风险偏好，因此图3.72中的三个风险带还没有划分。

这样一来，我们就引出了“风险识别”子流程的定义：“风险识别”就是以定性的方式（非量化的方式）从众多的风险中识别出对企业影响最大、发生的可能性最高的那些“关键风险”。由此可以看出，风险识别过程作为一个流程，其输入是所有潜在企业风险；其转换过程是对所有潜在风险一一评估其发生的可能性，及其对企业基准绩效的影响程度；其输出则是一个关键风险清单，如图3.76所示。

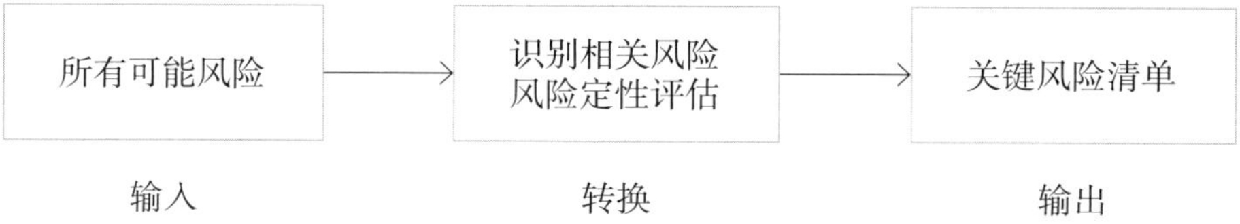

图3.76　风险识别子流程

由于涉及内容太多，这里我只能进行较为简略的叙述。

“风险识别”的输入可能是已知的潜在风险的全面清单，这个清单可能是业界已经存在的，其格式通常包括每一风险的风险类别、风险子类别、风险部门、风险名称和风险定义。风险管理人员可以自己往这个清单中添加其他风险。主要的风险类别包括战略风险、经营风险和财务风险。这里需要注意的是，所有风险应该通过风险源来定义，而不是通过其他的方式（如风险结果）来定义。

“风险识别”的转换过程称为风险定性评估，意思是这一过程本质上是一些有经验的人讨论选出真正与企业相关的风险，并以讨论和问卷等人类的脑力活动评估这些风险各自发生的可能性和严重程度，这样就可以把所有相关的风险都标示在风险分布图（ISO31000称之为“风险矩阵”）中或罗列在表中了。风险分布图类似图3.75，只是没有标出风险带，如图3.77所示。

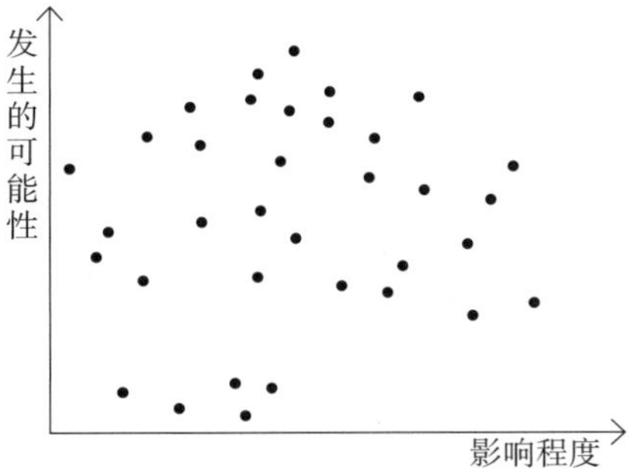

图3.77　风险分布图

风险分布图中包含的风险可能太多，它或许包含了超过300个风险。之所以把这些风险标在图中，是为了转换工作的下一步——选择出关键风险。关键风险清单中的风险通常不超过30个风险，否则在风险量化的过程中，计算机是承受不了那么大的计算量的。

选择关键风险的方法也不难，最简单的方法就是在图3.77的风险分布图中画一条类似“$R_{接受}$”的线，可以是直线，这条线几乎是风险管理人员按照直觉任意画的，如图3.78所示。

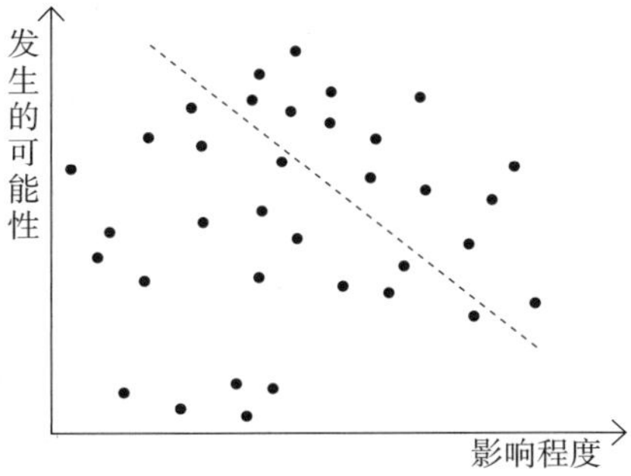

图3.78　画条线确定关键风险

在图3.78中，风险管理人员在风险分布图中画了一条线（图中虚线），该线右上方的风险都是关键风险，这些风险构成了“风险识别”流程的输出——关键风险清单，这个清单是E模块风险管理循环的下一步——风险衡量的主要输入。

当然，上述确定关键风险的方法是比较通用、标准化的一种方法。企业可以在实践中找到适合自己的更为具体有效的方法。

需要说明的是，关键风险清单通常涵盖了企业的所有关键风险，但这些风险不一定都能够被缓解。形成真正灾难的风险事件通常是那些黑天鹅事件，人们往往把这些事件已经包含在了关键风险之内，在应对这些风险时也尽了全力，然而这样的风险有时却还是发生了。例如：中国某家著名的通讯企业深知其国际业务中存在的合规风险，也想尽各种办法加以缓解了，但却没有规避掉这一风险，最终导致企业几近破产。总之，风险识别是这样一个过程，它旨在识别出那些对企业绩效的实现有巨大影响的风险，然后把这些风险列成一个通常不超过30个风险的清单。

八

在风险识别阶段，各关键风险对企业预期绩效的影响都是通过人类的脑力评估的，称为定性评估。这样的评估有其固有缺陷：它很难算出关键风险清单中每个单个风险（也称“个别风险”或“孤立风险”）对企业整体绩效产生影响的精确值，以及相关风险聚合而成的风险对企业预期绩效的影响，更不用说算出全部关键风险汇总后的企业整体风险敞口了。

与电脑相比，人类大脑的信息处理能力是有限的，速度——尤其在处理大量信息时——也跟不上。因此，E模块“风险衡量”子流程的关键构成是一个被称为“ERM模型”的东西，可以理解为一个极其复杂的计算机程序，有点像谷歌公司的“阿尔法狗”，但它是计算（量化）企业风险用的。ERM模型是风险量化循环的核心，没有它的话，整个E模块的绩效管理过程就只能停留在定性或低效定量评估的阶段，绝大部分非财务风险（如战略风险）都无法加以量化。几十年前，除财务风险外，企业风险中的战略风险和经营风险很难量化。然而，如今我们已经不用再担心这一点了。

我们可以把ERM模型所做的工作理解为保险公司精算师所做的工作。精算师是分析风险（大多是非财务风险）并量化其财务影响的专家，他们综合运用数学、统计学、经济学、金融学及财务管理等方面的专业知识及技能，分析并评估某一个或某一类风险的影响，其分析活动所获取的信息是制定保险单的重要输入。我们可以把ERM模型理解为企业的风险精算师，因此我们可以看出，ERM循环中的“风险衡量”步骤是整个ERM循环的基石。风险衡量的任务是提升企业风险管理循环中的前一个环节——“风险识别”的关键风险评级和优先排序，同时它也为企业风险管理的下一个环节——“风险应对”提供了必要的信息输出。

“风险衡量”又可分为三个子流程：① 计算基准企业绩效；② 量化个别风险敞口；③ 量化企业风险敞口。三个子流程都有各自的输入和输出，输入和输出之间有着复杂的关系，其中个别风险敞口和企业风险敞口又共同构成了“风险衡量”的输出，如图3.79所示。

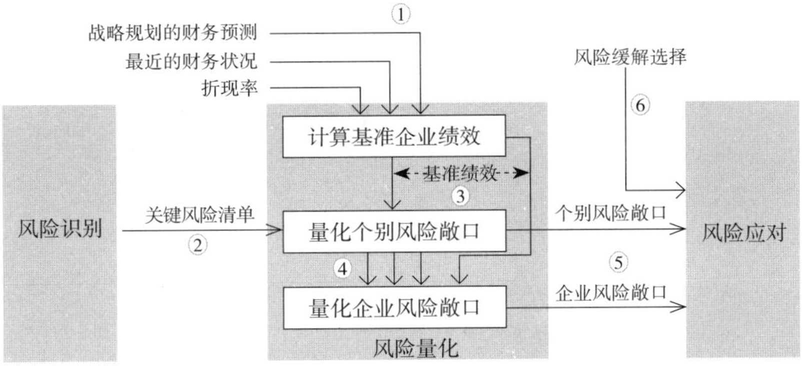

图3.79 “风险衡量”的工作流程

图3.79对实际的风险衡量过程作了极大的简化，主要突出了“风险量化”在ERM循环中的输入和输出关系。图中的最左边是ERM循环中的“风险识别”部分，如前所述其输出的是一个“关键风险清单”（图中②部分），这个清单又作为“风险量化”中“量化个别风险敞口”子流程的输入信息之一。上图最右侧是ERM循环中的“风险应对”流程，未作详细描绘，只表示了它需要接收来自“风险量化”的两种输出（图中⑤部分）。

对于“风险量化”流程，其子流程“计算基准企业绩效”的输入都来自于ERM循环之外，主要都是财务信息，这些信息用于计算企业基准绩效的财务数据，例如可分配现金流的现值（图3.79中的折现率就用于计算现值）。当基准绩效计算出来之后，这个输出值作为其他流程的输入值，分别被送到“量化个别风险敞口”和“量化企业风险敞口”两个子流程中（图3.79中③部分）。“量化个别风险敞口”流程要利用ERM模型。ERM模型的细节算法极其复杂，不在此详细描述，其量化个别风险敞口的大概过程是，模型从其输入的关键风险清单中选出每个关键风险，并分别计算该种风险事件发生时将对企业基准绩效形成的冲击。由此，我们就很容易明白为什么这个子流程以关键风险清单和企业基准绩效作为主要输入了。该子流程的输出是一个个别风险敞口列表，里面列出了每个关键风险对企业基准绩效的冲击水平。当然，这个列表如果用图形表示将更加直观，如图3.80所示。

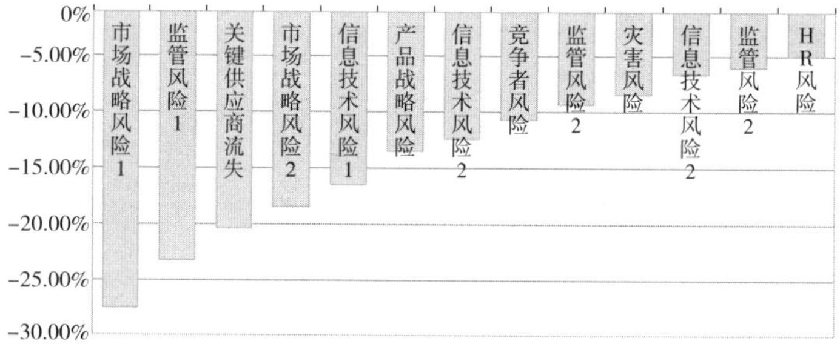

图3.80 量化个别风险对企业基准绩效的影响

图3.80的个别风险敞口清单是“量化个别风险敞口”的输出，之后将作为输入信息分别送往“量化企业风险敞口”子流程和“风险应对”流程（图3.79中④和⑤部分）。

图3.79中“量化企业风险敞口”部分涉及更加复杂的ERM模型算法过程，这里只作简单概述。大概的过程是，ERM模型先计算0风险事件时企业实现基准绩效的可能性，然后再以组合枚举的方式一次一个、一次两个、一次三个……（以此类推）风险事件的形式计算出企业风险敞口的分布图，如

图3.81所示。

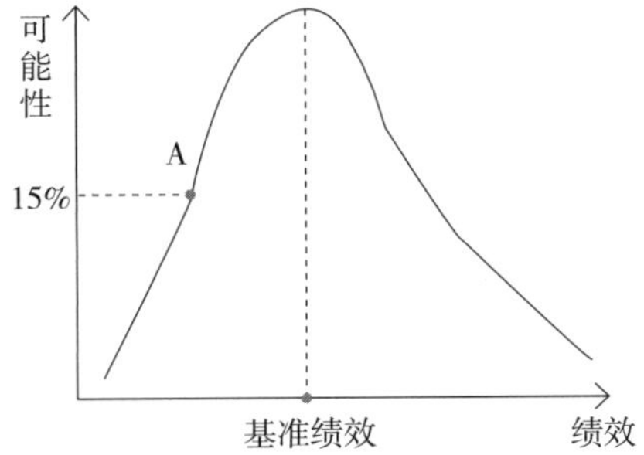

图3.81　企业风险敞口

图3.81只是一个示范，真正的分布图会因企业情况不同而不同。上图显示，企业实现其基准绩效的可能性是最高的，绩效很低（图中左侧）和绩效很高（图中右侧）的可能性都是很低的，这表明企业遇到所有下行风险情境（倒了大霉）的可能性与遇到所有上行风险（撞了大运）的可能性都很小，经营过程中未遭遇任何风险的可能性最大，遭遇一些下行风险而降低绩效，或碰到一些上行风险而提升绩效的可能性都有，但其可能性都随所遭遇风险对绩效的正面或负面影响程度而迅速减小。以基准绩效为指标（当然还有其他指标，如收入增长率等）在图中曲线上取一个点——如A点为例，该点表示企业只完成绩效目标（期终绩效是基准绩效）的一半的可能性为15%，这就是企业的一个风险敞口。由此可见，图中曲线上全是风险敞口，这条曲线根本就是由各种风险敞口连线而成的。企业后续的风险应对措施将改变这条曲线，这要视企业的风险偏好而定。

当然，企业的风险敞口图还有其他表示形式，这要视所取指标而定（上图中的指标是可分配现金流）。如果以企业的某种评级而定，风险分布图可能如图3.82所示。

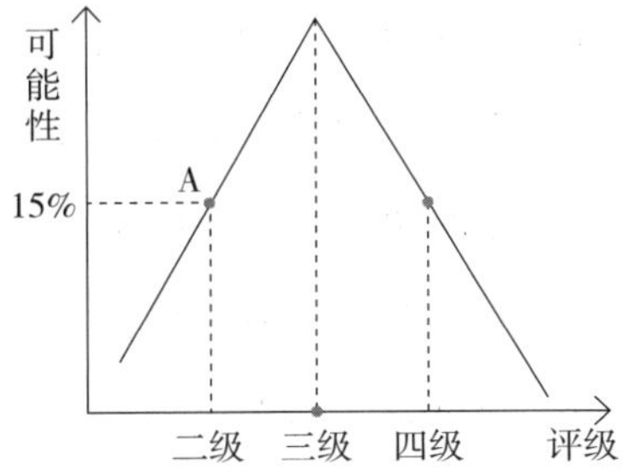

图3.82　企业风险敞口

图3.82表明，企业保持当前的评级水平（三级）的可能性是最大的，下降一个

评级和上升一个评级的可能性大概都是15%左右。如果评级下跌一个等级是企业非常不愿意接受的（称为“痛点”），那么就要对这个风险敞口进行管理，例如要把这样的可能性降低到8%以下。此时，“企业评级下降一个等级的可能性在8%或以下”这一描述，就是企业的风险偏好。很显然，风险偏好不是算出来的，而是规定出来的。这一点我们在下面讨论“风险应对”时要用到。

关于ERM循环中“风险衡量”流程的内容我们就先讨论到这里。总结一下，该流程以包括“关键风险清单”在内的4种主要信息为输入（实践中的信息要多于此），以个别风险敞口和企业风险敞口（可能通过不同指标以图形或表格的形式）为输出，完成了企业ERM循环中至关重要的风险量化任务。接下来，企业就要用这些信息进行风险应对和其他活动（如风险反馈）了。

九

企业进行绩效管理活动的总体操作原则，就是不断获取绩效信息，然后利用这些信息去进行各种开发绩效的活动。

将E模块ERM循环的第三部分称为“风险应对”是不全面的，因为当我们通过“风险识别”和“风险衡量”两步获得关于有关企业的各种风险信息之后，利用这些信息可进行的绩效开发活动不仅仅限于狭义的、被ISO定义为“改变风险的过程”的“风险应对”活动，还应该站在更高的层面，看到风险应对活动其实是决策和行动过程，企业可以利用风险信息进行许多其他绩效开发活动，例如将风险信息纳入企业的战略修订和决策制定过程，或进行企业内部和外部的风险反馈等。总之，将ERM活动的第三部分——风险应对仅仅理解为是对风险的应对过程是狭隘的，应该在认识上看到风险应对其实是开发企业绩效的过程。

“风险应对”流程至少包括两个部分：① 确定企业的风险偏好和风险限额；② 将风险管理信息纳入企业的决策制定流程。第1部分确定了企业应对风险的原则基础（风险偏好）和责任分工（风险限额），第2部分将通过企业风险信息影响企业的决策和战略，其目的是通过综合考虑风险（聚焦于“风险应对”）和收益（基于绩效的管理）做出更好的决策，进而提升企业的绩效。正是这第2部分使得ERM循环继续下去，因为战略和决策的改变其实都改变了企业的识别和衡量风险的基础。

第1部分：确定风险偏好和风险限额

前面我们已经介绍过风险偏好的概念，其本质是企业层面的风险敞口临界值。也就是说，风险偏好是管理层为整个企业规定的风险上限，企业风险应对活动的首要目标就是要把风险敞口控制在风险偏好之内。

那么什么是风险限额呢？其实它就是低于企业层面的风险偏好，或者更准确地说，是低于企业层面的风险敞口临界值。我们已经知道，企业的C3绩效管理系统的绩效管理模块都善于把绩效目标分解到比企业更小的单位——个人、团队、部门、流程、责任中心等，风险管理同样也要把企业的风险偏好分解下去，变成更小组织单元（比如业务部门）的风险敞口临界值，如图3.83所示。

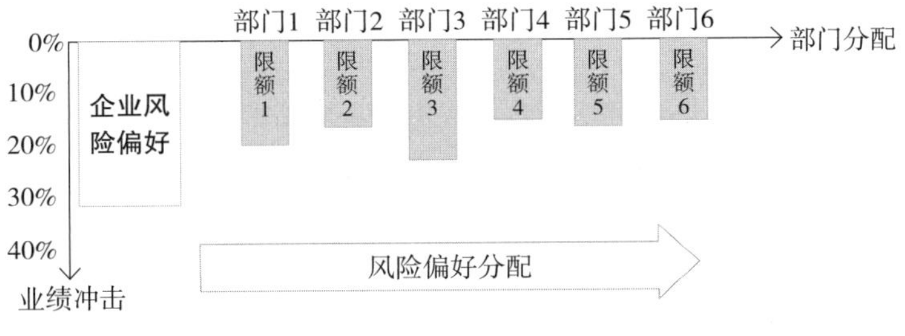

图3.83　将风险偏好分解为风险限额

因此，要确定风险限额，必须首先确定企业的风险偏好。

如何确定风险偏好？最简单的办法是把确定风险偏好的过程理解为一个有着输入、转换和输出的流程，如图3.84所示。

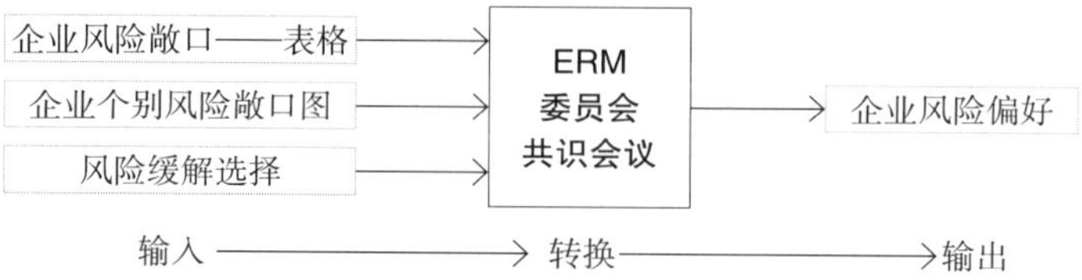

图3.84　确定风险偏好的流程简图

从图3.84可知，企业的风险偏好是由一群人（图中的ERM委员会）开会讨论决定的。这一转换过程有三种输入（开会的人需要三种信息）：企业风险敞口（上图中以表格形式提供）、企业个别风险敞口图、风险缓解的选择信息。上图确定风险偏好流程的输出，当然就是企业的风险偏好了（仍然可以用表格形式呈现）。

举例来说，企业的风险敞口表格可以如表3.2所示。

表3.2　企业风险敞口——表格形式（示例）

指标	痛点（影响程度）	可能性
企业基准绩效	企业基准绩效下降15%以上	8.5%
收入增长率	比今年预计的收入增长水平低2%以上	13.2%
每股收益率	比今年预计的每股收益低0.1元以上	10.4%
企业评级	评级下降一个级别	7.6%

从表3.2可知，根据所关心指标的不同，企业的风险敞口可以表达为不同的形式。这里要注意的是，这几种风险偏好通常不是能够经过换算而互相等同的。例如：企业基准绩效下降15%以上这一风险与企业的评级下降一个级别是不一样的风险，它们（连同右边的“可能性”一起）都是企业的风险敞口。风险敞口是用一个风险的影响程度和可能性来描述的。某个风险敞口的影响程度（即风险暴发时对企业绩效产生影响的严重程度）可以称为“痛点”，表明这是企业难以接受的。

输入中的“企业个别风险敞口图”又是什么呢？其实我们在前面已经见过了，就是企业个别风险经量化后依其对企业绩效的影响程度画的一张图，如图3.85所示。

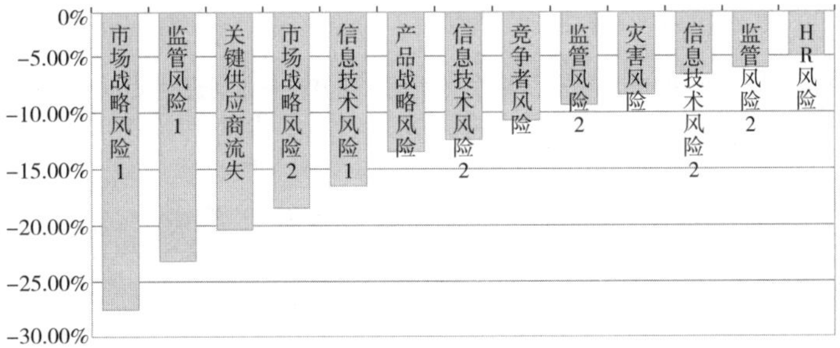

图3.85　企业个别风险敞口图

图3.84输入的第3部分是“风险缓解选择”，这是提供给ERM委员会的风险缓解参考信息。企业风险管理小组常常对风险缓解的选项降低企业风险敞口水平的能力作出说明。如果通过审查企业风险敞口的信息，ERM委员会倾向于制定低于目前企业风险敞口的风险偏好水平，那么这些风险缓解信息将有助于他们制定风险缓解决策，以便将企业风险敞口控制在风险偏好水平之内。

确定企业风险偏好的会议细节这里就不讨论了，我们只看一看它的输出，如表3.3所示。

表3.3　企业风险偏好

风险敞口		风险偏好	
痛点（影响程度）	可能性	$R_{接受}$	$R_{容忍}$
企业基准绩效下降15%以上	8.5%	10%	15%
比今年预计的收入增长水平低2%以上	13.2%	15%	25%
比今年预计的每股收益低0.1元以上	10.4%	10%	15%
评级下降一个级别	7.6%	5%	10%

从表3.3可知，这其实是对表3.2的改装，即为每一个企业风险敞口添加了风险偏好限制。从表中可以看出，为把企业的风险敞口控制在企业的风险偏好之内，企业对某些风险敞口是不必采取措施的（上图中的第1个和第2个风险敞口），因为这些风险敞口原本就在企业的风险偏好之内。

需要再次说明的是，风险偏好是企业风险管理委员会对能使股东们满意的最大程度企业风险敞口水平的判断。企业风险管理委员会举行风险偏好共识会议来确定风险偏好。风险偏好不能够通过计算来定义，它是共识会议的输出结果，而非ERM模型的输出结果。

风险偏好的确定为之后的风险应对活动提供了基础。确定风险偏好有助于实现企业风险管理的基本目标，即将企业风险敞口控制在企业的风险偏好范围内。此外，确定风险偏好有利于企业风险管理最大限度地发挥对各类决策的支持作用。

第2部分：将风险管理信息纳入决策制定流程

企业的战略决策制定过程不属于绩效管理模块的内容，此处不作深入的细节讨论，仅进行一些宽泛的说明。

将企业风险管理纳入决策制定流程涉及两种决策，一是优先考虑风险的决策，二是优先考虑收益的决策。

将ERM信息纳入决策制定过程的统一原则标准是，无论是优先考虑风险还是优先考虑收益的决策，都要看该决策能否提升企业的绩效。

在流程上，无论是优先考虑风险的决策制定还是优先考虑收益的决策制定，运用企业风险管理信息进行风险与收益之间权衡决策的过程都是一样的，区别仅在于所影响的ERM循环的流程不同，如图3.86所示。

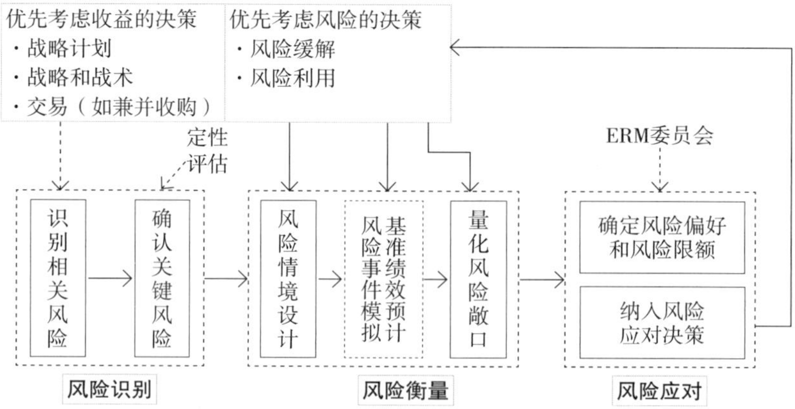

图3.86　不同的决策对ERM循环的不同影响

从图3.86可以看出，优先考虑风险的决策本质上就是风险应对决策，它主要考虑的是如何应对下行风险，所导致的应对措施没有改变关键风险清单，但却将影响“风险衡量”的结果。这也容易理解，因为如果考虑了风险缓解、风险利用等措施后再次量化的风险敞口数值没有变化的话，那就等于没有改变任何风险应对策略。

另一方面，优先考虑收益的决策涉及战略的变动，主要针对的是包含上行波动的风险。前面已经说过，战略是风险的发生器和过滤器，它的改变将导致关键风险清单的改变。总之，无论是哪种决策，都会导致ERM循环继续运行下去，使企业的风险管理一直处于动态的运行之中。

十

至此，E模块的绩效管理过程——ERM循环过程基本讨论完了。

然而需要多说几句的是，就像其他模块的绩效管理信息可以用于很多其他的管理目的一样，企业ERM循环产生的风险信息同样可用于其他管理目的，最主要的方式就是用于企业的风险反馈，包括内部风险反馈和外部风险反馈。

企业的内部风险反馈有利于企业的绩效开发，它包括两个方面：将ERM信息纳入业绩分析和将ERM信息纳入激励报酬流程。这两步对企业风险管理的贡献很大，因为将ERM信息纳入业绩分析和激励报酬，预示着各个层面的管理都须遵循ERM框架的要求。有效的内部风险反馈对于恰当地进行ERM循环的各项活动来说是重要的，这将把对企业ERM活动的支持纳入其他的绩效管理模块之中，有利于形成企业的风险文化。

企业的外部风险反馈，是指将ERM信息传递给外部利益相关者。主要包括下面四种外部利益相关者：股东、股票分析师、评级机构和监管机构。

限于篇幅，风险反馈的详细内容就不讨论了。

本章小结

继“找回组织”之后，“组织赋能”是一个有效提高组织竞争力的过程。

组织赋能的基本目标，是为企业建立起强有力的绩效管理系统，其操作则聚焦于“C3绩效管理系统”的构建上，这一操作必须以组织拥有相对完善的基础架构为根基，因此组织赋能就包括了两方面的工作：① 有效地匹配组织的基础架构；② 建立和健全C3绩效管理系统。

基础架构的有效匹配，意味着需要对企业基础架构中的运营系统和管理系统进行开发，前者涉及企业流程的开发设计和价值链的重构，后者则包括企业管理系统中4个子系统——计划系统、组织结构、管理培训系统和绩效管理系统的完善。

基础架构匹配到什么样的水平，就能建立什么样水平的C3绩效管理系统，因为C3绩效管理系统是以绩效管理模块的添加来匹配各种水平的基础架构的。

C3绩效管理系统有4个模块——T模块、O模块、L模块和E模块，其内涵分别是团队绩效管理模块（T模块）、运营绩效管理模块（O模块）、LEP绩效管理模块（L模块）和ERM绩效管理模块（E模块）。T模块是C3绩效管理系统的基础，它为C3绩效管理系统提供了通用的绩效管理过程框架。

C3绩效管理系统模块划分的基础依据是企业的KRA集合。健全的C3绩效管理系统拥有全部4个模块，几乎覆盖了企业全部关键的KRA集合。健全C3绩效管理系统的过程，是一个向绩效管理过程框架中不断添加企业KRA集合的过程，同时还是一个丰富和改造绩效管理过程框架的过程。L模块和E模块为绩效管理过程框架改造的内容最多——前者引入了管理控制过程，后者引入了风险管理循环。

在C3绩效管理系统建立健全的全过程中，绩效管理的本质是不变的，那就是对企业各种KRA绩效的识别、衡量和开发。

C3绩效管理系统是一个创新的系统——T模块改造了经典的绩效管理系统，使得创始期的企业也能够建立绩效管理系统；O模块突破了经典绩效管理系统的范围，把绩效管理扩展到了企业的流程和供应链管理；L模块把经典绩效管理提升到了更高的层级，管理控制系统的引入使企业的整体管理达到精细化水平；E模块使企业的绩效管理回归到了开放性的真正环境——充满竞争和风险的动态环境。每个绩效管理模块的添加，都要求企业为其匹配更高的基础架构。当4个模块全部匹配后，企业就已经是管理成熟度很高的组织了。

04

第四章

巩固组织：聚焦于卓越绩效

第一节

巩固组织和绩效改进

从第一章我们已经知道，企业采用的绩效锚，决定了它所采用的绩效模式。在绩效锚的前提下，绩效模式就是以特定绩效锚所规定的目标为指导原则的经营管理模式的总和。

在从初创到成熟的发展过程中，通过找回组织的活动，企业有了成长发展的稳健管理基础；之后通过组织赋能的活动，企业有了参与市场竞争的强大能量。这样一来，企业就有了追求卓越的条件了，从而需要通过巩固组织的方式来整合三大绩效模式的力量。

财务绩效锚、竞争绩效锚和卓越绩效锚分别对应财务绩效模式、竞争绩效模式和卓越绩效模式，这三种模式通常是渐进融合过渡的，而不是剧烈切换的。走向成熟阶段后的企业采用卓越绩效锚，它包含了财务绩效锚和竞争绩效锚的内容，是对三种绩效模式的最终整合，其整合方式是通过不断的绩效改进和变革管理完成的。卓越绩效模式使企业脱离单纯注重财务绩效和侧重追求竞争绩效的模式，在绩效改进过程中将成果制度化的方式，使企业的绩效模式不断适合卓越绩效的要求。

本章第二节我们将看到许多绩效改进措施，而实际上，企业从初创到成熟，在不断提升能力改进绩效的过程中，框架型的绩效改进措施，就只有循环递进的三种，即找回组织、组织赋能和巩固组织。找回组织注重转型管理，它使用财务绩效模式使企业的经营管理活动重点聚焦于财务绩效，最终奠定企业成长发展的基础；组织赋能注重绩效管理，它使用竞争绩效模式使企业的经营管理活动重点聚焦于竞争绩效，最终赋予企业参与竞争的能力；巩固组织注重循证管理，它使用卓越绩效模式使企业的经营管理活动重点聚焦于卓越绩效，以促使企业走上追求卓越绩效之路。找回组织和组织赋能，两者都是从目标到结果的管理思路，先制订目标，然后促进目标的实现。而巩固组织的方法就不同了，它是从结果到目标的管理思路，即先看结果及其与战略使命目标的差距，然后找出造成差距的原因并进行循证式管理，此过程中一直对财务绩效模式和竞争绩效模式进行着协调整合。企业的发展过程，是一个不断整合绩效模式的过程，竞争绩效模式协调整合了财务绩效模式，而卓越绩效模式又协调整合了前两种模式。之所以称为“协调整合”，是因为企业递进地把一项项绩效改进措施逐渐融入其日常管理活动，多数情况下都必须是一个渐进的变革和融合过程。宏观来看，找回组织、组织赋能和巩固组织三种框架型绩效改进措施分别囊括了不同方面的具体绩效改进活动，三者的融合应该作为企业绩效改进长期发展的方针指导，本书称之为企业的“三步改进绩效”总原则。这是绩效改进最大的框架，而所有绩效改进活动获得更全面把握的总则，就是一切活动都要围绕绩效锚对企业绩效的定位加以展开，这应该成为绩效管理与绩效改进和绩效模式协调整合的总体模型，如图4.1所示。

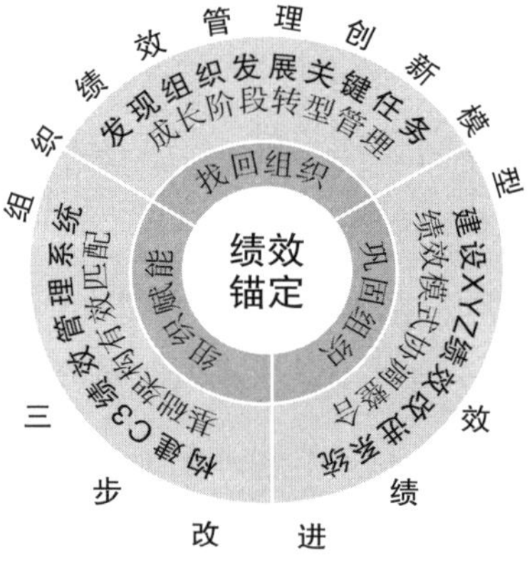

图4.1 组织绩效管理创新模型

在管理学的词汇中，绩效改进和绩效管理是两个概念，前者比后者的内涵宽泛得多，绩效管理只是绩效改进活动管理实践方法的成果总结之一。

企业进行“巩固组织”活动的内涵，是持续而系统化地进行绩效改进活动。

企业从创始之后就开始了不断的绩效改进活动，企业根据自身绩效改进需求选择不同绩效锚，并以其作为绩效定位和改进的起点。企业在不同发展阶段的管理水平，反映了其当时绩效改进活动的成果水平。企业发展到一定程度之后即应着手建立起某种水平的绩效管理系统，例如C3绩效管理系统，而这样的绩效管理系统，其实也是绩效改进活动的成果。什么是“绩效改进”？它的本意就是指让绩效得以改进并实现预期的结果。后来人们将它发展成为一门人类绩效技术，是关于改进人员、流程、绩效、组织以及社会的科学和艺术。因此，管理实践活动中的很多改进过程，本质上就是绩效改进活动，而现代的绩效改进已经形成了一套系统的程序。通俗地说，一家企业从初创到成熟之后的全部发展过程，就是一个不断进行绩效改进的过程。

之前我们已经讨论过控制系统的概念。任何控制或绩效开发过程，其实都可称为“绩效改进干预措施”。

企业实施的绩效改进干预措施，其实就是为解决企业绩效差距所提出的解决方案。这是一套经过设计和开发从而适合组织具体情况的、量身定制的、计划好的系统性方法。为叙述方便起见，后文中除另加说明，“绩效改进干预措施”“干预措施”“绩效改进措施”“改进措施”“改进方案”“解决方案”等基本上是同义词，读者根据上下文即能够明白意思。

在管理学的整个发展过程中，各种体系化的绩效改进措施不断涌现，正式的绩效管理——如T模块——就是其中的一种干预措施。从历史角度看，一家成熟企业的整个绩效改进历程，就是一个为满足绩效需求而不断向组织的能力框架中融合并添加新的绩效改进干预措施的过程。管理科学的发展历史中已经涌现出难以计数的体系化干预措施，这些干预措施经重新设计和开发之后，就可以用于企业的绩效改进。

下面，我们先对国内外成熟的绩效改进干预措施进行梳理。

第二节

绩效改进干预措施梳理

本章为企业系统规范的绩效改进活动提供了一个通用操作框架，这一框架称为“XYZ绩效改进系统”，其目标是使企业能够根据自身的绩效改进需求，选择、设计、开发、实施和维护绩效改进干预措施，并把新的干预措施融入企业的运营和管理系统之中。

按照国际上的流行定义，干预措施就是那些为解决企业绩效问题而采取的解决方案。通用的干预措施都是成熟的流程、计划或方法体系。现今世界上较流行的绩效改进干预措施有大小上百种之多，这些干预措施可分为十几类，企业中的大多数管理人员都熟悉其中的几种甚至十几种。人们最常见、最熟悉的绩效改进干预措施包括：绩效管理、平衡计分卡、绩效评估、360度评估、关键绩效指标KPI、企业文化、战略规划、责任中心和管理控制、全面质量管理、持续改善、精益组织、管理培训、薪酬和福利、员工发展计划，等等。梳理的“绩效改进干预措施”是一个相对完整的绩效改进干预措施清单，但最新开发的一些干预措施——例如海尔的“人单合一”体系、美国国防部牵头开发的“敏捷制造”等并未列入。请读者务必通读一遍下面的内容，以便在头脑中形成管理学分支与绩效改进干预措施的蓝图印象。需要注意的是，许多干预措施可以相互结合，这种结合属于对干预措施的“开发”。清单中的“说明”部分，对一些“开发”进行了部分说明。

绩效改进干预措施

教育式干预措施

- 知识管理
- 组织性学习
- 学习管理系统
- 内容管理系统
- 教育/培训
- 自主学习
- 在职学习
- 混合式学习
- 技术和非技术学习
- 社会学习
- 互动学习技术
- 企业学习
- 课堂学习
- 及时学习
- 行动学习
- 远程/分布式学习
- 在线/电子学习
- 利用维基、虚拟图像等学习
- 游戏/模拟

说明：这些干预措施都可以结合到T模块中。

绩效支持干预措施

- 绩效支持工具（PST）或工作辅助
- 电子绩效支持系统（EPSS）
- 文件编制和标准
- 专家系统

岗位分析/工作设计干预措施

岗位分析

- 岗位描述
- 岗位要求（说明：T模块，前提审查。）

工作设计

- 岗位设计
- 工作扩大化
- 岗位轮换
- 工作丰富化
- 再造、调整、重组

人力因素

- 工效学
- 安全工程
- 安全管理（说明：可结合进O模块。）
- 绿色工作场所

质量改进

- 全面质量管理（TQM）
- 持续改进
- 预防性维护（PM）
- 六西格玛
- 精益组织

个人发展干预措施

· 反馈　　· 情商　　· 文化智商
· 教练　　· 社会智商　　· 专业实践社区
· 指导

说明：这些干预措施都可以结合到T模块中。

人力资源开发干预措施

人才管理

· 员工配置　　· 薪酬/福利　　· 退休规划
· 员工发展　　· 健康与保健　　· 劳动关系
· 员工保留

说明：这些干预措施都可以结合到T模块中。

个人发展

· 动机　　· 绩效评估　　· 能力
· 绩效管理　　· 360度评估　　· 能力测试
· 关键绩效指标（KPI）

说明：动机，T模块前提审查。绩效管理，相当于T模块。KPI可结合进T模块。绩效评估是T模块的构成部分。

组织发展

· 继任规划　　· 领导力发展　　· 管理能力发展
· 职业发展通道　　· 高端人才发展　　· 督导能力发展

说明：这些干预措施都可以结合到L模块的绩效开发中。

组织沟通干预措施

· 通信网络　　· 建议系统　　· 争端解决
· 信息系统　　· 申诉系统　　· 社交媒体

说明：均可结合到企业的绩效管理系统当中。

组织设计和发展干预措施

授权

· 团队策略　　· 虚拟团队　　· 解决问题

组织前瞻性行为

· 战略规划　　· 外包　　· 平衡计分卡
· 环境扫描　　· 标杆管理　　· “仪表盘”
· 欣赏式探询

组织价值

- 文化
- 全球化
- 道德标准
- 多样性
- 本土化
- 决策
- 包容策略
- 社会责任

财务系统干预措施

- 公开账簿管理
- 资本投资与支出
- 现金流预测
- 利润与成本中心
- 现金流分析
- 兼并、收购、合资
- 财务预测

说明：这些措施可结合L模块和E模块。

从以上“绩效改进干预措施”清单可以看到，本书前面讨论的许多内容都包含了绩效改进干预措施，或这些措施经开发之后的干预措施包。干预措施包是绩效改进的一个重要概念，它指的是企业根据自身情况而对选定的干预措施或其组合进行量身定制的重新设计和开发后所得到的干预措施。对于企业来说，只有这样的干预措施包才是完整有形的可用产品或服务。许多企业之所以出现“做了绩效管理找死”的现象，原因就在于没有对通用的干预措施进行重新设计和开发，即没有把干预措施变成适合企业自身管理水平和能力的干预措施包。在前面章节中，我们讲到的C3绩效管理系统中的绩效管理模块，企业能力框架中的文化、组织架构和管理培训等，都必须变成适合企业情况的干预措施包，才能对企业的绩效改进发挥实效。我们还可以看出，在某种意义上，企业的能力框架就是由各种大大小小的绩效改进干预措施一步步搭建起来的。这揭示了企业的一个本质特征——企业的发展必须伴随着绩效改进干预措施的增加、改进和系统化融合。

管理学中绩效改进措施的整个蓝图乍一看似乎显得内容太多，有些庞杂而凌乱，这可能会使很多绩效改进管理者感觉无所适从。其实，如果认识到帕累托法则的重要性，即认识到企业在任何发展阶段都有其当时最迫切的绩效改进需求，任何管理实践活动都是要追求当时对企业来说最重要的使命目标，而对干预措施的选择只是追求满足其绩效需求和使命目标的手段的话，那么无所适从的感觉就会顿时消失，因为只要对企业的绩效能力和绩效需求进行充分分析，就可以按需选择绩效改进干预措施，从而也就能够从众多干预措施中选择出最适合自己企业当下发展的最需要的干预措施。这样一来，人类的全部管理学知识体系就变成绩效改进的百宝箱了。

如何选择绩效改进干预措施是一门学问，本书的绩效锚理论和本章要介绍的XYZ绩效改进系统，正是为企业选择适合自己的绩效改进干预措施服务的。

绩效锚理论揭示出了选择干预措施的总原则，即使命目标约束原则。它要求企业先要确定绩效锚，然后根据绩效锚中的使命目标来选择最适合企业的干预措施。有了绩效锚提供的原则和指导思想之后，企业就需要系统的干预措施选择和实施方法。XYZ绩效改进系统正是这样的方法框架。

在前面章节中，我们已经为不同发展阶段的企业提出了绩效改进的最佳实践，从某种意义上说，这些实践也算是对XYZ绩效改进系统的最佳实践演示——不同发展阶段的最佳实践是受到当时最适合的绩效锚指导的。企业从初创到发展的过程中经历了财务绩效锚和竞争绩效锚的绩效定位，进而分别以“找回组织”和“组织赋能”的操作对绩效需求加以应对，使组织的绩效改进不断向前发展。企业一旦走向成熟，即进入文化规范阶段之后，卓越绩效定位的需求随之而来，企业的绩效改进需求不是减少了而是增加了，因此绩效改进活动本身必须走上规范化的道路，要形成自成一体的方法论，使规范的绩效改进框架从幕后走向前台，从而使自发的绩效改进活动变成自觉而系统化的活动。从此时开始，企业进行规范化的绩效改进要成为常态。因此，建设适合企业自身需要的绩效改进系统——如XYZ绩效改进系统——已经成为必需。

第三节

XYZ绩效改进系统

XYZ绩效改进系统是以循证方式工作的企业战略型绩效改进工具。XYZ绩效改进系统本身并不是绩效改进干预措施，而是一种流程框架，其流程通过对所有绩效改进的知识、模型和干预措施进行管理，以此方式帮助企业从战略上规范其持续的绩效改进和组织变革活动。XYZ绩效改进系统的目标，是通过持续地对企业的绩效进行改进和相关变革，来使组织得到不断巩固，这就是“巩固组织”的来源。

XYZ绩效改进系统中的“X”代表“效能评估”，“Y”代表“优化措施”，“Z”代表“指标驱动”。该系统的最简构成流程如图4.2所示。

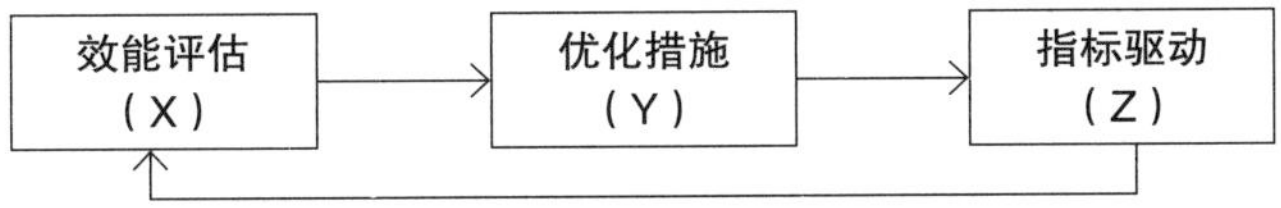

图4.2　XYZ绩效改进系统最简流程框架

在XYZ绩效改进系统中，第1部分“效能评估”（X）负责确认企业的绩效差距及造成这种差距的内在原因；第2部分“优化措施”（Y）负责依据“效能评估”找出的原因来选择、设计、开发和实施绩效改进解决方案，即干预措施；第3部分“指标驱动”（Z）负责对干预措施进行持续实施，并对企业产生绩效的实际活动进行监控，它与KPI的工作原理相似，对企业的绩效改进具有极大的促进作用。

要理解XYZ绩效改进系统，可以先从其第2部分“优化措施”入手，这一部分的目标是为满足企业的绩效需求而选择、设计、开发和实施干预措施。

“优化措施”的活动首先集中在选择上，它从本章上一节罗列的绩效改进干预措施清单之中选出适合企业绩效需求的干预措施。这一步所选出的干预措施还应附带简要的实施计划，然后通过后续对干预措施进行设计和开发，形成可实施的、符合企业实际情况的干预措施包。只有这种经重新设计和再开发的干预措施包才能真正实施，避免出现“做绩效管理找死”的局面。举例来说，经典绩效管理系统本身是一种可选干预措施，企业须根据自身情况对其进行开发，例如变成C3绩效管理系统中只针对团队进行绩效管理的“T模块”，或针对所有员工和团队进行绩效管理的“T模块”，最终重新设计和开发出的干预措施包是要根据企业的绩效锚和能力决定的。C3绩效管理系统之所以更具实用性，正是因为它本身的构建其实就遵循了XYZ绩效改进系统的框架流程。

为什么成熟企业需要使用系统化的绩效改进系统（如XYZ绩效改进系统）呢？通常，企业在其成长和发展过程中，对自身进行效能评估，进而选择绩效改进干预措施的活动，往往是被其成长所推动的自发行为。许多企业在成长过程中不断改进绩效的过程往往是非自觉、非严格和非明示地按照上面XYZ绩效改进系统的框架流程进行的，大体上分为三步，首先对现有绩效进行分析，找出与期望绩效的差距并分析原因，然后选择、设计开发和实施干预措施，最后对干预措施和企业绩效进行维护和监控。本书前三章所述的绩效改进过程也大体上遵从上述流程，但在具体操作时往往采用了不同的方法论。目前，指导实际工作的绝大多数绩效改进模型并没有明确要求企业首先选择绩效锚并进行绩效定位，也没有要求企业在选择干预措施时考虑其所处的不同发展阶段和经营管理能力。所以，在成熟企业中建设和使用系统化的绩效改进系统是很有必要的。XYZ绩效改进系统也随着绩效锚理论的逐步形成和管理实践的需要应运而生。

接下来，我们将用三节的篇幅分别讨论XYZ绩效改进系统的三个组成部分。

第四节

效能评估（X）

一

在XYZ绩效改进系统中，效能评估（X）是三步循环的第一步（见图4.3）。

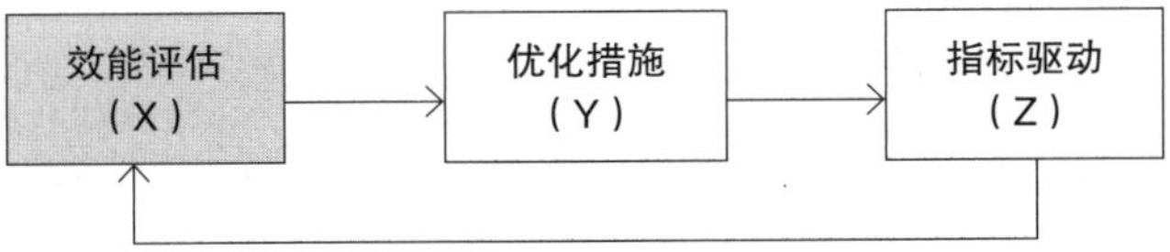

图4.3　XYZ绩效改进系统：效能评估阶段

这里的效能，指的是企业产生期望绩效的效果和能力。对这种效能进行评估或分析，原则上是比较现有实际绩效与期望绩效的差距，这项工作在XYZ绩效改进系统之中由“效能评估”来完成。

效能评估需要对企业绩效问题或改进机会进行多角度的审视，判断企业的绩效要素是推进还是阻碍目标的实现，找出企业的强项和弱项，及产生绩效问题的原因，以供下一步“优化措施”（Y）阶段根据所获得的信息制定解决方案。

为了最终通过分析找到产生绩效差距的原因，企业须知道三项重点分析因素——企业期望的绩效水平、企业实际的绩效水平和实际绩效水平与期望绩效水平之间的差距。

为提高针对性和实用性，XYZ绩效改进系统的“效能评估”进行了以下设定：① 以企业制定的目标代表企业期望的绩效水平；② 以企业实际产出的结果代表企业实际的绩效水平；③ 以企业目标与实际结果的差异来代表企业的绩效差距，并以此为起点对企业进行效能评估。也就是说，XYZ绩效改进系统的“效能评估”（X）重视绩效目标和绩效结果以及两者间的差异，并为改进这种差异而定期启动企业效能诊断和评估过程，如图4.4所示。

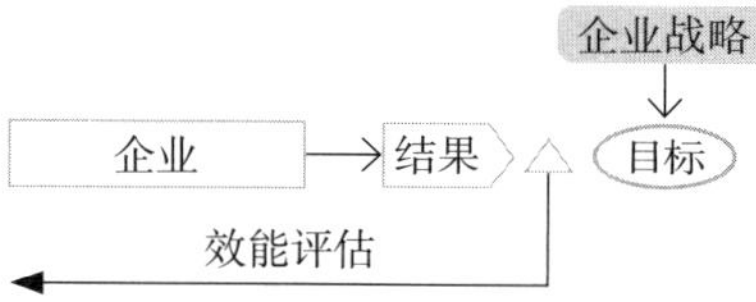

图4.4　效能评估（X）依据目标与结果的差异展开评估

图4.4反映了效能评估（X）流程的基本路径，它由企业设定的目标与企业的最终绩效结果间的差距Δ为起点展开效能评估活动。

企业目标包括3个部分：企业的战略目标和所选定绩效锚设定的其他目标（图中仅标出了企业战略给出的目标），以及当前绩效改进计划的目标（图中未标出）。其中，企业的战略目标来自其使命目标。当采用卓越绩效锚时，意味着企业要追求全部八大使命目标，这是由卓越绩效锚的定义所决定的，如图4.5所示。

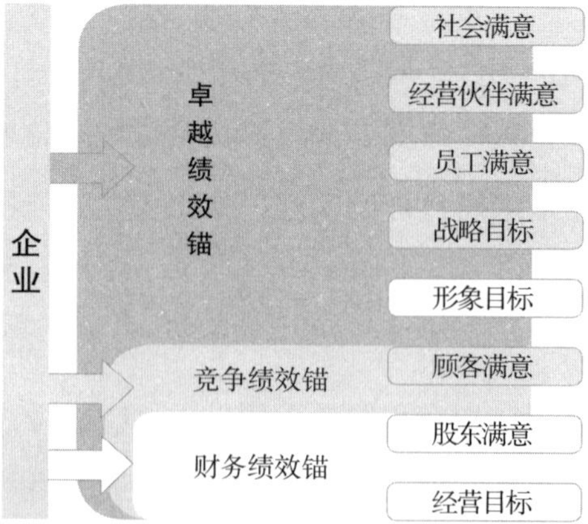

图4.5　卓越绩效锚涵盖企业的全部使命目标

从图4.5可以看出，成熟企业追求卓越绩效，其目标集非常丰富，这是必须启用系统化、专业化的绩效改进系统——如XYZ绩效改进系统——的直接原因，以便对企业实施系统化的绩效改进。也就是说，卓越绩效锚规定了企业的目标集，而这一目标集与企业结果集的差距形成了XYZ绩效改进的起点。

二

效能评估过程就像医生诊断病情，评估人员首先需要了解企业产生绩效的“生理过程”。依照管理学界多数人的共识，企业产生绩效结果的“生理过程”可以图示为企业的“解剖模型”。这样的模型在管理学中大同小异，因为尽管各企业和组织在宗旨、功能、规模和范围上各不相同，但经过剖析，它们都拥有共同的结构，因此绩效改进行业中也有人称这样的模型为“绩效剖析”。本书中，结合XYZ绩效改进系统，我们将这样的模型称为“企业效能评估模型”（见图4.6），该模型反映了我们看待企业效能评估的基本思路。图4.6的模型表明，为了在不断变化的竞争环境中维持良性运作的战略模式和较高的绩效水平，各种组织必须在目标、流程和管理因素3个层面上进行绩效的规划、设计和管理。

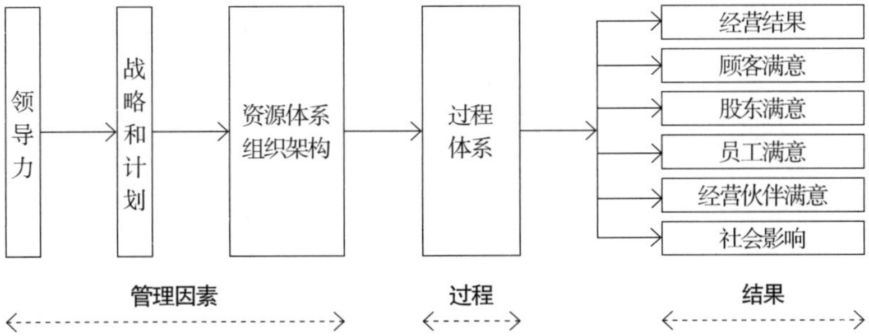

图4.6　企业效能评估模型

企业生产产品、服务或满足其他利益相关方需求的过程路径大致如图4.6所示，方向是从左向右的，其中资源体系包括人力资源和其他资源，如财务和信息资源等，这些资源被投入到过程体系之中以产生期望的结果——所期望的结果就是目标，而最终，所有的结果都是通过过程体系实现的。图中的过程体系是企业中过程的集合。过程可以理解为流程，它是产生结果（内部和外部结果）的所有企业活动，它们可能是产生绩效问题的根源。在图4.6的左边，对实现企业使命至关重要的管理因素是领导力，它是企业战略和计划、人力资源、技术、财务和信息资源、组织结构的推动力。

效能评估的目的是确定期望目标（或最佳绩效）、以结果表现的绩效现状、结果与目标之间的差距，以及最终找到产生绩效差距的原因。当把效能评估过程理解为流程时，企业的目标和产生的结果就是流程的输入，而绩效差距和原因则是输出。由于绩效改进必定以系统化和全面的工作场所的调查分析和记录为主要着眼点，因此，效能评估的输出是在组织、流程和员工方面改进绩效的事实基础，是整个XYZ绩效改进系统的根基。

效能评估的目标之一，是找到企业中产生绩效差距的原因。原因是引发绩效差距的内在问题或改进机会，表面现象则是其呈现出来的特征。绩效改进工作重点关注产生绩效问题的原因，而非满足于消除表面现象，因为消除了一个表面问题，往往还会出现另一个表面问题，这表明根本问题并没有解决。如果绩效改进工作的重点放在内在原因方面，就能真正杜绝表面问题的再次发生。寻找原因就需要知道图4.6企业内部“生理过程”的因果过程，该图中三个要素——管理因素、过程（流程）、结果之间的因果关系是从左向右的，而效能评估的过程路径刚好与其相反，它要反方向从右向左去寻找产生绩效差距的原因，如图4.7所示。

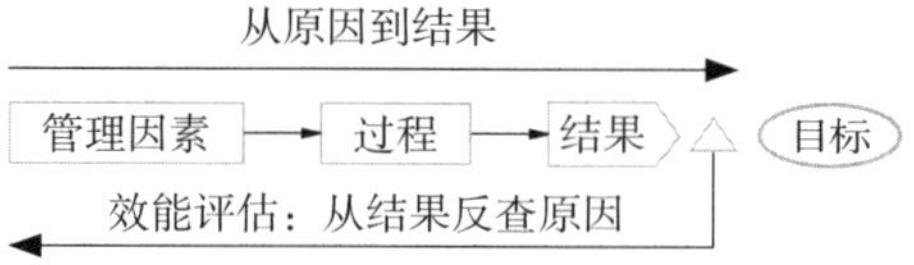

图4.7　效能评估总体方法

其实，在许多企业的绩效改进活动中，其效能评估的路径是从左向右的。XYZ绩效改进系统中效能评估的路径之所以与通常的绩效分析路径刚好相反，即从右向左，其目的是以结果及其与目标之间的差异Δ对企业效能的评估过程进行约束，以把评估的工作量减到最小。XYZ绩效改进系统中效能评估首先评估结果及其与目标间的差异，其次评估过程（流程），最后评估企业管理因素，包括企业的资源体系、组织结构、战略和计划及“领导力”等因素。这里的“评估”一词涵盖诊断和分析的成分，即对企业产生绩效结果的过程和管理因素进行全面的系统化分析，以找出产生绩效差距的原因。

三

对企业进行效能评估，将产生浩繁的工作量，并涉及极多的理论细节，因此本节只在概念框架上对其进行概括性的描述，读者可根据这一框架并结合相关的管理学知识进行实际的评估操作。

进入医院ICU（重症加强护理病房）的患者身上连接着各种仪器设备，这些设备的输出汇集成了对患者进行生理监控的“管理控制平台”。从原理上来说，如果企业管理中存在一个类似的控制平台，平台上有各种仪表显示着对各种要素——管理因素、过程和结果的监控数据，而且训练有素的管理者和员工能够利用这些监控数据对导致结果与目标之间差异的原因进行系统诊断，那么企业就不用每年专门进行效能评估了，如图4.8所示。

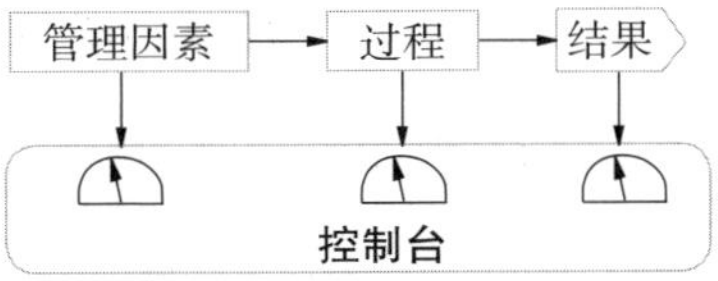

图4.8　企业控制平台

许多企业确实在努力收集实时监控数据。并且，随着互联网的发展，企业收集实时监控数据的手段也增加了。以购物网站为例，企业在淘宝网上售出的商品往往会获得大量的评价信息，企业还能看到同行业其他同类产品的信息，最重要的是还能看到行业标杆企业产品的销售信息和顾客满意度等信息。大众点评等评价类服务平台也能为企业收集不少类似的信息，许多企业还利用手机软件鼓励客户和利益相关方发出他们的声音。在这方面走得最远的一家企业是海尔公司，它为了贴近市场和顾客，对企业的整个组织架构进行了颠覆，“人单合一”的商业模式使企业的组织结构图呈倒三角形式，以顺应互联网时代的“零距离”“去中心化”和“去中介化”模式，使企业沉浸到市场中去收集众多的信息。在内部管理方面，许多企业建立了信息系统，并量身开发各种软件以收集来自顾客、员工、合作伙伴和其他利益相关方的信息。然而，就绩效改进的需求来说，许多企业以种种手段收集到的各种信息很可能是不够的。例如：对于管理因素来说，真正有用的关键信息往往需要经过面谈、问卷调查、专业人员的分析和评价而获得。对于过程体系来说，其信息往往需要特殊的测量和审核。对于结果方面的信息，除顾客评价外还需要特殊的调查。由于收集各类信息的难度较大，因此许多时候对管理因素进行可靠性评价非常昂贵。一般情况下，如果对企业进行的效能评估每年多于一次，企业就会负担不起。此外，由于涉及的一些方法需要精心设计（例如问卷调查和面谈），如果过于频繁地采用这种方法，必将引起混乱和不满，从而降低效能评估的可靠性。更重要的一点在于，在过程和管理因素中，有很多因素超出了正常测量系统的范围，其中一些因素是无形的，如领导力、企业价值和文化、个人动机和参与等。然而，对这些因素还必须努力进行评估，因为常常正是这些“软”特性决定了优秀企业与其他企业的差距。如果企业的管理致力于以持续改进的方式不断巩固组织，就应该坚持对这些“软”特性进行测量。优秀的管理者都知道一个道理，即“如果不能测量它，也就不要改进它”。换言之，在绩效改进时“只有能够测量它，才能够改进它”。因此，为管理者提供完整的、可以对企业“生理过程”进行测量的控制平台是效能评估的主要目的，如图4.9所示。

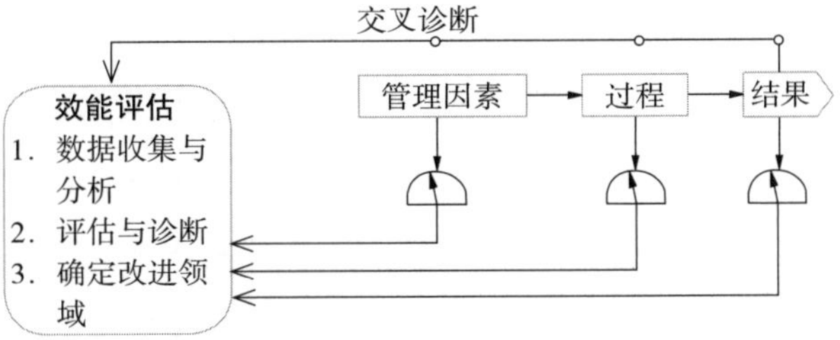

图4.9　效能评估：控制平台

由图4.9可知，XYZ绩效改进系统的“效能评估”，是“一台非全天在线的、依赖大量管理者和员工参与的、每年（或每两年）运行一次的控制平台”，其工作流程有三步：① 数据的收集与分析；② 评估与诊断绩效差距产生的原因；③ 确定需要进行绩效改进的领域。

四

在图4.9以目标或结果为基础、从右到左的效能评估方法框架中，评估与诊断在概念上相同，表明从结果开始，检查产生这些结果的过程和管理因素以找出原因。

图4.9中的“交叉诊断”，指的是评估的方法沿企业的过程逐步进行，并横跨组织的各个层次，其原理在于高度强调管理因素、过程和结果之间的因果交叉关系。通过从右到左的交叉诊断，可以使企业弄清对结果产生重要影响的因果链。无论是跨部门的交叉诊断，还是分析性质的逐类评估，都是把评估模型右边的结果作为出发点，然后评估过程，最终评估管理因素，以找出产生绩效差距的原因和需要进行绩效改进的领域。

在图4.9中，每一条导向“效能评估”活动的箭头都是一种测量，这些测量值或由评估专家给出，或是通过大数据收集、面谈、问卷调查等方式得到。

对于图4.9中三大要素——管理因素、过程、结果的测量方法各有不同，限于篇幅，此处只能略举几例。在“结果”要素中，对“顾客满意”类的效能评估通常需要进行广泛调查（不仅仅是非结构化的信息，如顾客在网络上的评价信息等），如对一线销售和技术人员、顾客（包括顾客数据库中的变化和顾客周转率、在企业自身顾客和竞争者顾客之间的顾客满意度、失去顾客的原因、为了确定顾客不满意的原因所进行的目标诊断调查等）、产品和销售指标（如缺陷率数据、保修期内返修率、促销折扣、实际销售与计划销售比等）进行调查，才能保证覆盖各种市场部门和各种竞争情况。对于利益相关方而言，同样需要每年进行系统的调查，以测量其对与企业关系的满意程度。对“经营结果”类的效能评估目标是确定企业达到总的经营目标的程度，经营目标包括运营结果、竞争力的增加或持平、价值的增加、适应未来挑战能力的调整等。评估不仅要考虑当年完成中期目标的结果，还要考虑与长期目标相关的结果。各种结果指标在经营结果的评估中起到重要作用，这些指标往往是在此前的绩效改进活动中开发的（在XYZ绩效改进系统的“指标驱动”步骤中也会进行开发）。在确定经营结果和相关指标时，主要参照的是组织的使命目标和绩效改进干预措施。许多干预措施都有各自的指标集（如O模块、L模块、TQM模式或精益组织等），评估的指标应该反映的是这些目标的竞争力的提高情况。

对于“过程”要素来说，它是效能评估的主要测量源，评估的第一步是选择影响结果的关键过程。如果企业具有良好的过程管理，这些测量将会得心应手。效能评估的目的是要确定与关键结果有关的关键过程，然后收集这些过程的所有相关数据，并进行缺失测量。如果过程管理不充分，必须采取其他方法收集所需的数据。此时最重要的是，这种不充分要被记录为效能评估中发现的最严重的缺点之一，并立即采取补救措施。为了避免评估过于复杂，绩效改进的第一年最好从少数的、最基本的过程开始（例如影响顾客满意和经营结果的主要过程大约在5个左右，不要超过10个）。此后随着过程控制技能的增长，可以把其他的过程逐步纳入效能评估之中。过程的主要评估准则之一就是将过程测量与结果测量（经营结果、顾客满意等）联系起来。

对于“管理因素”的评估，所涉及的方面同样十分广泛，包括领导力、战略和计划、人力资源、其他资源（财务资源、IT资源等）、组织结构等。由于“管理因素”方面的内容过于宽泛，又有众多的书籍加以论述，本节就不再详述了。

总的来说，在将效能评估用于诊断时，必须把这三种类型的测量（即管理因素、过程和结果）集成在一起，不能彼此分离。我们采用从右到左的顺序，通过对最重要结果的交叉诊断来实现集成。图4.9表示的是与交叉诊断相联系的因果关系。如果“结果”没有达到目标，那么必须先在企业的过程中寻找原因，然后再在管理因素中寻找原因。效能评估的诊断路径总是从结果开始，经由可能的原因从右到左返回，直到发现真正的原因为止。因此，除了测量之外，效能评估还应该产生一系列的“诊断路径”，从低于期望的结果或企业希望改进的结果开始，经由产生这些结果的“过程”返回，必要时可以到达管理因素。在任何情况下，直到找到了产生差距的原因，才能知道需要改进的领域，并在下一步“优化措施”中做出相应的改进安排。因此，XYZ绩效改进系统的“效能评估”（X）最终为“优化措施”（Y）贡献了两种输出，即经确认的绩效差距和导致产生绩效差距的真正原因。这两种输出继而作为“优化措施”（Y）的输入，使绩效改进工作进入下一个阶段——干预措施的选择、设计、开发和实施。

第五节

优化措施（Y）

在XYZ绩效改进系统中，优化措施（Y）是三步循环的第二步（见图4.10）。

图4.10 XYZ绩效改进系统：优化措施阶段

XYZ绩效改进系统的“优化措施”（Y）流程从“效能评估”（X）流程获得输入，然后进行“优化措施”的操作，共包括4个部分——选择、设计、开发和实施，如图4.11所示。

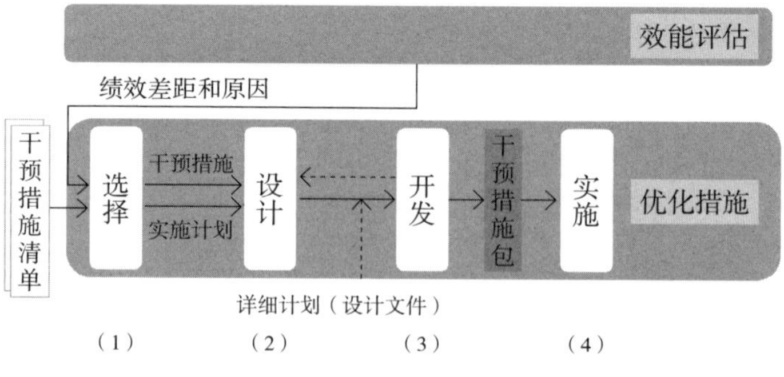

图4.11 优化措施（Y）流程

图4.11的流程是一个对干预措施不断优化的4步过程，其第1步——选择

是为成功应对“效能评估”阶段所发现的绩效差距和原因而识别并确定最佳干预措施的过程。该过程有两种输入，一是从“效能评估”获得的关于企业当前的绩效差距和原因，二是本章第二节那样的干预措施清单。图4.11的第2步——设计是对干预措施进行系统规划的活动，内容包括干预措施所需的方案、材料、媒介、时间、地点、人物以及内容的规划。第3步——开发指的是对一切准备工作的完善，形成可实施的“干预措施包”。第4步——实施其实是一个沟通、试用、实行、检测及修正干预措施的过程。

下面我们分别对以上4步进行更进一步的讨论。

1．干预措施的选择

前文已经说过，干预措施——如本章第二节清单所示——是为改进绩效而采取的解决方案，是明确、直接地解决绩效差距问题，或对组织进行改变的一系列工具、措施和技术的组合。干预措施可能对企业施加长期的、进化的、渐进的改变，它既能用作进行大规模组织变革的措施，也可用作进行个人或小型团队变革的措施。大规模的干预措施能够在地区、国家和全球范围内影响整个组织系统，而较小范围的干预措施则可能仅仅提供绩效支持工具，提醒、支持或协助员工完成并评估相应的工作，或在工效学方面的改变等。

在本章第二节中我们已经看到，干预措施分为不同的类别，如教育或学习、绩效支持、工作分析和工作设计、个人发展等，各种类别往往对应于不同的绩效改进领域，如“质量”类别的干预措施往往解决与质量相关性更大的绩效问题。在选择干预措施时，这些类别会帮助缩小选择的范围和难度。此外，一个单一的绩效问题或绩效差距，有可能需要多项干预措施。经典的绩效管理系统，就是多种干预措施组合的典型范例。在选择干预措施的过程中，通常可以选择不同的干预措施来解决问题的不同方面。因此，可以将多项干预措施进行综合，作为组合进行使用。

需要说明的是，干预措施的选择可以是对全新干预措施的开发。但多数企业通常不采用这种成本往往十分高昂的方式，而是从现有的众多通用干预措施中进行选择。

选择干预措施是一个复杂的过程，需要靠团队的集体合作来完成。团队应该由绩效改进专家、管理层主要负责人（干预措施的推动者），以及其他利益相关者组成。团队应相互配合，为企业绩效差距选出最有效、最可行的干预措施。这个利用集体智慧的过程可以有多种操作流程，本书不推荐具体的版本，但提供一些原则供读者参考。首先，干预措施选择过程的主要目标，是识别并确定最佳的干预措施以解决问题。这是一个从粗选到精选的过程，开始时可以选择多个候选干预措施，然后通过会议或头脑风暴等方式逐步把每人选出的众多干预措施汇集并精选到一个或几个干预措施，这些措施应该得到员工和管理层的充分认可，在资源分配和环境问题方面具备可行性，并在整个需求周期（实施周期）中可以持续发展。应当让相关人员相信所选出的干预措施可以解决或至少可以缓解相关问题，改进组织或个人的绩效。这一选择过程的成功需要注意一些典型的考虑方面：① 在全面了解情况的基础上做出决策；② 由强有力的管理者推动进行；③ 采用团队方法，从企业内部各个领域和各个部门吸取专业知识；④ 关注开发和实施的可行性——干预措施必须具备成本和价值效益；⑤ 以最重要的事项为出发点，满足全面性、优先性的要求；⑥ 广泛调研各种已有的干预措施方案（因为开发新的干预措施的成本比较高）；⑦ 考虑长期和短期效益；⑧ 务必考虑随着时间的推移，如何将干预措施制度化，并将其融入组织文化。

当选定干预措施（或其组合）之后，在进入干预措施的设计阶段之前，需要预先制订初步的干预措施实施和变革管理行动计划，其中应该包括合理的时间进度。至于精确的计划和时间进度，将在后期的实际实施规划中进行调整和修正。

2. 干预措施的设计

选择了一个通用的干预措施之后，需要设计一个全面的方案，其内容须阐明接下去如何去实施和维护它。在干预措施的设计阶段，绩效改进团队要设计一个方案计划书，描述如何将干预措施变为企业的现实。设计过程的结果就是一份详尽的方案或计划书，通常称为“设计文件”，设计者会在其中描述干预措施的内容和影响，包括干预措施的绩效目的、过程方案、资料与媒介的详细概要，以及结果的评估标准等，并阐述如何以高效率、高效能的方式实施干预措施。这份设计文件的内容可视为下一步对干预措施进行开发和实施的指南，这就是设计过程的目标，见图4.12。

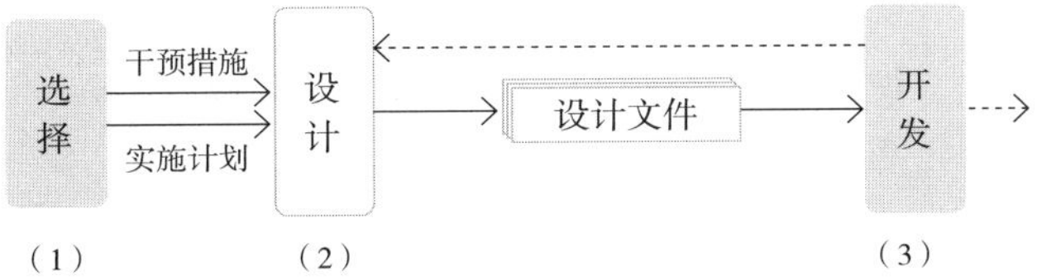

图4.12　干预措施的设计

为直观起见，下面列出一个干预措施设计文件的大概模板，如表4.1所示。

表4.1　设计文件结构模板示例

序号	标题	说明
1	提要	简要总结整个设计文件，篇幅不要超过一页A4纸。负责审批的企业高管人员可能仅阅读这一部分，因此要强调使其同意干预措施的优势
2	问题或机会	这一部分是“效能评估”阶段的结果，包括当前绩效结果、期望目标、绩效差距和产生差距的根本原因
3	结果、目标、评估标准/指标	表明各干预措施和要素的绩效目标。使用明确、可观察、可测量的术语，使术语与期望结果保持一致，并且符合用于测量成果的评估标准、度量和方法。其中，指标部分可用于干预措施实施后，对绩效活动进行的监督和驱动

（续表）

序号	标题	说明
4	干预措施要素	干预措施要素是实施干预措施时所必需的组成部分，可能是流程或材料，例如T模块的要素之一就是经典绩效管理系统的流程框架。本部分描述干预措施要素为何重要，其中的优势表现在哪些方面，涉及哪些相关人员，实施要素需要开发哪些方面，在何处实施要素，何时实施，各要素需采取哪些变革管理行动，各要素如何评估，评估的方法、标准和指标是什么，等等。在描述这一部分时，用图文并茂的方式呈现往往更有利于表现干预措施或干预措施要素之间的关系，及相互整合的过程
5	开发方案	本部分内容包括内部开发、采购或定制方面的建议。描述开发干预措施包所需的任务、责任、资金和其他资源、时间表等。使用一些项目管理工具（如甘特图）可能会有帮助
6	实施方案	描述实施干预措施包所需的任务、责任、财力和其他资源、时间表等
7	评估方案	对干预措施包进行有效性评估，描述评估方案中的任务、责任、财力和其他资源、时间表等
8	结论	总结设计文件并付诸行动。本部分包含如何提供反馈、同意设计文件或要求修改文件的指示等

从上表可知，设计文件是后续开发和实施干预措施的框架文件，它既像一篇论文，又像一个计划或操作指南，文件所需的详细度随各企业及干预措施工作的需要而有所不同。对于某些工程量大的工作，可以通过多媒体的方式来使人们掌握确切的细节。在术语的使用方面，虽然每个设计文件在主题的顺序上存在差异，但文件应包括上表中列举的大部分主题。

干预措施的设计工作，是专业性很强的设计活动，须有绩效改进专业人员参与制定。

3. 干预措施的开发

用实例理解设计和开发的关系比较容易。一座建筑的设计和开发是前后相连的两步：设计止步于图纸和方案，开发则是具体盖房子。一个软件的设计和开发也是同样的道理，但更接近绩效干预措施的设计和开发，因此开发是将设计付诸产品。我们从绩效干预措施的清单中只获得了干预措施的名称和原理框架，设计文件则在书面上把它与企业的具体情况结合了起来。而最终为了付诸实施，干预措施的许多（或者全部）要素需要开发到位，这样才能形成可以真正尝试实施的干预措施包，如图4.13所示。

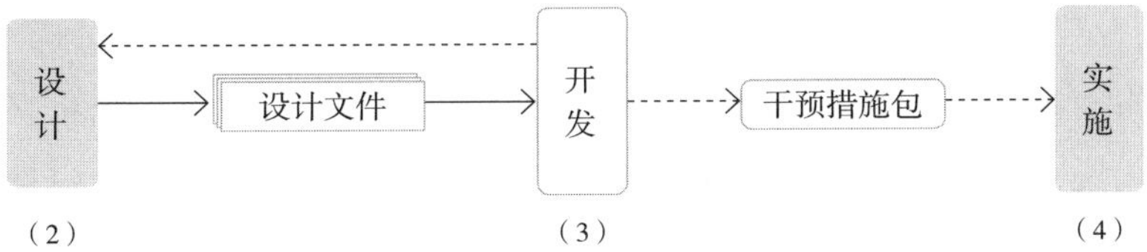

图4.13　干预措施的开发

开发是指创造出解决方案中部分或所有要素。例如：上一章中C3绩效管理系统中的几个模块在实施之前就需要开发，如编写或开发变革策略、指导材料或绩效支持材料，设计工作流程、电子支持系统、反馈系统、绩效支持工具、工作工具、奖励系统等。开发由个人或团队进行，最后生成产品、过程、系统或技术，以使绩效改进干预措施能够得以实施。

由于所选干预措施的不同，所以某些干预措施需要广泛地开发，其他则需要的很少，甚至可以使用现成的干预措施包。例如：干预措施如果只是一个新的销售激励项目，那么可能只需要公布获取激励的细节内容、发邮件告知后续工作以鼓励项目的参与就可以了。然而，如果干预措施是建立新的生产系统的话，开发活动可能就包括建立新的绩效测评系统、编写程序代码、开发工作辅助工具、编写制定宣传材料、为各种培训项目制定教学资料等。

有时，开发和设计混合在了一起，在设计干预措施期间已经为之后的开发准备了备选方案，最直接的方案可能是向外部供应商或绩效改进顾问购买的干预措施包，其中已经包括了干预措施的全部要素（如培训项目）。

系统化的开发过程通常包括4个阶段——准备、开发、测试、完成，之后产生完整的干预措施包。这4个阶段建立在设计文件已经拥有了详细的开发方案的前提下。

在准备阶段，需要综合设计文件中的开发方案、现成要素的说明文件，以及指导开发过程的标准或其他要求。之后就要选择或建立开发团队，并与开发团队一起审查一系列的材料，包括开发方案，购买的干预措施要素、产品或资料，干预措施的各阶段目标，实施、维持和评估干预措施所需要开发的工具或流程，开发对资源的要求规划等。当材料全部就绪后，必须冻结设计文件和开发材料，即不作任何变动，直到初稿完成并审阅通过。在开发阶段，按开发方案开发所需的要素，如编写流程和材料，按需要进行修改等。在测试阶段，开发团队要与利益相关者和其他设计或开发人员测试干预措施的组成要素，并按需要做出修改，最终，产生完整的绩效改进干预措施包。至此，万事俱备，绩效改进措施就可以尝试实施了。

4. 干预措施的实施

运行XYZ绩效改进系统的目标，就是要选择能够改进绩效的干预措施并加以实施。效能评估（X）全面深入地分析了从实际绩效结果到理想绩效目标的差距，以及形成差距的内在成因。在这样的基础上，企业才可以选定并设计出合适、经济有效且作用持久的干预措施，并投入更多资源对其加以开发。最终，唯有在实际执行过程中使各项干预措施真正落实，并对后续工作加以监控和维护，整个干预过程才能真正发挥出绩效改进的作用。

实施是一个将干预措施融入企业流程体系的过程。在建立C3绩效管理系统的过程中，企业实际上是在一步步地通过实施的尝试工作而使自身的组织系统日益丰满，绩效不断提高的。干预措施实施的本质其实是一个练习并熟练的过程，其间，干预措施不断经历沟通、试用、推进、检测和修正，企业期望通过制度化这种计划性干预措施来达到组织内部长期变革的目的。尽管效能评估和对干预措施的选择与设计被公认是成功改进绩效的关键所在，但也只有当干预措施在实际中被彻底贯彻落实后，绩效变革才能算是圆满完成。

当干预措施实施的时候，变革活动便开始贯穿于干预措施实施与维护的每一阶段，并作用于企业的每一部分——员工、工作本身、工作环境和其他领域。一些变革可能是民心所向、万众期望的，但更多情况下员工是被动接受变革的，因此实施过程中持续伴随着变革管理。在任何企业、组织甚至国家中，变革管理本身也是一项干预措施，它伴随其他所有干预措施实施过程的干预措施，通过及时的信息、适当的资源和能使变革引发的抵抗与混乱最小化的战略，帮助个人和团体适应绩效变革。

实施过程本身包含对干预措施的维护，它以对干预措施的衡量、评估和监控为基础。由于衡量和评估本身还具有强大的绩效改进功能，尤其在使用关键绩效评价指标时更是如此。因此我们把这部分从实施中分离出来，作为XYZ绩效改进系统的第三部分——指标驱动（Z），以加强绩效改进活动的成效。

第六节

指标驱动（Z）

在XYZ绩效改进系统中，指标驱动（Z）是三步循环的第三步（如图4.14）。

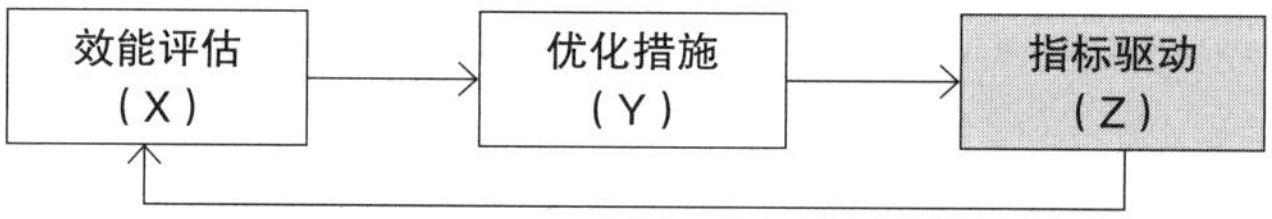

图4.14　XYZ绩效改进系统：指标驱动阶段

一

实施干预措施的本质是推行组织变革。绩效改进工作本身就意味着变革，是包括员工、工作、工作场所以及世界的变革。它可以是激进的，也可以是渐进的。通常情况下，激进或彻底的变革可能会受到组织成员的抵制，而渐进式或螺旋上升式的变革更容易被组织成员接受并赢得他们的支持。只有当组织急切需要变革时，激进式变革才比渐进式变革更加有效。变革管理是企业和个人主动设计和适应变革的过程，其间个人或群体有计划地付诸行动，从当前状态顺利过渡到期望状态。在干预措施的实施期间，变革管理表现为对干预措施进行维护。

在干预措施实施期间必须对其加以维护，这是一个在机会难得、存在多种工作制约因素（如时间、压力、缺乏管理层支持等）的情况下依然坚持推行新干预措施的过程，其间往往伴随着风险与回报、成功与失败、支持与抵触变革的因素。负责推动实施的领导层必须持续加强在组织文化、内外部客户两方面的计划、策划、培养、指导、巩固和评估的领导力，这样才能实现组织绩效的长期持续发展。

维护工作使干预措施具有可持续性，效果长期有效。将干预措施融入企业内部的最好方法便是将其制度化，也就是将干预措施变成组织正常功能的永久组成部分，以确保成功变革的成效得以长期保留。制度化过程包括3项任务——沟通、行动、绩效管理。沟通负责与各利益相关者（包括员工）就各种干预措施的计划与实施信息达成相互理解；行动是在管理层支持下的实施推进；绩效管理则是识别、衡量和开发干预措施实施过程的绩效，并使这些绩效与变革的方向保持一致。

请注意，这里的“绩效管理”与前面章节中“绩效管理”的含义是一样的，也就是我们以某一特定的干预措施——绩效管理——来开发实施过程的绩效，同时也就是在开发企业的绩效，因为绩效管理与所实施的干预措施都是对绩效的改进措施。在实施干预措施的绩效管理中，识别和衡量包括对数据的收集与解释，以确定干预措施是否在绩效差距的缩小、过程及结果与使命和其他目标的结合，以及识别阻碍成功的要素等方面取得了成功。

在实施阶段，企业面临的问题之一是缺乏与绩效和结果有关的最新信息，这可能是由于企业缺乏必要的数据，也可能是由于企业不具备从数据中提取可靠信息的能力。这时，企业就会缺少对实施进行评估的依据，也就不知道改进措施的效果如何了。丰富的数据并不等于完整的信息，有时可能恰恰相反。在实践中，许多管理者在进行决策时，依据的是未经核实的信息、直觉和经验，或是企业中最有影响者的意见，而不是从可靠的数据中获得的正确信息。绩效管理的信条是“如果不能测量它，也就不要改进它”。做好实施活动的衡量工作有助于监督变革的进展成效，及时制定相应的修正措施，以维护变革成果。

二

顾名思义，“指标驱动”（Z），意味着XYZ绩效改进系统在实施干预措施期间，所使用的绩效管理措施与“指标”密切相关，其本质上是要建立一套关键绩效指标（KPI）体系。指标是绩效管理的基础，C3绩效管理系统的每个模块都要用到各种指标。以KPI系统对干预措施的实施进行维护和驱动，其实是利用成熟企业已有的衡量系统（业绩计量系统）对绩效改进的结果、过程和管理因素进行衡量，如图4.15所示。

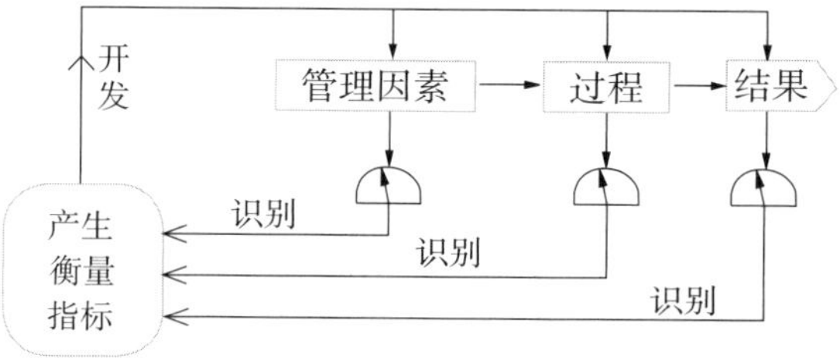

图4.15　指标驱动（Z）

图4.15是实施过程中“指标驱动”的模型，其中分别对管理因素、过程和结果进行测量，这些测量旨在经控制系统的“衡量”来产生绩效指标（如KPI），并据此对绩效进行开发。指标体系对管理层来说是最直观的工具，管理层依据各种指标对绩效进行开发。

这里的“开发”，其实就是驱动的意思。“指标驱动”（Z）就是从这个意义上而来的。就测量而言，指标驱动模型中间的过程部分应该是关注的焦点，因为过程是绩效改进中至关重要的领域，尤其对持续改进有重要的意义。通过过程，企业可以获得经验，对过程控制方法不熟悉的企业会在这里发现自身的某些弱项。

在实施阶段，除了过程测量外，企业还需要得到关于结果的可靠的、最新的信息。多数企业习惯收集并为管理者提供有关经营结果的最新信息，它们对顾客满意的水平进行系统的监控，并收集有关产品缺陷率、顾客不满等方面的数据，但却很少直接或间接地对员工满意和其他利益相关方满意指标进行系统的监控。因此，当干预措施旨在关注利益相关方的结果时，需要对这样的结果进行测量，并开发出准确适用的指标。

绩效管理的指标体系中可能维护着许多指标，对这些指标的评价频率不同，许多指标并不一定需要连续监控。例如：员工满意方面的指标可能会有20多种，有些只要每月或每季评价一次即可，有些则需要实时获取（如“今天递交辞呈的员工”）。常规的顾客满意指标通常也不需要连续的监控。但是，某些特别关键的指标，如失去顾客、关键顾客的服务需求超过48小时未解决的指标、客服电话等待时间超过多少秒的指标等，就需要实时监控。一旦发生问题要立即处理，得到纠正后再监控，如此循环。

指标驱动系统的建立，旨在对比实际与预期的变革发展进程，以帮助人们更好地认识实施干预措施所产生的效果。财务以及非财务指标的度量工作可以评判出变革活动所带来的价值，企业也可以据此确认和计算出相应的期望回报率和投资回报率。

三

指标体系的建立，在“优化措施”（Y）中干预措施的设计阶段就已经开始进行规划了。设计流程中需要识别并确定干预措施的所有要素或组成部分——策略、流程、活动、材料，并针对每个要素建立绩效目标，接下来就要确定用于过程和结果评估的标准或指标，并写入设计文件。指标的开发是在干预措施的开发阶段进行的，相关人员需要许多开发指标的知识。由于关键绩效指标的开发、实施和应用是一门复杂的学问，本处不予展开，只进行一些概念性的讨论。

关键绩效指标（KPI）是从活动事实中对有用信息的提取，它从一个尽量逼真的侧面对所关注的绩效进行具体描述。在指标驱动（Z）的KPI开发中，可称为“关键绩效指标”的衡量指标必须满足两个条件，一是要识别

“效能评估”（X）阶段找到的、企业最亟待改进的关键弱项（干预措施的改进目标往往与该弱项相关），二是指标要体现企业的“关键成功因素”。通常这两者可能是重合的，因为不涉及企业关键成功因素的绩效弱项，企业往往并不作为重点来关注。

并不是所有的绩效评价指标都是关键绩效指标（KPI），“指标驱动”也不仅仅使用关键绩效指标。绩效评价指标可分为两大类——成果指标和绩效指标。更高一层级的管理者相对更重视（或应该更重视）的成果指标，叫作“关键成果指标”，更高一层级的管理者相对更重视（或应该更重视）的绩效指标，叫作“关键绩效指标”。换言之，无论是成果指标还是绩效指标，一些指标与其他指标相比更加重要，所以我们在它的前面加上了“关键”两字。于是，成果指标和绩效指标又可以进一步分为4种，分别是成果指标、关键成果指标、绩效指标和关键绩效指标。从企业层面的信息传达角度来看，关键成果指标是面向董事会的（董事会通常更喜欢看结果），它是全面概括企业运营情况的指标；而成果指标则向管理层展示各个团队如何共同产出成果；绩效指标向管理层展示各个团队交付的内容，而关键绩效指标（KPI）（人们常常把任何种类的关键指标都叫这个名字，其实这种观点是错误的，但考虑到大家已习以为常，我也就不做过细的区分）则向管理层展示企业在其“关键成功因素”和弱项改进方面的日常进展情况。

“关键成功因素”，指的是企业员工每天都要把握好的企业内部的关键原则、关键问题或关键方面，这些都是企业赖以成功的关键因素，企业以此种方式追求成功。一个企业的成功依赖于许多“关键成功因素”，企业在不同的发展阶段依赖不同的关键成功因素，企业的管理层尤其应该重视企业的关键成功因素，并利用关键绩效指标（KPI）来尽量准确地表述和传达它。例如：对于航空公司来说，飞机的准时到达或起飞就是其关键成功因素之一，把这一关键成功因素翻译成指标，可以是飞机晚点超时指标——关键绩效指标，也可以是飞机的准时到达率——关键成果指标，对于这两个指标，晚点超时指标更具驱动性，应该得到即时监控。比如，一旦某航班晚点，马上向公司高层管理员汇报，高层则立即跟进推动改进。

对于以“指标驱动”（Z）为维护手段的干预措施来说，实施过程原本就要克服企业绩效差距和弱项，因此“指标驱动”中用到的关键绩效指标必须与企业的弱项相联系才可称为“关键”。

总之，通过监测以上四类指标，管理层能够大幅提升绩效，无论是在企业整体绩效方面，还是在干预措施的实施方面。

四

根据图4.15很容易理解指标的分类，对结果的测量产生成果指标，对过程的测量产生绩效指标。由于企业产生绩效结果的过程往往是跨团队（或跨部门）的，因此许多成果指标反映的信息往往是几个团队输入成果的总和。成果指标在衡量各团队共同的工作效果时很有用，但它们很可能无法帮助管理层解决问题，因为管理层很难准确查明究竟是哪个团队做出了成绩，哪个团队未履行职责，即只从结果去发现原因是有困难的，这时候就需要绩效指标了。

绩效指标可以测量一个或者几个为共同目的而密切合作的团队或过程（过程往往是由团队运行的）。有了绩效指标，好的业绩和差的业绩可以直接追溯到具体的团队。当某个指标只针对特定团队运行的过程时尤其如此。因此，与成果指标相比，绩效指标反映的权责情况更加明确清晰。

在干预措施的设计和开发过程中，指标体系的设计十分重要，必须做到成果指标和绩效指标并重，两者还要保持一致。管理者利用过程测量指标对干预措施的实施进行维护，必要时通过采取行动来更改过程。如果这些过程测量与结果测量不匹配（绩效指标与成果指标不匹配），那么管理者的纠正行为将是无效的或适得其反的。企业必须保证其内部指标的可靠性，其可靠程度通过过程测量和结果测量之间的一致性予以反映。

在对管理因素的测量方面，如果企业在效能评估时把公司形象、使命和长期战略目标作为关键评估，那么企业将会发现必须具有反映将来发展的指标。例如：如果在长期战略的实施中需要新能力（技术、经营等）的逐步开发，那么在管理上就需要特定的测量工具，以监控它们的增长。

本章小结

成熟企业采用卓越绩效锚，这决定了它的经营管理需要转向卓越绩效模式，该模式下绩效改进的总体框架称为“巩固组织”。

巩固组织涉及对三种绩效模式——财务绩效模式、竞争绩效模式和卓越绩效模式的协调整合。卓越绩效模式一改前两种绩效模式从目标到结果的操作思路，绩效改进的方式变成了从结果到目标的循证式模式，并通过一个非常具体的工具——XYZ绩效改进系统对企业绩效的改进实施管理，系统化地对企业的绩效模式加以整合，以此不断巩固企业组织。

本章的重点是建设XYZ绩效改进系统。XYZ绩效改进系统是对企业发展和绩效管理的总结和概括。至此，无论是绩效锚理论还是C3绩效管理系统，以及三种框架型的绩效改进方式——找回组织、组织赋能和巩固组织——都获得了操作上的协调统一。

XYZ绩效改进系统围绕绩效改进干预措施展开，它是以循证方式工作的企业战略型绩效改进工具，其目标是通过持续地对企业的绩效进行改进和相关变革，来使组织得到不断的巩固——这就是“巩固组织”的来源。

XYZ绩效改进系统由三大部分构成，分别是“效能评估”（X）、“优化措施”（Y）和“指标驱动”（Z）。“效能评估”负责确认企业的绩效差距及造成这种差距的内在原因；“优化措施”负责依据“效能评估”找出的原因来选择、设计、开发和实施绩效改进解决方案，即“干预措施”；“指标驱动”负责以绩效评价指标的方式对干预措施的持续实施及企业产生绩效的实际活动进行监控。XYZ绩效改进系统是成熟企业进行绩效改进和变革管理的实用工具，企业通过该系统中三步循环操作使自身的绩效和能力获得不断巩固和提升。

写在结尾的话

多年来，我走访了许多企业，考察和参与这些企业的绩效管理和绩效改进活动，并不断在对企业中高层管理人员进行的培训活动中与他们沟通，这样才逐渐形成了绩效锚的理论框架，并最终形成了本书。

绩效锚的理论最初主要针对企业“不做绩效管理等死，做绩效管理找死”的困境。然而多年发展下来，如今它已经扩充并概括了更广泛的绩效改进范围。

我曾于2019年出版《重构绩效管理——七步激活执行力》一书，本书是其姐妹篇，在内容上对绩效改进和绩效管理相关主题进行了更广泛的概括。由于多年来持续从事企业绩效改进和绩效管理方面的咨询和培训工作，因此本书和《重构绩效管理》一书都十分注重实务，我在两本书中都贡献了创新的操作架构。

在管理咨询和培训的实践中，我深切感到，企业需要关注不同发展阶段的使命目标才能做好绩效，因此本书致力于为企业提供适合其不同发展阶段的绩效改进的最佳实践，这些实践涵盖了企业从初创到高级发展阶段的整个生命周期，最终又明确落实到了XYZ绩效改进系统上面，并强调不同发展阶段的绩效改进实践必须受到当时最适合的绩效锚指导。

近些年来，中外绩效改进和绩效管理行业内的专家学者达成的共识之一，是强调财务绩效与非财务绩效、企业内外部利益相关方并重的绩效管理原则，而我根据多年管理实践和咨询培训的经验，又发现这些原则必须与企业的不同发展阶段相结合，才能在实践中获得绩效改进和绩效管理的成功。因此，我不断对这些原则进行综合和简化，最终把它们都归纳到了企业从初创到成熟的过程中经历的三种绩效锚——财务绩效锚、竞争绩效锚和卓越绩效锚上面，形成企业的绩效定位，进而分别以“找回组织”“组织赋能”和“巩固组织”的绩效改进操作对企业在不同阶段的绩效需求加以应对，这样逐渐形成了本书中的理念和实践体系。我在理论创新上的这些尝试，是一个不断在实践和理论之间的循证过程，这一缓慢的发育过程是必要的，因为理论必须接受实践的检验才能得以提高并付诸实施。令我感到宽慰的是，许多企业高层和绩效改进从业人员都对绩效锚这一理论和系统大加赞赏，他们在实践应用中获得了成功的同时，还对系统中的许多地方提出了实践方面的宝贵意见。我在此向这些朋友们多年来的热情支持表示诚挚的感谢。

本书完稿之时，正值新冠病毒在全球泛滥之际。世界经济格局将何去何从，中国企业在未来如何发展，这些都是摆在我们面前的新问题。我真诚地希望本书能为中国企业的绩效改进和绩效管理作出应有的贡献。愿祖国繁荣昌盛，满怀希望走向光辉的未来！

张友源

（2020年6月20日，于深圳福田）

致谢

首先，要感谢王胜华先生和郑志宏女士的积极推荐与推动。其次，要感谢广东省企业风险管理研究会和深圳市职业经理人发展研究会相关工作人员的辛劳。再次，就是要感谢我的家人对我在成书过程中白天黑夜颠倒之生活习惯的理解与包容！